区域绿色、创新与协调发展

基于成渝地区双城经济圈的实证研究

魏奇锋 郭安妮 骆毓燕 ◎ 著

中国财经出版传媒集团

经济科学出版社

Economic Science Press

·北 京·

图书在版编目（CIP）数据

区域绿色、创新与协调发展：基于成渝地区双城经济圈的实证研究/魏奇锋，郭安妮，骆毓燕著. -- 北京：经济科学出版社，2024.9

ISBN 978 - 7 - 5218 - 5870 - 9

Ⅰ.①区… Ⅱ.①魏…②郭…③骆… Ⅲ.①区域经济发展 - 研究 - 成都②区域经济发展 - 研究 - 重庆 Ⅳ.①F127.711②F127.719

中国国家版本馆 CIP 数据核字（2024）第 088493 号

责任编辑：王　娟　徐汇宽
责任校对：杨　海
责任印制：张佳裕

区域绿色、创新与协调发展
——基于成渝地区双城经济圈的实证研究
QUYU LÜSE，CHUANGXIN YU XIETIAO FAZHAN
——JIYU CHENGYU DIQU SHUANGCHENG JINGJIQUAN DE SHIZHENG YANJIU

魏奇锋　郭安妮　骆毓燕　著

经济科学出版社出版、发行　新华书店经销
社址：北京市海淀区阜成路甲 28 号　邮编：100142
总编部电话：010 - 88191217　发行部电话：010 - 88191522
网址：www. esp. com. cn
电子邮箱：esp@ esp. com. cn
天猫网店：经济科学出版社旗舰店
网址：http://jjkxcbs. tmall. com
北京季蜂印刷有限公司印装
710 × 1000　16 开　14.25 印张　280000 字
2024 年 9 月第 1 版　2024 年 9 月第 1 次印刷
ISBN 978 - 7 - 5218 - 5870 - 9　定价：58.00 元
（图书出现印装问题，本社负责调换。电话：010 - 88191545）
（版权所有　侵权必究　打击盗版　举报热线：010 - 88191661
QQ：2242791300　营销中心电话：010 - 88191537
电子邮箱：dbts@ esp. com. cn）

本书受成都市哲学社会科学"雏鹰计划"优秀成果出版项目"区域绿色、创新与协调发展——基于成渝地区双城经济圈的理论与实践"（CY002）资助，系该项目的最终成果。

此外，本书也是中国博士后科学基金面上项目（2022MD713778）、四川省哲学社会科学研究"十四五"规划2021年度重大项目（SC21ZDZT010）、四川省川酒发展研究中心重点项目（CJZ22－03）、成都理工大学"双一流"建设哲学社会科学重点建设项目（ZDJS202305）以及成都理工大学哲学社会科学研究基金重点项目（YJ2022－ZD007）的阶段性成果。

前　言

　　成渝地区双城经济圈,是成都大都市区、重庆主城都市区以及受"双城"新极化与强辐射轴带而集成的经济圈。当前,成渝地区双城经济圈建设已被列入国家区域重大战略,区域建设紧扣"两中心两地"战略定位,聚焦增强中心城区发展能级和综合竞争力、培育发展现代化都市圈、辐射带动全域发展。其目标是推进生态优先、绿色发展,产业转型、创新突破,城乡融合、协调共兴,以新发展理念指导区域发展实践,加快打造全国高质量发展的重要增长极和新动力源。推动成渝地区双城经济圈建设,有利于吸引人才、技术、资本等要素向区域内部集聚,促进沿海地区产业转移的同时带动自身产业升级,持续激发拓展内需潜力,形成推动成渝地区实现高质量发展的重要支撑和强劲动力。

　　本书基于新发展理念,从绿色、创新、协调三个主题入手,利用实证研究思路,对成渝地区双城经济圈发展情况做出梳理。一方面总结过去,从三个主题视角,认识、评估成渝地区发展与建设成效;另一方面展望未来,为成渝地区双城经济圈在"十四五"期间以及未来更长一段时间的发展,提出科学、合理、有针对性的发展政策建议,提供理论研究参考。全书共分为5篇,包括10个章节。

　　第一篇:成渝地区双城经济圈发展理论概述,包括第1、第2章内容。

　　第1章介绍了区域经济学理论演化及发展趋势。随着经济社会发展和技术进步,区域经济发展新趋势将集中在技术创新、可持续发展和城乡协调等方面,这为区域经济提供了发展新机遇和新挑战。区域要想实现长期稳定发展,还需要政府、企业和学术界共同努力,制定科学的政策和发展战略,促进区域经济发展的均衡性和可持续性。

　　第2章介绍了成渝地区双城经济圈绿色、创新、协调三方面的相关概念及现实需要。党的十八大以来,以习近平同志为核心的党中央高瞻远瞩、统揽全局、把握大势,提出系列新理念新思想新战略,指导我国经济发展取得历史性成就、发生历史性变革。本书以新发展理念为导向,结合可持续发展理论、生态文明理论、绿色经济理论探讨成渝地区双城经济圈绿色发展;在熊彼特创新理论、创新线性范式、协同创新理论的基础上探讨成渝地区双城经济圈创新发展水平;以非均衡发展理论、空间效应理论、区域共生理论为基础对成渝地区双城经济圈协调发展现状进行分析。

第二篇：成渝地区双城经济圈区域绿色发展，包括第3、第4章内容。

第3章从区域整体绿色发展角度出发，运用熵值法对成渝地区双城经济圈区域内16个城市的绿色发展水平进行测度，并从资源利用、环境治理、生态质量、经济效益四个维度对成渝地区双城经济圈各层面绿色发展水平进行分析。成渝地区双城经济圈区域绿色发展水平整体发展态势较好，为区域社会发展、经济建设及生态保护提供了有利条件。然而，当前成渝地区双城经济圈的绿色发展水平仍有待提升，区域整体资源节约、环境治理、增长质量、绿色生活四个维度之间发展情况非均衡性较为显著，区域内部各城市之间的绿色发展水平差异明显。基于本书研究，成渝地区双城经济圈绿色发展提升路径可以从以下几方面着手：首先，加强区域内部各主体间合作；其次，加强绿色发展理念宣传；再次，加快产业结构转型；最后，完善绿色发展水平绩效考核。

第4章以区域工业发展为研究视角，利用SBM-GML模型对成渝地区双城经济圈16个城市的工业绿色全要素生产率及其分解项进行测算，并讨论了各城市工业绿色发展水平的空间联动关系。研究结论表明：成渝地区双城经济圈工业污染物排放阻碍了区域工业绿色全要素生产率增长；绿色技术进步为工业绿色全要素生产率提升做出了主要贡献；区域整体绿色技术效率仍较低，对绿色全要素生产率形成制约。从空间视角看，成渝地区双城经济圈整体绿色全要素生产率具有较强的空间联动效应，但区域内各主体发展非均衡特征显著。成渝地区双城经济圈工业绿色发展水平有待优化和提高，需加强工业自主创新能力，加快绿色技术应用推广，并从优化调整环境规制政策等方面入手采取措施，促进地区工业的绿色发展。

第三篇：成渝地区双城经济圈区域创新发展，包括第5、第6章内容。

第5章基于超效率DEA模型与Malmquist指数测算京津冀、长三角、粤港澳大湾区、成渝地区双城经济圈四大国家级城市群的研发效率，以反映出成渝地区的相对发展位置。在超效率DEA分析中，粤港澳大湾区的研发效率均值最高，其次是京津冀城市群、长三角城市群，由于成渝地区双城经济圈科技发展不平衡问题突出，区域研发效率均值处于四大城市群之尾。在Malmquist指数分析中，长三角城市群、粤港澳大湾区、京津冀城市群、成渝地区双城经济圈大部分城市都实现了技术效率正增长，整体表现出上涨趋势，但成渝地区双城经济圈的技术效率最低，与另外三大城市群存在较大差距。总体上讲，四大国家级城市群的技术进步率均值高于技术效率均值，由此可见，增强地区科研能力、推动技术进步是提升全要素生产率的关键。

第6章从产业角度出发，分析了成渝地区双城经济圈知识密集型服务业集聚情况和创新产出现状，并通过构建实证模型探究了知识密集型服务业对区域创新发展的影响，进一步探讨了多要素驱动创新发展的组态效应。结果表明：成渝地区双城经济圈知识密集型服务业地区集聚存在不均衡态势。在全域视角下，区域内各城市知识密集型产业集聚度表现出明显的梯度特征；在行业异质性视角下，行业集聚效应地区异质性显著，中心城市和周边城市形成"两极分化"。实证分析中发现，成渝地区双城经济圈知识密集型服务业集聚能有效提升区域创新产出能力。在组态分析中发现，成渝地区双城经济圈创新发展条件具有多重并发关系，主要形成以对外开放为核心的创新发展模式和以要素集聚为核心的创新发展模式。

　　第四篇：成渝地区双城经济圈区域协调发展，包括第7、第8章内容。

　　第7章通过构建区域"绿色－创新－经济"复合系统，采用系统协同度测算模型对成渝城市群区域发展协调性进行研究。整体上看，成渝地区双城经济圈"绿色－创新－经济"复合系统协同度总体表现为轻度不协同或轻度协同，但在研究期间内呈现出螺旋上升趋势。成渝地区双城经济圈各主体协同度具有不同特征，从复合系统协同度看，成渝地区双城经济圈系统协同度表现为轻度协同。从子系统有序度看，各城市资源环境子系统有序度均为正，重庆市、乐山市以及达州市等资源环境子系统有序度处于较低水平。从科技创新子系统有序度看，成都市和重庆市相对较好，成都市、内江市、广安市以及雅安市等城市的经济社会子系统有序度则相对靠前。为推进成渝地区双城经济圈在"绿色－创新－经济"等方面的协调发展，需加强区域生态建设、提升科技创新水平、优化城市产业布局，以期建设协同共兴城市群。

　　第8章运用熵值法对科技创新与经济高质量发展水平进行度量，从灰色关联与耦合协调性分析两个维度，考察了成渝地区双城经济圈内各城市科技创新与经济高质量发展的耦合协调关系。从时间维度看，各城市科技创新与经济高质量发展表现出较好的协调关系，科技创新和经济高质量发展关系紧密，两者的耦合协调度整体上处于优质协调状态。而三大科技创新中心，重庆市、成都市、绵阳市经济高质量协调性相对较差，科技与经济的耦合协调发展程度还有待进一步提升。从空间维度看，成渝地区双城经济圈科技创新和经济高质量发展耦合协调度在各城市间差距较显著。为促进协调发展，还需不断提高科技创新要素投入、加快科技成果转化、牢固把握耦合发展本质、建立全方位的经济考察机制，通过统筹成渝地区社会发展和经济建设，增强区域发展协调性，以期为我国内陆地区发展提供新范式。

　　第五篇：成渝地区双城经济圈发展政策体系设计，包括第9、第10章内容。

第9章对成渝地区双城经济圈发展实际及系列问题进行了归纳总结。结合发展实际水平看，成渝地区双城经济圈建设取得了丰富的实践成果，但仍然面临系列挑战。从本书研究结论看，在区域绿色发展进程中，区域内部各城市绿色发展水平非均衡性显著，且整体绿色技术效率较低。在区域科技创新进程中，区域技术进步率有待提高，中心城市研发效率较弱，区域内创新要素流动性和城市间协同合作水平较低。在区域协调发展进程中，区域内各城市整体协同度较低，尤其是中心城市科技创新与区域经济耦合关系还有待加强。

第10章结合本书研究结论，从绿色、创新、协调三大视角构建成渝地区双城经济圈发展政策体系，并提出未来展望。根据研究结论发现，绿色、创新、协调三者之间相辅相成，绿色发展是践行创新、协调发展的必要条件；创新发展是驱动绿色、协调发展的重要动力；协调发展是绿色、创新发展的内在要求。在新发展理念背景下，建设高质量的成渝地区双城经济圈需要将三者充分融会贯通，从多层次、全方位、宽领域推动成渝地区双城经济圈"绿色－创新－协调"建设。

目　　录

第三篇　成渝地区双城经济圈区域创新发展

第四篇　成渝地区双城经济圈区域协调发展

第五篇　成渝地区双城经济圈发展政策体系设计

绪　　论

　　中央长期以来都高度重视成渝地区的建设与发展，多次召开专题研究，制定相关发展规划，试图在国家内陆腹地打造重要增长极。2011 年 6 月 2 日，经国务院批复，国家发展改革委印发了《成渝经济区区域规划》，这是国家深入推进西部大开发，促进全国区域协调发展的重要举措。2016 年 3 月 30 日，国务院常务会议上通过了《成渝城市群发展规划》，该文件的出台加快了西部新型城镇化、农业现代化建设。2020 年 1 月 3 日，中央财经委员会第六次会议强调，要推动成渝地区双城经济圈建设，在西部形成高质量发展的重要增长极，打造内陆开放战略高地，使成渝地区成为具有全国影响力的重要经济中心、科技创新中心、改革开放新高地、高品质生活宜居地，助推高质量发展。此时，建设成渝地区双城经济圈已上升成为国家战略。2020 年 10 月 16 日，中共中央政治局召开会议审议《成渝地区双城经济圈建设规划纲要》，此次会议确定了成渝地区双城经济圈建设总目标为"打造带动全国高质量发展的重要增长极和新的动力源"，并指出当前我国发展面临的国内外环境日趋复杂，推动成渝地区双城经济圈建设，助力形成优势互补、高质量发展的区域经济布局，是构建以国内大循环为主体、国内国际双循环相互促进的新发展格局的一项重大举措。成渝地区双城经济圈位于长江上游，地处四川盆地，东邻湘鄂、南连云贵、西通青藏、北接陕甘，是我国西部地区发展水平最高、发展潜力较大的城镇化区域，是实施长江经济带和"一带一路"倡议的重要组成部分。

　　2021 年 10 月 20 日，中共中央、国务院正式印发了《成渝地区双城经济圈建设规划纲要》，提出了推动成渝地区双城经济圈建设的 9 项重点任务，包括构建双城经济圈发展新格局、合力建设现代基础设施网络、协同建设现代产业体系、共建具有全国影响力的科技创新中心、打造富有巴蜀特色的国际消费目的地、共筑长江上游生态屏障、联手打造内陆改革开放高地、共同推动城乡融合发展、强化公共服务共建共享等。同年 12 月，中共重庆市委、中共四川省委、重庆市人民政府、四川省人民政府联合印发了《重庆四川两省市贯彻落实〈成渝地区双城经济圈建设规划纲要〉联合实施方案》，细化提出了 10 个方面 47 项具体任务，并逐一明确了两省市相关责任单位。党的二十大报告中强调，要"推动成渝地区双城经济圈建设"，并将其列入了国家重大发展战略。十余年间，一系列围绕成渝地区发展的政策发布，致力于将成渝地区（双城经济圈）建成具有全国影响力的重要经济中心、科技创新中心、改革开放新高地、高品质生活宜居地，合力打造区域协作高水平样板，打造带动全国高质量发展的重要增长极和新的动力源。系列战略措施和政策的实施持续为成渝地区双城经济圈绿色、创新、协调发展注入新动力。

当前，成渝地区双城经济圈各城市发展基础条件和初始资源禀赋存在一定差距，破解生态文明建设不充分、创新动力与能力不足、发展不平衡等阻碍经济圈建设的重点问题，不仅是现实需要，也是推进成渝地区现代化建设的必然要求以及区域实现健康发展亟待解决的关键问题。"绿色"是实现可持续发展的必要条件，"创新"是引领绿色发展的第一动力，"协调"是推动持续绿色健康发展的内在要求，三者相辅相成。为加强生态功能区保护，推动绿色发展；提升科学技术研发能力，促进区域创新；加快欠发达地区追赶速度，促进协调共兴，还需要因地制宜构建优势互补、高质量发展的区域经济布局。

本书从绿色、创新、协调三个主题入手，在现有区域发展理论和区域经济研究的基础上，利用实证研究思路，对成渝地区双城经济圈发展情况做出梳理。基于三个主题视角总结过去，认识、评估成渝地区发展与建设成效；结合研究结论展望未来，为成渝地区双城经济圈在"十四五"期间以及未来更长一段时间中，制定出科学合理的发展政策，提供理论研究参考。成渝地区双城经济圈各城市间需通过全方位协作，强化"双核联动、双圈互动"效应，着力推进区域交通基础设施、科技创新资源、现代产业体系、公共服务功能以及社会保障政策等方面互联互通，聚力抓好区域内重大项目、重大平台、重大改革等相关政策落地落实，不断推动成渝地区双城经济圈内部城市合作走深走实，在协同中并进、在创新中发展，携手唱好"双城记"。

第一篇

成渝地区双城经济圈发展理论概述

第 1 章

成渝地区双城经济圈发展理论基础

1.1 区域经济学理论基础

1.1.1 区域经济学理论演化

1.1.1.1 区域经济学缘起

20 世纪初，地区发展理论的诞生标志着区域经济学的起源。彼时经济学家们尝试解释地区间贫富差异，其核心观点表明资源分布差异和技术进步导致了地区之间发展的非均衡性。20 世纪 30 年代，洛杉矶学派兴起，该学派认为地理位置、交通和通信设施等因素对区域经济发展起着至关重要的作用。20 世纪 50 年代，罗伯特·索洛（Robert Solow）提出了"收敛假说"，认为贫穷地区经济增长速度将超过富裕地区，最终导致地区收入水平的收敛。尽管绝对收敛假说并未得到普遍验证，但在考虑了影响经济增长的各种条件后，条件收敛假说在许多实证研究中得到了支持。

1.1.1.2 区域经济学与新经济地理学

随着经济社会不断发展，区域经济发展关联性逐渐显现。20 世纪 70 年代末，主要由克鲁格曼（Krugman）等学者推动的新经济地理学兴起。该阶段的理论强调经济规模、网络效应和产业集聚的重要性。以新经济地理学为基础，产业集聚理论应运而生，该理论认为同类产业在特定地区集中时，会形成"产业群"或"经济集群"，这种集聚效应可以带来生产率提高和经济规模增长。此后，基于中心—边缘理论的"中心—边缘模型"作为区域经济学中的一个重要概念出现，该模型用于描述特定地区内不同城市或地点之间的经济地位和差异，其核心概念是中心地区和边缘地区之间的经济联系和互动，以及由此产生的区域经济格局。未来，可以通过进一步加强学科融合，共同探索地理空间、区域内部以及区域之间的经济问题。结合地理空间和经济理论，以期更好地理解地区特征和优势，进而推动区域经济发展。

1.1.1.3 区域经济学与知识经济

随着科技进步和全球化推进，知识创新成为促进区域经济发展的重要动力。进入21世纪，区域经济学理论焦点转向了区域竞争和创新，强调知识经济和技术进步对区域发展的重要性。随着信息技术快速发展，知识经济变得日益重要，创新、技术和人才等要素聚集已成为推动区域经济增长的关键因素。为促进创新和知识产业发展，各地区积极建设科技园区和孵化器，提供创业支持和资源，以吸引高科技企业和人才。未来，区域经济学理论将更加关注区域内部知识创新体系建设和跨地区的创新合作，通过加强科技创新和知识产权保护，不同地区可以共享创新成果，实现区域经济共同繁荣。

1.1.1.4 区域经济学与可持续发展经济

随着对环境问题和社会发展的日益关注，区域经济学逐渐融入可持续发展理念，政策重点转向区域均衡和包容性增长。在区域均衡发展方面，政策制定者开始重视贫困地区和发展滞后地区，提出实现区域均衡发展的目标，以减少地区经济差距。在区域可持续发展政策方面，政府出台针对特定地区的政策措施，包括基础设施建设、税收优惠、产业扶持等，以促进地区经济发展和就业增长。未来，区域经济学理论将更加注重经济发展与环境建设的协调关系，绿色产业、低碳经济和资源循环利用将成为区域经济学研究的重要内容，通过优化资源配置和产业结构，实现区域经济可持续发展。

1.1.1.5 区域经济学与数字经济

随着数字化和智能化时代的到来，数字经济正成为全球经济增长的新动力，区域经济学也面临新的挑战和机遇。数字技术的普及推动了数字经济发展，智能城市的概念逐渐受到关注，这些变革对区域经济建设产生了深远影响。人工智能和自动化技术的应用正逐渐改变城市建设、产业结构以及劳动力需求，部分以传统产业为主的地区经济发展可能受到冲击。未来，区域经济学理论将更加关注数字经济与区域经济融合，数字技术应用将通过改变区域产业结构和商业模式，推动区域经济转型升级。

综上所述，区域经济学理论的发展已进入数智化时代，不断变化的经济社会环境持续推动区域经济学丰富和拓展，形成新的理论和政策措施，以适应不断变化的挑战和机遇。区域经济学理论的演化趋势更加强调地理空间与经济活动融合，注重创新、协调与发展的可持续性。

1.1.2　区域经济发展新趋势

　　区域经济发展一直是经济学家、政策制定者和企业关注的焦点。随着全球经济一体化持续深入，科技革命和可持续发展等影响，区域经济发展面临新的趋势和挑战。未来，区域经济学理论将更加关注可持续发展下的区域绿色经济、技术进步驱动的区域创新经济、城乡融合推动下的区域协调经济等系列新发展阶段的区域经济问题。

1.1.2.1　可持续发展下的区域绿色经济

　　面对全球气候变化和环境压力，可持续发展成为区域经济发展的重要目标。越来越多的地区开始注重发展绿色经济，促进资源高效利用和环保产业发展。绿色经济是一种以资源节约、环境友好、社会公平为特征的经济体系。它强调将生态效益纳入经济决策的核心，以实现经济增长与环境保护的双赢。在绿色经济中，资源的高效利用和循环利用被视为重要目标，经济增长不再是单纯追求 GDP 的增加，而是更注重社会和环境发展的可持续性。

　　绿色经济主张在经济活动中充分考虑环境影响，推动生产方式和消费习惯的转型，以实现资源的可持续利用和生态平衡。当前，全球气候变化、环境污染和资源短缺等问题日益严峻，绿色经济在应对全球环境挑战方面提供了有效途径，如节能减排、保护环境资源等。另外，传统经济增长模式导致资源过度消耗和环境恶化，绿色经济通过提高资源利用效率和降低环境成本，促进经济可持续增长。绿色经济还有助于缓解社会压力，更加关注社会公平和人民福祉，通过可持续发展经济模式，改善居民生活质量，减少社会不平等。

1.1.2.2　技术进步驱动的区域创新经济

　　当前创新已成为区域经济发展的核心驱动力。从发展实践看，发达地区通常具有更完善的创新生态系统，聚集了高科技企业、研发机构和高素质人才等各类资源。政府和企业将更加注重培育创新型产业集群。此外，数字经济为偏远地区也提供了更多参与全球市场竞争与交易的机会。数字经济的崛起推动了电子商务和在线服务业快速发展，电子商务改变了商品和服务的交易方式，促进了农村经济和小微企业发展。

然而，技术催生了一系列新业态和新产品，极大改变了社会生产生活方式，但同时也为经济社会发展带来了新挑战。当前，随着数字经济蓬勃发展，数字鸿沟逐渐显现，引起劳动力结构发展变化，为地区就业造成了压力，尤其是边远地区。加之边远地区教育资源禀赋较弱，导致从业人员技术相对落后，难以充分高效利用新生技术为区域经济发展服务，从而可能进一步加大技术进步形成的数字鸿沟。科技创新与区域经济间的耦合关系还需不断提升，才能有效避免区域创新过程导致地区间差异加大。

1.1.2.3 城乡融合推动下的区域协调经济

城乡融合是我国经济发展的重要战略，旨在促进城乡之间资源要素的优化配置与互通共享。当前，中国城乡二元经济结构依然显著，城市经济和农村经济之间存在较为明显的差异和不平衡状态。这种二元经济结构是中国长期以来城乡发展不平衡、城市与农村发展速度差异所形成的。在这种结构下，城市经济和农村经济在发展水平、产业结构、收入水平、社会福利等方面存在显著差异，制约着中国经济全面发展和社会可持续进步。

要实现城乡经济的协调发展，促进不同地区间经济、社会、文化等方面协调与互动，还需要通过优化资源配置、加强交流合作、推动产业升级等手段加强城乡联系。当前，随着城市化进程加速，人才流动成为城乡融合发展的重要因素，城市建设吸引了大量高素质人才，而农村地区的人才培养和就业机会则相对不足。政府还需加强政策支持和统筹规划，制定差异化政策，因地制宜推进城乡融合和区域协调。同时，各级政府和社会各界应共同努力，鼓励城市企业到农村投资兴业，推动城乡各类要素资源有机融合，促进城乡一体化发展。

总体而言，区域经济发展的新趋势主要集中在技术创新、可持续发展和城乡协调等方面。这些趋势为区域经济建设提供了新的机遇和挑战，需要政府、企业和学术界共同努力，制定科学的政策和发展战略，促进区域经济发展的均衡性和可持续性。

1.2 区域绿色发展理论基础

1.2.1 可持续发展理论

可持续发展理论主要基于世界各国和各地区对自然生态保护问题的研究而

提出。长期以来，可持续发展都是人类社会发展面临的重大挑战。随着经济持续快速增长，自然资源严重消耗和环境资源过度使用等制约生态可持续发展的问题逐渐凸显。寻求生态保护和经济发展之间的平衡，促进国家和地区可持续发展转型成为世界各经济体的重要议题。1987 年，世界环境与发展委员会提交的《布伦特兰报告》，将可持续发展定义为"既满足当代人的需要又不损害后代人满足需要的能力的发展"，由此可持续发展概念逐渐成为社会发展的主流方向。1992 年和 2002 年，各国分别在里约热内卢和约翰内斯堡的会议上达成了关于可持续发展多边政府协议，可持续发展概念广泛渗透到产业界、地方政府和公众社会之中。自 1992 年联合国环境与发展大会提出可持续发展行动纲领，中国开始推行可持续发展思想战略，随即批准发布了"中国环境与发展的十大对策"。

在可持续发展系统中，经济、生态、社会形成了三个可持续发展子系统，三者分别是可持续发展的基础、条件和最终目的。经济可持续发展要求改变传统的生产和消费模式，追求经济高质量发展。生态可持续发展要求经济社会发展要与自然承载力相协调，从根本上解决经济发展与生态环境失衡问题。社会可持续发展则要求改善人类生活质量，为人类创造和谐稳定的生产生活环境。可持续发展作为一个全面性发展战略，有机结合了社会发展和生态保护，要求从全方位、多领域、全过程实现统筹协调，重点强调"经济 – 生态 – 社会"三者的内在统一性，面对资源环境压力不断增加，实现可持续发展是全球经济社会发展亟待解决的问题，尤其是对于发展中国家和地区而言，其社会经济发展必然要经过资源消耗与环境破坏阶段，因此，在发展过程中，有必要从根源上减轻后期发展负担。

1.2.2　生态文明理论

人类文明发展的理想是在生产力发展和社会物质财富极大丰富的基础上，实现人类自由全面发展。继农业文明、工业文明之后，生态文明以一种新型的社会发展文明形态出现，这是在人类社会与自然环境协调发展的基础上，取得物质上与精神上的成果总和，着眼于人类未来发展的可持续性。人类文明发展史是一部人与自然的关系史，生态文明是实现人与自然和谐发展的必然要求，建设生态文明是关系人民福祉、关乎民族未来的重要战略任务。党的十七大报告提出建设生态文明。党的十八大将生态文明建设纳入"五位一体"总体布局。党的十九大进一步提出加快生态文明体制改革，建设美丽中国，要牢固树立社会主义生态文明观，推动形成人与自然和谐发展现代化建设新格局。党的二十大报告中强调，必须牢固树立和践行"绿水青山就是金山银山"的理念，站在人与自然和谐共生的高度谋划发展。这是对谋划经济社会发展提出的新要求。

无论是国家发展还是区域城市建设，都需要深刻把握生态文明建设这个永续发展的根本大计，扎实推动绿色发展，促进人与自然和谐共生，共同建设美丽中国。人与自然和谐共处是生态文明建设的核心观念，处理好经济发展与环境保护之间的关系即其本质所在。本书以成渝地区双城经济圈为主要研究对象，其经济发展模式表现为：在一定区域范围内，为实现经济建设和社会发展，需统筹区域内部条件和自身特点，配合经济圈建设制定相关政策，在确保生态文明的条件下，依靠区域内优势产业，践行绿色低碳、适度节约的生活消费方式。同时，建立可持续的绿色经济发展制度，从社会意识形态、经济发展方式、人民生活方式等方面推动区域进行全方位绿色转型。

1.2.3　绿色经济理论

绿色经济是一种以市场为导向、传统产业经济为基础、经济与生态协调为目的发展起来的新经济形式，是产业经济为适应人类社会实现生态环保与社会健康可持续发展需求表现出来的一种发展状态。英国环境经济学家皮尔斯（Pierce）最早提出"绿色经济"概念，其核心主张是建立一种可持续经济。绿色经济主要具有资源节约性与利用高效性、经济活动的绿色化、人类社会发展的可持续性三个特征。社会经济与生态环境协调发展是绿色经济的核心所在，本质上是一种平衡式可持续发展经济。绿色经济的提出早于绿色发展的提出，绿色经济重点关注绿色生产、消费及分配等方面，而绿色发展关注的问题更为广泛，是以往发展理念的有机整合。绿色经济是绿色发展的重要内容，也是绿色发展的必由之路。在环境经济学视角下，绿色经济研究主要关注环境规制政策对企业行为产生的影响以及如何产生影响。绿色经济发展模式主要通过与环境相协调的经济行为，将与生态环境保护相适应的技术转化为生产力，从而实现经济持续稳定健康增长。建立健全绿色经济体系，促进经济社会发展全面绿色转型，是解决我国资源环境生态问题的基础之策。

对区域绿色经济发展而言，区域内部的空间异质性对经济社会发展产生的作用也不容忽视。在不同地区，污染型企业对环境规制政策会做出不同的行为响应，在区位条件有利、市场潜力大的地区，企业会通过适应环境规制政策实施更多的创新活动；在区位条件不利、市场潜力小的城市，企业面对严厉的环境规制时，往往不会采用技术创新等措施响应政策变化，而是采用迁移或关门停产等办法进行规避。目前，我国中西部地区大部分城市尚处于欠发达水平，兼顾"绿水青山"和"金山银山"是欠发达地区实施环境规制的主要目标。鉴于欠发达地区的企业技术效率相对较低，导致其环境效率较低，欠发达地区的环境规制应更多从技术准入着手，有效提高企业环境效率。因此，成渝地区双城经济圈环境规制需要考虑行业异质性和空间异质性的影响，针对不同区位的企业、行业采取空间差异化环境规制手段，兼顾经济增长及企业发展，达到绿色经济目标。

1.3　区域创新发展理论基础

1.3.1　熊彼特创新理论

技术创新理论由经济学家约瑟夫·熊彼特（Joseph Alois Schumpeter）在《经济发展理论》一书中首次系统地提出：所谓创新，即需要建立一种新的生产函数，以实现一种从未有过的生产要素和生产条件的全新组合，并将该新组合引入生产体系中。"熊彼特式创新"可以从五方面诠释其内涵：（1）生产新产品；（2）利用新生产方法；（3）开辟新市场；（4）获取材料新供应商；（5）形成新组织。由此可见，创新并不是单一靠某项技术或产品就能形成，而是在多主体协同作用下产生的一种运行机制，只有将其引入实际生产中，对原有生产体系产生震荡效应，该过程才属于创新。后来学者们在其基础上不断发展和完善创新理论，"熊彼特式"创新理论不断演化，通过对技术进步与经济增长关系开展深入研究，创新理论得到了长足的发展，形成了新古典学派、新熊彼特学派、制度创新学派和国家创新系统学派四个学派。

1.3.2　创新线性范式

20世纪70年代，在熊彼特的影响下形成了技术推动、需求拉动、创新链模型3种创新研究的线性范式，技术创新主要经历"发明→开发→设计→中试→生产→销售"简单线性过程，创新基本流程如图1-1所示（李守伟等，2009；李晓锋，2018）。其中，范式技术推动的创新线性范式（Vannevar Bush，1945）和需求拉动的创新线性范式（Jacob Schmookler，1966）需要外部科学技术提供技术支撑，在"创新链"模型中，主要表现为创新要素在市场和政府作用下在链条各环节中进行配置，通过循环运转形成技术创新链式流程（Stephen J. Kline，1985）。然而该线性范式局限于单个企业内部技术创新，后来学者们通过研究发现，企业外部信息交流及资源协调有利于促进创新发展，多主体协作能有效克服单个企业技术创新过程中存在的创新能力局限性，减少企业创新活动中技术突破阻碍因素以及避免市场不确定性。

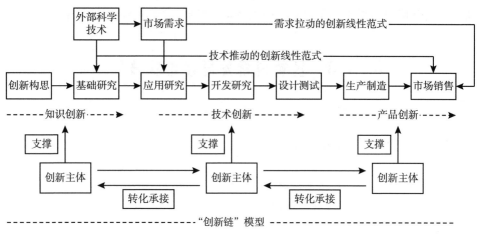

图 1-1　创新研究线性范式

此后，随着创新发展逐渐呈现出非线性、复杂性、系统性等特征，学者们对创新的研究视角，逐渐由单个企业内部转向企业与外部环境的互动关系，由此创新网络范式兴起。在创新网络视角下，形成了一系列经济学的代表性理论，包括创新体系理论、创新三螺旋理论等创新理论。创新网络范式强调社会情境和社会网络对技术创新形成的作用机制，具有系统性和协同性特征，其中较有代表性的是从社会资本视角出发，对技术创新展开相关研究（丘海雄和谢昕琰，2016）。

1.3.3　协同创新理论

协同创新主要表现为产学研合作的过程。在创新网络的基础上，协同创新演化为一种复杂性更强的创新组织方式，其形成以高校、科研机构、企业等为核心要素，以政府、金融机构、中介组织、创新平台、非营利性组织等为辅助要素的多元主体协同互动的网络创新模式，通过知识创造主体和技术创新主体间的深度融合与资源整合，产生系统叠加的非线性效用。协同创新的主要特点有两方面：（1）整体性，创新生态系统是各种要素的有机集合，其存在方式、目标、功能符合整个系统发展；（2）动态性，创新生态系统会随着各主体和资源变化而不断演化。因此，协同创新的内涵本质体现在企业、政府、高校、科研机构、中介组织、社会公众等为实现重大科技创新而进行的大跨度整合的创新组织模式。通过政府政策引导和机制安排，促进企业、高校、科研机构等利用自身优势、整合互补性资源，充分调动各类主体的创新积极性和创新活力，加快多领域、全行业以及创新链各环节之间的技术融合与扩散，加速技术推广、应用，实现产业化，协作开展产业技术创新和科技成果产业化活动，已成为当今科技创新的新范式。

协同创新以多元创新要素整合和创新资源在系统内充分流动为前提，协同创新是以知识增值为核心，以企业、高校、政府为创新主体的价值创造过程，创新网络范式如图1-2所示。基于协同创新的产学研合作方式是国家创新体系中一种重要的创新模式，是国家创新体系理论的新进展。知识经济时代，传统要素如土地、劳动力等资源边际收益率逐渐降低，信息和知识已经成为经济社会价值增值的关键要素。协同创新过程中知识在各主体间进行循环活动，通过互动过程，新的知识不断被挖掘，转化为资本，并形成规模效应和范围效应，为经济社会带来正外部性，使得经济效益和社会效益得到显著提升。

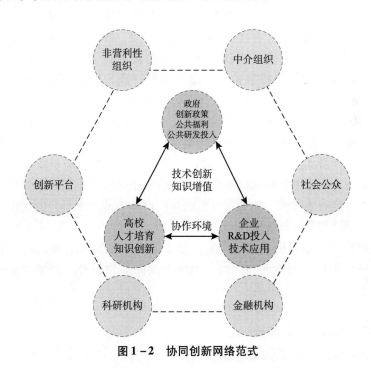

图1-2　协同创新网络范式

1.4 区域协调发展理论基础

1.4.1 非均衡发展理论

区域经济发展的不均衡、不充分等问题长期以来都是区域经济学研究的核心内容，也是世界各国经济发展过程中存在的普遍性问题。非均衡发展理论早期是发展中国家为实现经济发展选择的基础理论。区域发展是国家发展的主体构成，经济社会发展高度相似，非均衡发展理论和均衡发展理论逐渐成为制定区域经济发展战略的理论基础。由 20 世纪中叶兴起的增长极理论至今天的产业集群理论，对世界各国尤其是发展中国家的区域经济发展战略都提供了重要指导和推动作用。不过，区域均衡发展理论从理性观念出发，采用了静态分析方法，把区域发展问题简单化和理想化，这与发展中国家经济社会发展实际有所差异，难以合理解释区域经济增长现实情况，也就无法有效识别区域发展阻碍因素。

相比于均衡发展理论，在经济发展的初级阶段，非均衡发展理论为发展中国家提供了一种具有合理性和实践性的区域发展理论基础。弗朗索瓦·佩鲁（Francois Perroux）的增长极理论、约翰·弗里德曼（John Friedman）的中心-外围理论、克鲁格曼的梯度转移理论等都强调了资源稀缺性条件下对包括科技创新资源在内的发展性资源进行"集聚优先"的非均衡配置（罗巍等，2020）。我国区域增长或区域发展理念共经历了均衡发展、非均衡发展、协调发展和高质量发展四个阶段（孙久文和苏玺鉴，2020）。然而，中国当前经济发展水平仍处于发展中国家行列，国家实施的区域协调发展战略正逐步缩小东西部差距，城乡二元经济结构得到有效改善，但从发展实践看，目前仍是低水平、低效率的协调发展，甚至以牺牲部分地区发展优势为代价。改革开放以来，我国逐步实施区域非均衡发展战略，通过引入市场机制，让东部地区先发展起来，通过涓滴效应和虹吸效应，缩小东部地区和中西部地区发展的非均衡性，以增强区域发展协调性。

1.4.2 空间效应理论

空间经济学和区域经济学都以区域为主体，都以"揭示区域内经济运行规律和总体趋势"为研究目标。在经济理论方面，学界越来越关注经济行为主体之间的互动关系，如同伴效应、相邻效应、溢出效应以及网络效应等，这些都离不开空间因素。

1.4.2.1　空间关联性

空间关联现象普遍存在于社会经济领域层面，地理学第一定律认为，事物之间具有空间关联性，空间距离与空间关联性成正比。基于优化资源配置的区域政策实施以及生产要素、技术知识自由流动产生的经济活动关联效应，我国城市逐渐从单一地理"近邻"关系演化为多方向网络形态的空间关联结构（李敬等，2014；刘华军等，2015）。在地域空间交互和社会经济活动的双重辐射作用下产生的空间关联效应也造成了区域资源配置低效率、社会经济活动的无序性。申婷等（2022）从空间关联性视角出发对城市活力进行评价，发现了人口分布与城市空间功能设施不匹配的现象，城区中心的城中村及老旧街区人口密集、活动强度大但资源匹配不足，城区外围的小型商业、产业及居住活动中心的功能设施密集但服务人口和辐射范围有限。从产业视角看，产业发展同样存在空间依赖性。郑长娟等（2017）对浙江省知识密集型服务业的空间关联性分析发现，知识密集型服务业存在空间聚集效应，区际联动效应显著，且在研究期内空间关联效应逐步增强。空间关联性已逐渐成为当前研究区域经济活动演化和城市发展的重要基础理论之一，结合地理特征探索区域发展新路径，更有利于优化资源配置、增强要素流动性。

1.4.2.2　空间溢出效应

市场潜能（market potential）揭示了空间溢出效应对区域经济发展的作用机制，区域经济总量规模往往与其经济发展水平具有正相关性，即经济总量越高的地区，经济增长速度也越快。"本地"高增长速度使得对其"邻地"产品需求能力增加，表现为"本地"经济发展对"邻地"产生的较强带动作用。然而中国不同区域之间形成的"市场分割"造成技术、知识、信息等高级要素溢出的空间关联效应出现"断层"现象，人力、资本等基础要素跨区域流动行政性障碍难以有效破除，由此对区域经济增长的空间传导机制产生了抑制作用。中国区域经济发展还会对周围省域经济产生随机冲击作用，即影响"本地"经济增长的其他因素也会对"邻地"经济产生间接的扩散效应。基于此，中国区域经济发展必须从新经济地理学视角出发，减少影响生产要素再配置的限制性因素，通过对要素市场进行"松绑"，打破行政层级壁垒和地方保护主义，以"制度红利"切实增强区域经济发展协调性（潘文卿，2012；于斌斌，2015）。

基于历史基础和特殊的地理区位，成渝地区双城经济圈内各城市要素禀赋和经济基础存在较大差异，结合中心流理论（central flow theory），强调中心城市在城市网络结构发展中的关键作用（Peter J. Taylor et al.，2010），成都市和重庆市作为区域内核心城市，应通过逐渐消除成渝两地"市场分割"现象，带动资源和要素跨域流动，在消除市场壁垒的同时，扩大各城市的市场空间，激发市场潜能。深入贯彻重庆市政府办公厅、四川省政府办公厅2023年2月联合印发的《推动成渝地区双城经济圈市场一体化建设行动方案》，加速成渝地区双城经济圈全域性市场一体化进程，充分发挥要素流动对区域经济发展的空间溢出效应，切实提升成渝地区双城经济圈发展协调性。

1.4.3　区域共生理论

根据马克思主义哲学，共生理论是关于不同物种的有机体之间的自然联系的理论。最初起源于生物学界，由美国微生物学家和分子生物学家马古利斯（Lynn Margulis）等在"盖娅假说"的基础上提出，认为生命与新达尔文主义的假定不同，不是消极被动地去"适应"物理化学环境，而是主动地形成和改造它们的环境。初始有机体与新生物群体融合共生产生了新物种，透过生物共生现象，人们逐步意识到共生关系同样存在于社会经济系统中，体现在自然与自然之间、人与自然之间，形成相互依赖、和谐统一的命运关系。在区域经济关系研究层面，共生理论表现在多重空间关系中，包括区域协同、城市群、城乡统筹、城市系统、港城关系等（徐士伟和许鑫，2017）。

区域共生关系则主要体现在区域内部各要素与各单元间互动发展，为区域要素整合、优化资源配置，实现效用最大化提供了新范式，也是实现区域协调发展的重要路径。区域协调发展通过跨越经济学视角，结合生物学理论，以区域共生理论来诠释区域经济合作，有利于从生态、经济、社会、科技、人文等多角度、全方位诠释区域内部各城市主体形成协同的本质。在区域共生系统内，对称性互惠共生是种群系统演进的最佳模式，共生单元之间在信息、物质和能量的交换过程中产生的激励作用是相容的，其接触介质最好并且共生界面最大（肖东生和石青，2011）。从成渝地区双城经济圈合作关系看，2022年，区域内部主体协同机制主要以强连带为主，强连带关系是弱连带关系的2.1倍，相较于2020年的1.17倍，协同关系更稳固。在区域合作中，行动者之间仍以双边合作为主，多边协同关系相较2020年有所提升，协同规模不断壮大[①]。2022年，成渝地区双

---

① 川观智库. 2022年成渝地区双城经济圈区域协作度量化研究报告［R/OL］.（2022-11-07）. https://cbgc.ssol.com.cn/nesw/3817802.

城经济圈持续推进城际合作，区域内各城市在科技创新、新兴产业、文化旅游等行业开展全方位、深层次合作，提升"双核"发展能级，增强辐射功能，推动成渝地区双城经济圈发展协调性建设取得新成果。

参 考 文 献

[1] 李敬，陈澍，万广华，等．中国区域经济增长的空间关联及其解释——基于网络分析方法 [J]．经济研究，2014，49（11）：4-16．

[2] 李守伟，李备友，钱省三．技术创新范式的演变分析：基于系统发展观的视角 [J]．科技管理研究，2009，29（2）：10-14．

[3] 李晓锋．"四链"融合提升创新生态系统能级的理论研究 [J]．科研管理，2018，39（9）：113-120．

[4] 刘华军，刘传明，孙亚男．中国能源消费的空间关联网络结构特征及其效应研究 [J]．中国工业经济，2015（5）：83-95．

[5] 罗巍，杨玄酯，唐震．"虹吸"还是"涓滴"——中部地区科技创新空间极化效应演化研究 [J]．中国科技论坛，2020，293（9）：49-58，71．

[6] 潘文卿．中国的区域关联与经济增长的空间溢出效应 [J]．经济研究，2012，47（1）：54-65．

[7] 丘海雄，谢昕琰．企业技术创新的线性范式与网络范式：基于经济社会学视角 [J]．广东财经大学学报，2016，31（6）：16-26．

[8] 申婷，李飞雪，陈振杰．基于多源数据的城市活力评价与空间关联性分析——以常州市主城区为例 [J]．长江流域资源与环境，2022，31（5）：1006-1015．

[9] 孙久文，苏玺鉴．新时代区域高质量发展的理论创新和实践探索 [J]．经济纵横，2020，411（2）：6-14，2．

[10] 徐士伟，许鑫．基于共生理论的天津港城协调发展研究 [J]．同济大学学报（社会科学版），2017，28（5）：65-72．

[11] 于斌斌．产业结构调整与生产率提升的经济增长效应——基于中国城市动态空间面板模型的分析 [J]．中国工业经济，2015，333（12）：83-98．

[12] 郑长娟，郝新蓉，程少锋，等．知识密集型服务业的空间关联性及其影响因素——以浙江省69个县市为例 [J]．经济地理，2017，37（3）：121-128，173．

[13] 肖东生，石青．基于共生理论的湖南"3+5"城市群区域合作研究 [J]．湖南社会科学，2011，147（5）：118-121．

［14］Jacob Schmookler. Invention and economic growth ［M］. Cambridge, MA: Harvard University Press, 1966.

［15］Peter J. Taylor, Michael Hoyler, Raf Verbruggen. External Urban Relational Process: Introducing Central Flow Theory to Complement Central Place Theory ［J］. Urban Studies, 2010: 47 (13), 2803 – 2818.

［16］Stephen J. Kline. Innovation is not a linear process ［J］. Research Management, 1985, 28 (4): 36 – 45.

［17］Vannevar Bush. Science, the endless frontier: A report to the president ［M］. Washington: U. S. Government Printing Office, 1945.

第 2 章

成渝地区双城经济圈建设核心概念内涵

党的十八大以来，以习近平同志为核心的党中央高瞻远瞩、统揽全局、把握大势，提出一系列新理念新思想新战略，指导我国经济发展取得历史性成就、发生历史性变革，在实践中形成和发展了习近平经济思想。2017 年 12 月召开的中央经济工作会议首次对习近平经济思想的基本内容进行系统总结，强调新发展理念是习近平经济思想主要内容。党的二十大报告强调："必须完整、准确、全面贯彻新发展理念""贯彻新发展理念是新时代我国发展壮大的必由之路"。在全面建设社会主义现代化国家新征程上，必须坚持以习近平新时代中国特色社会主义思想为指导，进一步深化认识新发展理念在习近平经济思想中的重要地位，深入把握新发展理念对经济社会发展的指导意义[1]。新发展理念作为一个整体，回答了经济社会未来发展的动力、目的、方式和路径问题，必须"完整把握、准确理解、全面落实，把新发展理念贯彻到经济社会发展全过程和各领域"。

新发展理念在习近平经济思想中的重要地位，是由新发展理念的理论属性及其在实践中的重要作用决定的。习近平总书记指出，面对经济社会发展新趋势新机遇和新矛盾新挑战，必须确立新的发展理念，用新的发展理念引领发展行动[2]。发展理念是管全局、管根本、管方向、管长远的东西，具有很强的战略性、纲领性、引领性，是发展思路、发展方向、发展着力点的集中体现。正确的发展理念为经济社会发展目标任务制定提供了方向，不断增强政策举措实施效率。新发展理念是在深刻总结国内外发展经验教训的基础上形成的，也是在深刻分析国内外发展大势的基础上形成的，集中反映了我们党对经济社会发展规律认识的深化，也是针对我国发展中的突出矛盾和问题提出来的。新发展理念是发展理论的一场

① 邱海平. 新发展理念的重大理论和实践意义 [N]. 经济日报，2022 - 10 - 29（10）.
② 中共中央文献研究室. 十八大以来重要文献选编（中）[M]. 北京：中央文献出版社，2016：774.

19

革命，完整、准确、全面贯彻新发展理念，涉及一系列思维方式、行为方式、工作方式的变革，涉及一系列工作关系、社会关系、利益关系的调整，是关系我国发展全局的一场深刻变革。依据全面贯彻新发展理念的内在要求，我们党不断完善社会主义基本经济制度，使市场在资源配置中起决定性作用和更好发挥政府作用，以供给侧结构性改革为主线推动经济高质量发展，推动新型工业化、信息化、城镇化、农业现代化同步发展，推动区域协调发展，加快构建新发展格局，逐步实现全体人民共同富裕，统筹发展和安全，坚持稳中求进工作总基调等一系列新理念新思想新战略。

区域经济学是由地理学和经济学交叉形成的应用型经济学科，主要研究和解释区域与区域之间、区域与经济之间相互关系及其规律，包括区域特征分析、区域规划管理等，其最重要的研究目的就是探索如何发挥区域间及各区域内部的优势，实现资源优化配置，以此提高区域整体经济效益。在新发展理念的指引下，中国区域经济学进入了一个新发展时期。五大新发展理念是我国区域经济建设和社会发展的基本原则，各区域主体都需要深入贯彻落实五大新发展理念。创新、协调、绿色、开放、共享五大新发展理念，为构建具有中国特色的区域经济学提供了五个重要分支，各区域如何结合地区发展实际，因地制宜加快推进创新发展、协调发展、绿色发展、开放发展和共享发展，以及不同区域内五大新发展理念如何实现有效衔接、相互联动已成为中国区域发展需要研究的重要问题（王振，2022）。从实践来看，区域经济发展对五大发展理念的贯彻落实正在稳步推进，理论上如何用新发展理念推动中国区域经济学科创新发展成为未来一段时期中国区域经济学研究者要关注和解决的重大问题（吴传清和董旭，2018）。

2.1　绿色发展要义

2.1.1　绿色发展概念内涵

绿色是高质量发展的鲜明底色。绿色发展理念是对长期以来人类处理人与自然关系的规律性认识的高度凝结，是对千百年来人类对人与自然关系思想认识的升华，是对马克思主义绿色发展观的传承和创新，明确了我国生态文明建设的路径和方向（黄茂兴和叶琪，2017）。绿色发展是继中国提出生态文明这一高度概括的理念之后，又提出的践行生态文明理念的具体行动，对生态文明建设起到了统一思想、明确目标、引领路径的作用。"生态兴则文明兴""坚定不移走生态优先、绿色发展之路",党的十八大以来,以习近平同志为核心的党中央对生态文明建设高度重视,对贯彻绿色发展理念决心坚定。绿色发展、生态文明,是推进区域高质量发展的必由之路,也是促进社会主义现代化建设的本质要求。区域绿色发展,就是在考虑地区生态环境容量与资源承载力基础上,在经济社会持续发展过程中,通过优化资源配置、保护生态环境、推进产业升级和改善人民生活质量等措施,实现经济、环境和社会的协调发展。

近年来,区域绿色发展作为一种新的发展理念,受到了学者和政策制定者的广泛关注。王玲玲和张艳国(2012)对绿色发展内涵做出了界定,指出绿色发展,是在生态环境容量和资源承载能力的制约下,通过保护自然环境实现可持续科学发展的新型发展模式和生态发展理念,合理利用资源、保护环境、维系生态平衡是其内在的核心要素。随着社会变革和经济发展模型不断演化,学者们不断丰富拓展绿色发展的概念和内涵。王海芹和高世楫(2016)指出,绿色发展是一个从低级到高级不断演化的过程,绿色发展模式脱胎于传统的工业化城镇化过程,考虑资源环境承载能力,追求更高效、更清洁、更可持续、更全面的经济发展,同时绿色发展成果应惠及于民。可见,绿色发展不仅是"环境绿色",同时将"社会经济"紧密结合起来,二者之间相互作用和相互依存,在经济发展过程中形成生态效益和经济价值。

2.1.2 绿色发展现实需要

就成渝地区双城经济圈而言,实现全域绿色发展是成渝地区双城经济圈实现国家战略定位的必然要求。《成渝地区双城经济圈建设规划纲要》中指出的区域发展主要原则之一就是"生态优先,绿色发展",强调"构建绿色低碳的生产生活方式和建设运营模式,实现可持续发展"。成渝地区双城经济圈位于长江上游,地处四川盆地,是我国西部地区发展水平最高、发展潜力较大的城镇化区域,区域绿色发展本底较好,生态环境质量总体向好,生态共建环境共保基础良好。从可持续发展到绿色经济,绿色技术创新日益成为学界关注的焦点,绿色技术创新是以保护生态环境兼顾经济可持续发展为目的,但基于绿色技术创新的复杂多维性特征,当前学术界对其尚未形成统一界定。从广义来看,绿色技术创新与环境创新、可持续发展创新以及生态创新的概念相似,其本质都是为解决资源环境约束与经济发展矛盾而进行的绿色创新范式;从狭义来看,绿色技术创新突出"技术"这一核心手段所发挥的功能(Jules-Daniel Wurlod and Joëlle Noailly, 2018;王锋正等,2018)。有学者认为绿色技术创新关键在于绿色工艺的创新,主要强调绿色技术创新过程中经济效益、社会发展、生态效益三者间的协调关系（Chengli Shu et al.，2016；邓世成和吴玉鸣，2022）。《成渝地区双城经济圈建设规划纲要》中确立了成渝地区双城经济圈"创新驱动"与"绿色发展"的总基调，对经济圈绿色技术创新水平也提出了更高要求。

然而，成渝地区双城经济圈未来发展也面临着一系列重大问题。区域内合作机制尚未完善，区域经济一体化建设任务艰巨，技术创新能力不足，产业竞争力有待提升；交通、水利、能源等重大基础设施建设相对薄弱，支撑经济发展能力亟待加强；土地等资源集约利用程度不高，生态环境约束日益明显；内陆型经济特征明显，拓展对外开放难度较大；城乡二元结构矛盾突出，统筹城乡改革发展任务繁重；社会事业发展落后，区域内公共服务差距较大等系列问题为成渝地区双城经济圈发展带来了挑战。因此，成渝地区双城经济圈不仅要实现经济社会的快速发展，还需实现城乡统筹、改善生态环境、提高社会发展和谐度，形成全域绿色发展模式。基于生态文明的绿色发展，需要进一步分析成渝地区双城经济圈特色经济及产业协同发展问题，统筹城乡综合改革试验区建设问题、城镇体系建设问题、资源环境和建设国家生态安全保障区的问题（杨继瑞，2015）。

"十四五"时期，成渝地区双城经济圈工业化、城镇化进程将不断加快，成渝地区生态文明建设进入协同推进减污降碳、促进经济社会发展全面绿色转型、实现生态环境质量改善由"量变"到"质变"的重要阶段。目前，火电、钢铁、化工、建材等传统资源型工业和重化工业占比较大，偏重的工业结构格局仍未改变，传统产业转型升级任务艰巨，协同推进减污降碳面临较大挑战。要分析上述系列问题，要将成渝地区双城经济圈"生态－经济－社会"作为一个系统整体考察，并结合科学发展观、绿色经济理论、生态文明理论、经济发展理论探讨成渝地区双城经济圈全方位、多领域、全过程的"绿色－创新－协调"发展模式。为贯彻落实《成渝地区双城经济圈建设规划纲要》，筑牢长江上游生态屏障，加强污染跨界协同治理，探索绿色转型发展新路径，推动生态环境质量持续改善，建设高品质生活宜居地，亟须加快绿色转型发展[①]。

---

① 中华人民共和国生态环境部．生态环境部有关负责人就《成渝地区双城经济圈生态环境保护规划》答记者问［EB/OL］．（2022－03－09）．https：//www.mee.gov.cn/ywdt/zbft/202203/t20220309_971044.shtml．

2.2　创新发展要义

2.2.1　创新发展概念内涵

创新是引领发展的第一动力。经济学家约瑟夫·熊彼特于 1921 年首次提出"创新"（innovation），此后创新发展相关研究逐渐成为社会科学研究的一个重要分支，并逐渐扩展为涵盖经济、技术、组织和制度变化的多学科领域。在学术研究领域，创新驱动发展的内涵主要从创新为经济发展的主要动力、创新驱动发展依靠系列创新要素投入、创新驱动发展以实现内生的可持续经济发展三个方面进行阐述。如，洪银兴（2013）认为创新驱动发展就是利用知识、技术、制度等创新要素对现有的有形资源进行重组，提升创新能力以实现内生性增长，创新驱动的本质是科技创新。王海燕和郑秀梅（2017）从综合政策层面和学术研究层面提出了对创新驱动发展内涵的理解，认为创新驱动发展通过知识、技术等要素的引入突破资源要素的瓶颈；创新驱动发展是对各类创新资源的整合与盘活；创新驱动发展是传统经济发展动力的优化与升级。

对区域而言，创新是区域发展竞争力的决定性因素，在企业和地区的动态演进过程中具有核心作用，在三螺旋研究框架下建立政府、产业和大学等部门的有效非线性互动和合作关系，是区域协同创新的重要基础（张艺，陈凯华，2020）。国家创新系统的高效运作和区域竞争力提升存在密切联系，国家创新系统的运行需要整体经济框架和不同区域主体相组合，确定创新活动方向及比率，支持创新基础设施和区域/当地治理系统主体之间的合作关系。经济增长理论认为除物质资本、劳动力、人力资本等要素外，科学技术及其空间集聚特征也是导致区域发展存在非均衡性的重要原因。从经济发展实践看，技术创新日益成为新经济条件下的根本性驱动力量，并对经济地理分布、地区差距、收入不平等方面产生了深远的影响。特别是在世界进入以信息产业为主导的经济发展新时期，数字技术重塑了全球经济地理格局，技术创新为数字化、网络化、智能化建设与区域经济深度融合发展带来了新契机，对区域经济社会建设产生了深远影响（王业强等，2017）。

2.2.2　创新发展现实需要

中国从改革开放初期就强调"科学技术是第一生产力"，到党的十七大提出增强自主创新能力和建设创新型国家，再到党的十八大提出实施创新驱动发展战略，科技创新成为综合国力的重要支撑。协同创新，有利于实现创新资源合理配置，提高区域创新整体水平（崔志新，2019）。在经济新常态背景下，中国经济增长动力机制迫切需要从传统的要素驱动、投资驱动模式切换到创新驱动模式，这是确保中国跨越"中等收入陷阱"的关键。《中华人民共和国国民经济和社会发展第十四个五年规划和2035年远景目标纲要》中指出，要"坚持创新在我国现代化建设全局中的核心地位，把科技自立自强作为国家发展的战略支撑"。强化国家战略科技力量、增长企业自主创新能力、发展壮大战略性新兴产业、提升国家和区域的国际竞争力，不仅需要国家层面的全局性、整体性谋划与布局，更需要全国各地加强协同，整合区域创新资源，联合开展关键核心技术攻关，打造区域创新共同体，共同完善技术创新链，形成区域联动、分工协作、协同推进的技术创新体系（柳卸林等，2017；王振等，2022）。

基于中国经济在国际竞争中所面临的特殊情境，魏江等（2020）提出了非对称创新理论，指中国企业通过识别和重新定义非对称资源进而逐步获取竞争优势实现创新追赶的创新战略，是根据改革开放以来的经验积累所总结的创新追赶路径，强政府制度、大市场形态与弱技术为特征的发展路径是改革开放以来我国特有的经济发展路径，其中"市场－制度－技术"三个维度成为经济发展路径的关键视角。在我国开启高质量发展新征程、以创新驱动发展的新阶段，如何立足中国特色探索创新发展现实路径显得尤为重要。区域作为我国经济社会发展的主体，当前我国区域发展的非均衡性特征显著，基于非对称创新理论，尤其是以成渝地区为主的内陆区域技术能力较弱，不仅限制了创新发展，加之支持型政策吸引高技术高排污企业聚合形成"污染天堂"，环境规制对绿色技术创新也起了阻碍作用（朱瑾等，2022）。由此可见，完善的市场制度、强大的技术实力不仅是推动绿色技术创新，实现绿色发展的不可或缺的关键要素，更是持续推动创新发展的重要保障，积极践行创新发展，也让可持续发展动力更加充足。

为深入贯彻落实《成渝地区双城经济圈建设规划纲要》，将成渝地区双城经济圈建设成为具有全国影响力的科技创新中心，大力推进科技和经济发展深度融合，打造全国重要的科技创新和协同创新示范区，亟待以科技创新资源推动创新赋能率先实现科技创新、制度创新、绿色创新的有机统一和协调发展，通过强化创新体系，面向国内外集聚并整合创新资源，推动科技创新应用与产业转型升级深度融合，构建具有成渝特色且与成渝实际发展相匹配的协同创新体系。

2.3　协调发展要义

2.3.1　协调发展概念内涵

区域协调发展，是推动经济实现质、量双升的必要条件，也是新发展理念中"协调发展"这一概念在区域经济领域的集中体现。区域协调发展学说是马克思政治经济学的重要部分，以缩小区域发展差距为目标。总体生产力的发展是实现区域协调发展的基础，在生产力合理布局基础上促进生产力平衡布局，构成了马克思主义区域协调发展思想的核心。中国是社会主义国家，社会主义制度决定了区域协调发展是社会主义发展目的的重要组成部分，区域协调发展也构成中国特色社会主义发展道路的鲜明特色（陈健和郭冠清，2020）。中国式现代化更加注重在人与自然和谐共生重要特征的基础上，缩小各区域之间及各区域内部的发展差距，实现区域发展均衡，达到全体人民共同富裕，丰富人民精神世界，创造人类文明新形态（孙久文等，2023）。

习近平总书记关于区域协调发展的重要论述，则是马克思主义区域经济学中国化的结晶，是通过聚焦我国社会发展主要矛盾变化，基于区域高质量发展要求所提出的指导思想，是一个内涵深邃、外延广袤的理论体系，涵盖发展动力论、发展增长极论、跨区域合作论等多项重要内容，为传统区域发展理论和实践赋予了全新内涵，也为成渝地区双城经济圈协调发展提供了行动指南（杨继瑞等，2022）。区域协调发展不是目的，而是为实现国家战略目标采取的有效措施，区域协调发展是全方位、多角度的系统工程，其总体目标是实现区域经济规模协调、区域发展水平趋近、区域发展差距持续缩小、基本公共服务适度均衡、人民群众福祉趋于均等化，与我国到 2035 年基本实现社会主义现代化的中长期目标高度一致和有效衔接。

2.3.2　协调发展现实需要

我国区域经济发展及空间新布局、协调发展的全新思路应当适应我国发展的新趋势。"十三五"期间，中国着力推动区域协调发展、城乡协调发展，解决发展存在的"不平衡、不协调、不可持续"问题，深入实施区域重大战略、区域协调发展战略、主体功能区战略，缩小区域发展差距，从经济发展实践看，2010 ~

2019 年，西部地区和东部地区 GDP 比值由 0.35 提高至 0.4。推动新型城镇化建设、加强城乡融合发展，缩小城乡差距。从 2014～2020 年城镇化建设看，中国超过 1 亿农业转移人口落户城镇，城乡居民人均可支配收入之比由 2016 年的 2.72 收窄至 2020 年的 2.56，我国区域协调发展取得显著成效。[①] 成渝地区双城经济圈作为西部地区发展的核心区域，其协调发展需从多角度出发，全面促进成渝地区整体发展的均衡性，在促进城乡区域协调发展、经济社会协调发展的同时，推动成渝地区新型工业化、信息化、城镇化、农业现代化同步发展，着力解决不平衡、不协调、不充分发展等问题。同时受到西部大开发战略的有力助推，西部地区发展取得了显著成就，成渝地区双城经济圈建设为西部地区新一轮开发开放导航定向，以助推新时代西部大开发形成新发展格局（易淼，2021）。党的十九大报告提出了"中国特色社会主义进入新时代，我国社会主要矛盾已经转化为人民日益增长的美好生活需要和不平衡不充分的发展之间的矛盾"的重大判断。这一重大判断，不仅为新时代的经济建设、政治建设、文化建设、社会建设和生态文明建设指明了新的发展方向，而且为实施新时代"两步走"战略提供了决策依据和理论支撑。[②] 如何从区域协同走向区域一体化，从发展不平衡不充分走向协调均衡，以凝聚起整个国家高质量发展和实现共同富裕，是中国迈向社会主义现代化国家的必由之路（蒋永穆和谢强，2022；王振，2022）。

新形势下，成渝地区双城经济圈要实现区域协调发展，就必须要在尊重经济规律的前提下构建科学的区域发展体系，实施正确的政策与体制改革，充分发挥中央统筹作用，利用区域比较优势，充分发挥市场在资源配置中的决定性作用，更好发挥政府作用，促进各类生产要素合理、充分流动，有效促进资源优化配置，实现区域内各城市协同发展，强化改革的先导和突破作用，进一步以协调发展推动更高层次开放。西部地区由于地理条件和历史因素，社会经济基础比较薄弱，成渝地区双城经济圈科技投入较京津冀、长三角、珠三角三大城市群相对不足，科技成果转化和技术吸纳能力较弱，有必要推进实施"科技创新赶超战略"，以科技创新驱动区域协调发展（王业强等，2017）。坚持"川渝一盘棋"的思维，不断强化交通、产业、科技、环保、民生政策协同对接，区域内各主体统筹协同，通过辐射带动周边地区发展，在提升区域整体竞争力的同时，公共产品和服务供给的多元化也为消费者提供了多样化选择，跨域制定的成渝地区双城经济圈发展体制机制构建了多元包容的社会治理格局，让改革发展成果更多更公平惠及人民，切实为提高人民群众获得感、幸福感、安全感带来了正向驱动，从而带

---

① 中国国际发展知识中心. 开辟崭新的可持续发展之路的科学指引［N］. 人民日报，2021-11-16（9）.

② 韩保江. 新时代我国社会的主要矛盾及其现实意义［N］. 光明日报，2017-11-01（5）.

动全民共享发展成果。

为贯彻落实《成渝地区双城经济圈建设规划纲要》，有必要以系统观、协同理论为基础，探讨成渝地区双城经济圈的"绿色－创新－经济"协同发展水平，本书从区域科技创新与经济高质量发展的耦合协调性视角，来识别成渝地区双城经济圈推进协调发展过程中的阻碍因素及其协调发展的实践效果。

改革开放以来，中国长期以来以高耗能为代价推动经济高速增长，过去的经济空间布局主要受制于资源禀赋。经济发展进入新常态，低产出、高耗能、低附加值等落后产能逐渐淘汰，绿色低碳、创新引领成为现代化经济体系的重要标志，通过实施区域协调发展战略，促进人口、经济和资源、环境的空间均衡，进而实现各区域更有效率、更加公平、更可持续的高质量发展，有助于构建现代化经济体系的战略空间。本书着力研究成渝地区双城经济圈绿色、创新、协调三大主题，结合现有区域发展理论和区域经济相关研究成果，利用实证研究思路，对区域生态、科技、经济等发展情况做出全面梳理。一方面总结过去，认识、评估成渝地区双城经济圈"绿色－创新－协调"发展与建设成效；另一方面展望未来，为成渝地区双城经济圈在"十四五"期间以及未来更长一段时间中，制定出科学、合理的发展政策提供理论研究参考。

2021年10月，在中共中央和国务院印发的《成渝地区双城经济圈建设规划纲要》中，界定了成渝地区双城经济圈规划范围，包括重庆市的中心城区及万州、涪陵、綦江、大足、黔江、长寿、江津、合川、永川、南川、璧山、铜梁、潼南、荣昌、梁平、丰都、垫江、忠县等27个区（县）以及开州、云阳的部分地区，四川省的成都、自贡、泸州、德阳、绵阳（除平武县、北川县）、遂宁、内江、乐山、南充、眉山、宜宾、广安、达州（除万源市）、雅安（除天全县、宝兴县）、资阳15个市，总面积18.5万平方公里。中央财经委员会提出"成渝地区双城经济圈"，正是遵循了区域发展的客观规律，即成渝地区经历的"小城镇－大城市－都市圈－城市群－经济圈"演变规律。

本书以成渝地区双城经济圈16个城市为主要研究主体，包括重庆市、成都市、自贡市、泸州市、德阳市、绵阳市、遂宁市、内江市、乐山市、南充市、眉山市、宜宾市、广安市、达州市、雅安市、资阳市。从行政级别看，其中重庆市属于直辖市，为正省级城市；成都市作为四川省省会城市，为副省级城市；其余城市则为四川省的一般地级市，行政级别决定了政策和资源匹配程度，使得成渝地区双城经济圈内16个城市初始要素禀赋和发展水平存在较大差异。本书选择从16个城市的角度展开对成渝地区双城经济圈的研究，其原因主要包括以下三点。

第一，重庆市各区县数据可得性较低。本书数据主要来源于国家统计局、各地方统计局以及各年统计年鉴等官方数据，并以CSMAR数据库、EPS数据库等作为辅助补充数据，经过对数据资料的查找和整理，重庆市相关区县工业废物排放等与绿色发展相关数据、科技研发投入等与创新发展相关数据等缺失较多，若通过插值法进行补充则可能造成分析结果与实际发展存在较大误差，这也是当前学界研究成渝地区双城经济圈面临的一大难题。

第二，从发展实际看，在以创新驱动发展战略的背景下，地级市创新水平与直辖市创新水平存在一定可比性。成都市和绵阳市作为地级市在 16 个城市中发展优势更为显著，创新要素和资源丰富，创新投入强，尤其是绵阳市作为"中国科技城"，也是成渝绵"创新金三角"中的一角，近年来着力发展战略性新兴产业，创新效率持续提升，2022 年绵阳市研发经费投入强度排全国第一，高达 7.14%，成都市 2020 年研发投入强度也突破 3%，超过重庆市。

第三，从研究现状看，笔者以中国知网作为数据库检索了 2011 ~ 2023 年研究成渝地区双城经济圈的相关中文核心及以上文献发现，现有研究主要以成渝地区 16 个城市作为主要研究对象，研究结论具有理论依据和实际意义。

基于上述三个方面，本书在绿色篇、创新篇以及协调篇均选择成渝地区双城经济圈 16 个城市作为主要研究主体，着重探讨了区域内部绿色发展水平、创新发展能力以及协调发展程度。通过对成渝地区双城经济圈"绿色 - 创新 - 协调"进行系统研究，结合发展实际，制定有助于成渝地区双城经济圈未来发展的政策体系，使得本书相关研究结论具有明确的理论意义和实践价值。

参 考 文 献

［1］陈健，郭冠清．马克思主义区域协调发展思想：从经典理论到中国发展［J］．经济纵横，2020，415（6）：1 - 10．

［2］崔志新．京津冀区域技术创新协同度测评及其提升要素研究［M］．北京：经济管理出版社，2019．

［3］邓世成，吴玉鸣．城市群绿色技术创新的空间网络结构特征及其效应研究——以成渝地区双城经济圈为例［J］．管理学报，2022，19（12）：1756 - 1765．

［4］洪银兴．关于创新驱动和协同创新的若干重要概念［J］．经济理论与经济管理，2013（5）：5 - 12．

［5］黄茂兴，叶琪．马克思主义绿色发展观与当代中国的绿色发展——兼评环境与发展不相容论［J］．经济研究，2017，52（6）：17 - 30．

［6］蒋永穆，谢强．在高质量发展中促进共同富裕［J］．社会科学辑刊，2022，261（4）：97 - 105，2．

［7］柳卸林，高雨辰，丁雪辰．寻找创新驱动发展的新理论思维——基于新熊彼特增长理论的思考［J］．管理世界，2017（291）：8 – 19.

［8］孙久文，史文杰，胡俊彦．新时代新征程区域协调发展的科学内涵与重点任务［J］．经济纵横，2023（451）：30 – 36.

［9］王锋正，姜涛，郭晓川．政府质量、环境规制与企业绿色技术创新［J］．科研管理，2018，39（1）：26 – 33.

［10］王海芹，高世楫．我国绿色发展萌芽、起步与政策演进：若干阶段性特征观察［J］．改革，2016（265）：6 – 26.

［11］王海燕，郑秀梅．创新驱动发展的理论基础、内涵与评价［J］．中国软科学，2017（313）：41 – 49.

［12］王玲玲，张艳国．"绿色发展"内涵探微［J］．社会主义研究，2012（205）：143 – 146.

［13］王业强，郭叶波，赵勇，等．科技创新驱动区域协调发展：理论基础与中国实践［J］．中国软科学，2017，323（11）：86 – 100.

［14］王振．中国区域经济学［M］．上海：上海人民出版社，2022.

［15］魏江，王丁，刘洋．非对称创新：中国企业的创新追赶之路［J］．管理学季刊，2020，5（2）：46 – 59，143.

［16］吴传清，董旭．新发展理念与中国区域经济学科创新发展研究［J］．新疆师范大学学报（哲学社会科学版），2018，39（1）：84 – 91.

［17］杨继瑞．成渝经济区全域绿色发展模式及政策设计［M］．北京：经济科学出版社，2015.

［18］易淼．新时代推动成渝地区双城经济圈建设探析：历史回顾与现实研判［J］．西部论坛，2021，31（3）：72 – 81.

［19］张艺，陈凯华．官产学三螺旋创新的国际研究：起源、进展与展望［J］．科学学与科学技术管理，2020，41（5）：116 – 139.

［20］朱瑾，许智颖，刘文政．基于非对称创新理论的中国区域绿色技术创新实现路径［J］．中国人口·资源与环境，2022，32（2）：128 – 139.

［21］Chengli Shu，Kevin Z. Zhou，Yazhen Xiao，Shanxing Gao. How Green Management Influences Product Innovation in China：The Role of Institutional Benefits［J］. Journal of Business Ethics，2016，133（3）：471 – 485.

［22］Jules-Daniel Wurlod，Joëlle Noailly. The impact of green innovation on energy intensity：An empirical analysis for 14 industrial sectors in OECD countries［J］. Energy Economics，2018，71：47 – 61.

第二篇

成渝地区双城经济圈区域绿色发展

第 3 章

成渝地区双城经济圈区域
绿色发展水平测度研究

3.1 引　言

当前，我国正处于工业化和城市化建设高速发展阶段。随着工业化、城市化进程加快，城市建设和生态协调之间的矛盾日益显现，环境破坏、资源稀缺、自然承载能力减弱等生态问题严峻，制约了经济社会持续健康发展。能否实现经济社会与生态环境的"全面协调可持续"发展以及能否找到在保护"绿水青山"的同时，发掘"金山银山"的双赢之路，是当前在实践中亟待思考和解决的重点问题。绿色发展是我国未来长远发展的科学发展理念和发展方式，是建设好成渝地区双城经济圈、唱好"双城记"的关键一环，是成渝地区双城经济圈实现区域高质量发展的重要基石。积极推进成渝地区双城经济圈绿色发展，一方面在于探究和解决工业化、城市化进程中产生的一系列生态环境问题；另一方面以经济圈、城市群等为研究对象，分析区域绿色发展的影响因素和提升路径等问题，有助于系统地理解绿色发展理念对我国城市发展前景的作用机制。

本章通过梳理经济圈绿色发展相关理论体系，从多维度探究区域绿色发展路径。成渝地区双城经济圈建设尚处于初级阶段，对其绿色发展进行系统性研究，能够较好地反映其自身在绿色发展过程中存在的系列问题，为成渝地区双城经济圈建设提供理论参考。本章将理论与实证研究相结合，通过评价成渝地区双城经济圈的绿色发展情况，找出当前制约绿色发展的瓶颈因素，为实施政策调控提供参考。建设成渝地区双城经济圈，对区域生态环境保护提出了更高的要求，不仅要保障区域经济社会稳步发展，更要关注社会、经济、生态和城市间的互动关系。研究成渝地区双城经济圈绿色发展水平的提升路径问题，既是对怎样找到保护"绿水青山"的同时发掘"金山银山"的双赢之路的探讨，也是探究区域生态文明建设的重要路径。成渝地区双城经济圈环境污染、资源环境约束等问题日益明显，严重制约了区域经济可持续发展能力。

对成渝地区双城经济圈绿色发展进行研究，有利于打破区域内行政区划壁垒，加快推进区域生态环境保护及整体防治，引导产业布局和经济发展，促进区域产业的绿色转型升级，通过提升成渝地区双城经济圈综合竞争力，加快建设西部高质量发展重要增长极。发展理念以人与自然和谐相处为价值取向，提高成渝地区双城经济圈绿色发展水平，营造绿色、舒适、健康、和谐的外部环境，有利于居民幸福指数提高，进而提升居民进行生产生活的效率，最终形成生态环境友好型经济高效发展模式。

3.2 区域绿色发展研究回顾

3.2.1 绿色发展概念界定

绿色发展概念起源于英国环境经济学家皮尔斯（David William Pearce）1989年发表的《绿色经济的蓝图》，该书指出绿色发展是一种可持续的经济发展模式，人们不应盲目追求经济增长而忽略生态环境保护。保罗·埃金斯（Paul Ekins，1999）认为，绿色发展是基于环境保护的经济发展，关键在于提高生态效率。2009年，经济合作与发展组织（OECD）对绿色发展提出了具体要求，指出在经济发展过程中要避免对生态环境造成污染，倡导全球开展绿色可持续发展的经济发展模式。在绿色发展理论上，黄志斌、姚灿和王新（2015）系统梳理了绿色发展、绿色资产以及绿色福利三者间的内在关联，进一步明晰了绿色发展的实践路径。达莉亚·达马托等（Dalia D'Amato et al.，2017）从循环经济、生物经济和绿色经济等视角对绿色发展相关理念进行总结，指出绿色发展的核心目标主要围绕"经济–社会–生态"三者间的协调关系。随着近年来学者们对绿色发展概念的研究持续深入，对经济、社会、生态三者协调关系的研究逐步成为学术界和政策制定中的可持续性发展主流途径（Anton Nahman et al.，2016；商迪等，2020）。但由于不同概念形成的时空差异和发展环境不同，迄今为止国内外学者对绿色发展的概念尚未形成统一界定，大部分研究主要基于"可持续发展"和"绿色经济"相关理念对绿色发展展开探讨（Marh Roseland，2000；潘玉君等，2002；张炜，王良，2021）。

3.2.2 绿色发展体系构建

在绿色发展水平测度研究方法上，学者们在评价指标体系构建方面依据研究对象特征构建了适用于不同区域的绿色发展指标体系。在全球可持续发展和环境保护进程的推动下，以马来西亚为例，其在经济和社会发展中积极应用绿色技术，通过推出国家绿色技术政策，提出绿色建筑指数评价体系，从技术应用和工业建设等方面为绿色发展提供了系列激励措施，最大限度地降低了碳排放造成的环境退化，同时进一步创造了经济可持续发展体系和绿色工业，为生态保护做出了极大贡献（Shing and Tick，2011）。中国学者对区域绿色发展体系的构建主要是结合综合评价法、熵权法等展开，如黄跃和李琳（2017）利用投影寻踪模型等方法构建绿色发展水平评价体系，分析中国城市群绿色发展的时空特征及异质性。李雪（2018）采用熵值法、综合评价法等方法构建绿色发展水平评价体系，对四川省 2009～2015 年绿色发展水平及其时空分异特征进行探究。王礼刚和吴传清（2018）基于 2011～2015 年汉江生态经济带绿色发展的相关数据，采用熵值法从环境治理、资源利用、增长质量、绿色生活 4 个方面构建绿色发展水平评价体系。张婕（2020）借鉴 PSR 理论模型，运用循环复相关系数法筛选构建了长三角城市群绿色发展水平评价体系。

3.2.3 绿色发展提升路径

随着绿色发展理念持续深入推进，学者们在对区域绿色发展水平测度的基础上，进一步从内部因素和外部环境等方面探讨了绿色发展提升路径。杨潇（2019）利用 BP 神经网络赋权与熵值法组合赋权法确定指标权重并构建农业绿色发展指标体系，明晰了农业绿色发展的影响因素。周佳宁（2019）主要利用模糊语言、变异系数等方法构建绿色发展水平评价体系，并通过建立熵权——正态云模型、系统动力学模型分析京津冀城市群绿色发展水平，探索提升区域绿色发展水平最优路径。何雨航（2020）运用熵值法、耦合协调度模型和障碍模型，从绿色经济、社会、环境、机制 4 个维度开展对成都市绿色发展水平的分析评价，并根据成都市空间布局，分析了绿色发展水平时空格局演变。方永恒和赵雨萌（2020）运用熵值法，从环境治理、资源消耗、增长质量、绿色生活 4 个方面对 2009～2018 年汉江生态经济带沿线 11 个城市的绿色发展水平开展测度研究，根据结果及实际情况提出相关政策建议。夏晶晶和蔡莹（2020）采用聚类分析法对 2012～2018 年长江经济带绿色发展水平及时空变化进行了研究。

国内外学者对于绿色发展的概念内涵、评价体系以及研究方法的分析为深化区域绿色发展奠定了基础。目前我国地域经济圈的研究尚处于起步阶段，建设成渝地区双城经济圈是我国实施长江经济带和"一带一路"建设的重要组成部分，但对于成渝地区双城经济圈绿色发展水平测度及提升路径的相关研究相对较少。鉴于此，本章选取成渝地区双城经济圈 16 个城市作为研究对象，结合成渝地区双城经济圈的实际情况构建绿色发展评价指标体系，对区域绿色发展水平及制约因素进行测度和探讨。采用熵值法为各项指标赋权并对成渝地区双城经济圈 16 个城市进行绿色发展水平测度，有效克服了人为判断的主观性，基于指标自身数据来判断指标的有效性，以此来探究成渝地区双城经济圈绿色发展的具体情况以及影响其绿色发展的主要因素，结合研究结论提出符合成渝地区双城经济圈绿色发展的合理高效的政策建议，以促进区域绿色经济和循环经济建设和发展。

3.3　研　究　设　计

3.3.1　研究方法选择

目前，学者们主要采用赋权法对绿色发展水平进行测度，包括主观、客观、组合赋权法。其中客观赋权法主要依据指标原始数据结合数学方法来确定指标权重，其判断结果规避了人为主观判断，具有较强的数学理论依据，主要包括熵值法、主成分分析法等。其中，熵值法是用来判断某个指标离散程度的一种方法，该指标的离散程度越大，表明它对综合评价的影响越大。本章选取熵值法为各项指标赋权并对成渝地区双城经济圈 16 个城市进行绿色发展水平测度。

由于各指标计量单位不同，本章在构建成渝地区双城经济圈绿色发展水平评价体系过程中，首先选取极值法对相关指标原始数据进行无量纲化处理，使数据具有可比性。通过极值法将评价指标数值处理后，所有数值全部转化到 [0，1] 区间内。无量纲化处理步骤如下：

（1）对于正向指标，按如下公式处理：

$$X_{ij} = \frac{x_{ij} - m_{ij}}{M_{ij} - m_{ij}} \tag{3-1}$$

（2）对于逆向指标，按如下公式处理：

$$X_{ij} = \frac{M_{ij} - x_{ij}}{M_{ij} - m_{ij}} \tag{3-2}$$

其中，M_{ij} 为 X_{ij} 最大值，m_{ij} 为 X_{ij} 最小值。

其次，利用熵值法对区域绿色发展水平进行评价。熵值法计算步骤如下：

设有 n 个样本，每个样本中包含 m 个指标（x_1，x_2，x_a，$\cdots$，x_m），则矩阵 $X_{ij}(x_{ij})$ 为样本原始数据矩阵。

（1）特征比重计算。第 i 个样本第 j 项指标的特征比重 p_{ij} 的计算公式为：

$$p_{ij} = \frac{x_{ij}}{\sum_{i=1}^{n} x_{ij}} \tag{3-3}$$

（2）熵值计算。第 j 项指标的信息熵 e_j 的计算公式为：

$$e_j = -\frac{1}{\ln(n)} \sum_{i=1}^{n} p_{ij}\ln(p_{ij}),\ 0 \leq e_j \leq 1 \tag{3-4}$$

（3）差异性系数计算。第 j 项指标的差异系数 g_j 的计算公式为：

$$g_j = 1 - e_j \tag{3-5}$$

（4）确定评价指标的权重。第 j 项指标的权重 W_j 的计算公式为：

$$W_j = \frac{g_j}{\sum_{j=1}^{m} g_j},\ j=1,2,3,\cdots,m \tag{3-6}$$

最后，根据式（3-6）计算出 2011～2019 年成渝地区双城经济圈 16 个城市绿色发展水平指标数据的权重后，运用综合指数法对各指标线性加权求和计算出各城市绿色发展水平综合值 U_i。计算公式为：

$$U_i = \sum_{j=1}^{m} X_{ij}W_j \tag{3-7}$$

其中，X_{ij} 是指标标准化后值，W_j 表示各项指标权重，U_i 表示绿色发展综合水平值，m 为指标个数。

3.3.2　指标体系构建

本章对成渝地区双城经济圈绿色发展水平评价指标体系的构建，主要参考了 2016 年由国家发展改革委、国家统计局、环境保护部、中央组织部共同制定的《绿色发展指标体系》，按指标性质可分为总量指标与相对指标、正向指标与逆向指标。该体系是目前较为全面、权威的绿色发展评价体系，为各省（区、市）制定绿色发展战略、评价绿色发展水平、监测当地生态文明建设进程提供了重要依据。

结合成渝地区双城经济圈实际情况和相关理论以及现有学者对绿色发展水平评价指标体系的构建（蔡绍洪等，2021；郭付友等，2021），综合考虑数据可得性问题，本章筛选出适合成渝地区双城经济圈绿色发展水平的评价指标，构建符合区域实际情况的绿色发展评价体系。具体包括 4 个一级指标（资源利用、环境治理、生态质量、经济效益），25 个二级指标，时间跨度为 2011 ~ 2019 年，研究主体为成渝地区双城经济圈 16 个城市。其中资源利用包括 7 个二级指标，主要反映经济发展过程中资源消耗及利用程度；环境治理包括 6 个二级指标，主要反映经济建设过程中环境污染治理投入及治理效果；生态质量包括 6 个二级指标，主要反映城市现有的绿地水平、承载力以及区域自身可持续发展能力；经济效益包括 6 个指标，主要涵盖绿色经济建设过程经济增长及产业发展等相关内容。具体指标详见表 3 - 1。

表 3 - 1　　　　　　　　　　绿色发展水平评价指标体系

一级指标	二级指标	指标单位	指标属性
资源利用	单位 GDP 能源消耗降低	%	+
	用水总量	亿立方米	−
	万元 GDP 用水量下降	%	+
	地表水资源量	亿立方米	+
	地下水资源量	亿立方米	+
	城市耕地面积	千公顷	+
	工业固体废物综合利用率	%	+
环境治理	水利、环境和公共设施管理业从业人员数占比	%	+
	"三废" 总排/GDP	%	−
	生活垃圾无害化处理率	%	+
	污水集中处理率	%	+
	单位耕地面积化肥施用量	千克/公顷	−
	环境支出占财政支出比例	%	+
生态质量	粮食作物播种面积	万公顷	+
	建成区绿化覆盖率	%	+
	用水普及率	%	+
	降水总量	亿立方米	+
	公园数	个	+
	公路旅客周转量	万人公里	+

一级指标	二级指标	指标单位	指标属性
经济效益	第三产业增加值占地区生产总值比重	%	+
	人均 GDP 增长率	%	+
	高技术产业增加值占工业增加值比重	%	+
	居民人均可支配收入	元	+
	数字普惠金融指数	%	+
	夜间灯光数据	-	+

　　本章根据《成渝城市群发展规划》中的成渝城市群空间布局安排，选取成渝地区双城经济圈 16 个城市作为研究对象，选取 2011～2019 年作为研究年度。由于统计年鉴部分数据存在缺失，如宜宾市缺失 2016 年工业废水排放量，成都市缺失 2016 年一般工业固体废物综合利用率数据、2017 年工业二氧化硫排放量数据，德阳市、绵阳市、南充市均缺失 2017 年工业废水排放量、一般工业固体废物综合利用率及工业二氧化硫排放量等数据。为了保证数据分析完整性，本研究利用 Stata 进行插值补全。本章数据主要来源于 EPS 数据库，NPP/VIRS 卫星夜光遥感影像数据，2012～2020 年《中国城市统计年鉴》、《重庆统计年鉴》、《四川统计年鉴》，四川省水利厅，四川省科技厅，北大数字普惠金融研究中心。

3.4　区域绿色发展水平测度及对比分析

3.4.1　绿色发展水平综合指数对比

　　本章采用各城市 2011～2019 年绿色发展综合水平及均值，对各城市绿色发展水平综合得分进行比较，结果见表 3-2 和图 3-1。整体上看，2011～2019 年区域整体绿色发展水平在（0.21，0.26）区间内浮动，表明成渝地区双城经济圈绿色发展综合水平较为稳定。从各城市看，16 个城市绿色发展水平可分 4 大梯队：第Ⅰ梯队为重庆市，第Ⅱ梯队为成都市，第Ⅲ梯队为绵阳市，其他城市归为第Ⅳ梯队。重庆、成都和绵阳均在平均水平之上，处于第Ⅳ梯队的其余城市绿色发展水平则处于平均水平之下，与重庆市、成都市和绵阳市分别形成的3大梯队存在较大差距。重庆市、成都市和绵阳市绿色发展综合得分表现为平稳上升趋势，其余城市大部分也呈现螺旋上升趋势，如泸州、德阳、乐山等城市。然而周边城市与重庆和成都两大中心城市差距依然较大，进一步表明成渝地区双城经济圈绿色发展空间分异现象显著，成渝地区双城经济圈绿色发展水平也表现出"双核独大、中部塌陷"的空间格局。从成渝地区双城经济圈各城市地理区位分布来看，"成德绵乐"城市带绿色发展综合水平在区域内处于领先位置，沿江城市带、成渝发展主轴稍显落后。

表3-2 绿色发展综合水平评价结果

城市	2011年	2012年	2013年	2014年	2015年	2016年	2017年	2018年	2019年	均值
重庆	0.7118	0.7807	0.8238	0.8653	0.8462	0.8918	0.8459	0.8551	0.8516	0.8302
成都	0.4555	0.4344	0.5468	0.4440	0.4451	0.4555	0.3952	0.4390	0.4728	0.4542
自贡	0.1288	0.1286	0.1628	0.1333	0.1662	0.1280	0.1397	0.1626	0.1271	0.1419
泸州	0.1758	0.1766	0.1985	0.1736	0.2115	0.2051	0.1937	0.1919	0.1848	0.1902
德阳	0.1676	0.1781	0.2176	0.1904	0.1938	0.1991	0.1744	0.2040	0.1842	0.1899
绵阳	0.2542	0.2514	0.3415	0.2571	0.2361	0.2532	0.2400	0.2889	0.2715	0.2660
遂宁	0.1483	0.1431	0.1489	0.1591	0.1655	0.1673	0.1733	0.1556	0.1791	0.1600
内江	0.1144	0.1229	0.1080	0.1040	0.1137	0.1175	0.1261	0.1369	0.1285	0.1191
乐山	0.1670	0.1799	0.2277	0.2158	0.2090	0.2164	0.2120	0.2372	0.2362	0.2113
南充	0.1806	0.2077	0.2137	0.1961	0.2180	0.2097	0.1969	0.2192	0.1899	0.2035
眉山	0.1513	0.1762	0.1810	0.1927	0.1962	0.2128	0.2230	0.2377	0.2374	0.2009
宜宾	0.1765	0.2430	0.1859	0.1535	0.1858	0.1524	0.1611	0.1888	0.1770	0.1804
广安	0.1561	0.1761	0.1627	0.1895	0.1913	0.1820	0.1988	0.1832	0.2121	0.1835
达州	0.1647	0.1291	0.1744	0.1447	0.1820	0.1920	0.1471	0.1665	0.1508	0.1612
雅安	0.2441	0.2066	0.2153	0.1474	0.1450	0.1487	0.1554	0.1535	0.1634	0.1755
资阳	0.1694	0.1701	0.1745	0.1593	0.1761	0.1657	0.1650	0.1287	0.1149	0.1582
地区均值	0.2229	0.2315	0.2552	0.2329	0.2426	0.2436	0.2342	0.2468	0.2426	0.2391

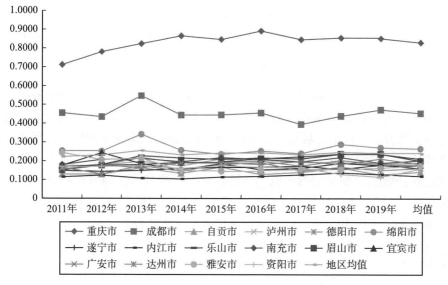

图3-1　成渝地区双城经济圈绿色发展水平综合得分

3.4.1.1　重庆市践行绿色发展

长期以来，重庆市积极践行绿色发展道路。2018～2020年，重庆市累计完成国土绿化提升行动营造林1 717万亩，新造林1 196万亩，实施森林质量提升521万亩，从整体上看，重庆市国土绿化提升行动实现了数量、质量和效益的三个提升，森林生态综合功能和稳定性进一步增强，森林质量明显提升。林业生态工程惠及贫困农户近46万户，全市林业的总产值由2017年的1 055亿元提高到2019年的1 391亿元，林业经济效益逐步凸显。①

2021年，为深入落实《成渝地区双城经济圈建设规划纲要》，着力解决长江重庆段等大江大河两岸水土流失治理困难、造林绿化覆盖率低、城乡生态修复任务艰巨、生态屏障功能脆弱等突出问题，重庆市启动"两岸青山·千里林带"建设，计划在长江干流重庆段及三峡库区回水区，嘉陵江、乌江和涪江重庆段约1 200公里两岸第一层山脊线范围以内（平缓地区江河两岸外1 000米左右）建设，涉及重庆市28个区县。重庆市林业局数据显示，截至2022年7月，重庆市已完成"两岸青山·千里林带"建设66.3万亩。②重庆市着力促进自然生态系统质量的整体改善，增强生态产品供给能力和经济效益，提升益林、护山、固

---

① 重庆市人民政府新闻办公室. 重庆市"两岸青山·千里林带"建设新闻发布会［EB/OL］.（2021 - 01 - 18）. https://www.cq.gov.cn/zwgk/zfxxgkml/zcjd_120614/jdfb/202101/t20210118_8812961.html.

② 刘倩玮. 重庆已实施"两岸青山·千里林带"建设66.3万亩［N］. 中国绿色时报，2022 - 07 - 20.

土、涵水、拦污、维护生境等生态屏障综合功能，推动长江上游重要生态屏障和山清水秀美丽之地建设，为成渝地区双城经济圈建设提供了重要的生态支撑。

3.4.1.2 成都市践行绿色发展

"十三五"期间，成都市全面深入贯彻落实习近平总书记关于成渝地区双城经济圈建设要在西部形成高质量发展的重要增长极、加强生态环境保护、使成渝地区成为高品质生活宜居地的重要指示精神，抢抓成渝地区双城经济圈建设重要战略机遇，持续推进"建设践行新发展理念的公园城市示范区"战略目标，加强生态保护修复，推动生态价值创造性转化，加快推进公园城市形态塑造。据《成都市公园城市建设发展"十四五"规划》相关数据显示，截至 2020 年，成都市森林覆盖率达 40.2%，已记录高等植物达 4 459 种，公园绿地面积达 1.61 万公顷，建成包括锦江绿道、三环绿道、天府绿道等各级绿道总长达 4 408 公里，建设成效显著，城市人居环境大幅提升，可持续发展的综合承载力持续增强。

成都市作为公园城市先行示范地，公园城市建设实现了成都市乃至四川省经济效益和社会效益双收。从保护生态、改善环境到发展绿色经济，成都市在发展中逐步探索出了一条符合我国公园城市发展的新路径。在宜居新高地建设方面，成都市持续提升公共社区生活环境质量，实现土地资源增值，在改善环境和保护生态的同时，塑造了富有巴蜀特色的宜居风貌，以生态价值产生经济价值和社会效益，充分体现了"绿水青山就是金山银山"的发展理念；在城市建设共享方面，成都市秉承全民共建共享原则，为市民免费开放绿道、公园、博物馆、图书馆等场所，公共服务及相关基础设施建设持续完善。

3.4.1.3 绵阳市践行绿色发展

《绵阳：全力推进大规模绿化绵州工作综述》报告显示，"十三五"时期，绵阳绿色发展不断提质增效——森林覆盖率从 53.01% 增加值 55.78%，高于全省平均水平近 16 个百分点，6 个乡镇入选省级森林小镇；积极开展河流水岸生态林网建设，水系绿化率达 85%；推动城乡道路绿化工程，道路林网绿化率达 87.95%；启动实施三江六岸城市主体景观带建设项目、小枧城市生态公园建设、富乐山景观提升工程等城区重大绿化项目 29 个；实施城区行道树树池绿化美化 48 860 个；栽植树状月季 2.2 万株、灌木月季 105 万丛，城区绿化覆盖率达 41.2%。在农村，加大荒山荒地造林绿化力度，推进退耕还林、中央财政造林补贴等国、省重点造林项目落地落实，完成封山育林 100.71 万亩，森林抚育 162.32 万亩，完成低效林改造 19.12 万亩，"生态和谐、四季有绿"的绿色绵阳全面呈现。

根据该报告，自 2016 年实施《大规模绿化绵州总体规划行动 (2016 – 2020 年)》，截至 2021 年 3 月，绵阳市已累计完成营造林 370.79 万亩，新增森林面积 84.98 万亩，新增森林蓄积 1 054.41 万立方米，绵阳市森林覆盖率达到 55.78%。绿色发展理念深入人心，建设绿色绵阳成为共识。

无论是重庆市、成都市还是绵阳市，都在深入贯彻绿色发展理念，以实际行动助力城市绿色建设，推动生产、生活、生态的"三生"融合，强化环境保护和生态修复，探索形成绿色低碳的生产生活方式和城市建设运营模式，推动生态建设产业化、产业发展生态化、生活方式低碳化，探索实现区域生态保护与经济发展双赢。

成渝地区双城经济圈内除重庆、成都、绵阳以外的其他城市绿色发展政策有待进一步优化和加强，需持续贯彻绿色发展理念。然而这些城市大部分为传统工业城市，传统高能耗、高污染、低产出的产业形态制约了城市生态建设，随着成渝地区双城经济圈市场一体化建设实施，各城市可在深入贯彻《成渝地区双城经济圈生态环境保护规划》的基础上，再结合《四川省"十四五"生态环境保护规划》《四川省巩固污染防治攻坚战成果提升生态环境治理体系和治理能力现代化水平行动计划 (2022 – 2023 年)》等政策，从补短板、强弱项、打基础、利长远出发，对生态环境进行修复，利用扩散效应，以成都市、重庆市为中心向周边城市产生辐射作用，再以绵阳市"科技城"作为支撑，实现生态环境科研能力现代化建设。通过多措并举，有效提升成渝地区双城经济圈绿色发展全域性。

3.4.2 绿色发展水平分维度对比

根据 2011~2019 年成渝地区双城经济圈 16 个城市在资源利用、环境治理、生态质量、经济效益 4 个分维度绿色发展均值水平情况看（见表 3 – 3 和图 3 – 2），成渝地区双城经济圈环境治理水平在区域绿色发展水平中占比最高，资源利用、生态质量和经济效益发展水平相对平均，表明成渝地区双城经济圈重点关注区域环境治理。"十四五"时期同样着重强调了成渝地区双城经济圈生态文明建设，协同推进减污降碳、促进经济社会发展全面绿色转型、实现生态环境质量改善由量变到质变。当前各城市主要由环境治理提升绿色发展水平，然而各城市绿色发展制约要素也依然显著，相比于重庆市，位于四川省的 15 个城市资源利用以及生态质量均处于较低水平，仅成都市位于平均水平以上。从经济效益看，重庆市和成都市作为两大中心城市，经济效益均在 0.7 以上，导致区域"双核独大"的空间不平衡格局日益显著。

表3-3　　　　　　成渝地区双城经济圈绿色发展各维度评价结果

城市	资源利用	环境治理	生态质量	经济效益
重庆	0.8334	0.5948	0.9308	0.7699
成都	0.2646	0.4978	0.3639	0.7563
自贡	0.1358	0.4939	0.1062	0.1717
泸州	0.2236	0.5112	0.2029	0.1341
德阳	0.1548	0.6444	0.1517	0.2079
绵阳	0.2604	0.6401	0.1985	0.3074
遂宁	0.1531	0.6197	0.1285	0.1598
内江	0.1371	0.3223	0.1043	0.0958
乐山	0.2335	0.6604	0.1642	0.1669
南充	0.2055	0.5952	0.2208	0.1578
眉山	0.2616	0.6670	0.1457	0.1503
宜宾	0.2298	0.5043	0.1392	0.1429
广安	0.2022	0.5789	0.1540	0.1456
达州	0.2411	0.3948	0.1455	0.1125
雅安	0.1774	0.6427	0.1351	0.1560
资阳	0.1684	0.4999	0.1481	0.1539
均值	0.2426	0.5542	0.2150	0.2368

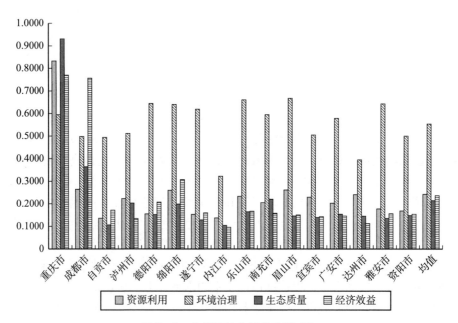

图3-2　分维度综合评分均值对比

3.4.2.1 资源利用对比分析

本章主要从能源生产率、自然资源利用水平以及污染物处理能力等方面对成渝地区双城经济圈资源利用发展水平进行测度及评价。如表3-4所示，从2011~2019年资源利用维度均值水平看，重庆市（0.8334）资源利用水平最好，成都市（0.2646）、绵阳市（0.2604）以及眉山市（0.2616）等城市处于一般水平，而自贡市（0.1358）和内江市（0.1371）等城市资源利用能力相对较弱。从时间趋势看，眉山市和资阳市资源利用水平波动较大，眉山市呈现出波动上升状态，资阳市呈现出波动下降趋势，其余大部分城市处于螺旋上升趋势且相对平稳。从成渝地区双城经济圈整体情况来看，资源利用水平差异较大，除重庆市以外其余城市可能存在生产技术投入不足，对资源利用效率较低，加之单位产值能耗量较大，资源浪费较为严重，应积极加快区域产业结构优化升级，合理分配资源，推动各生产要素流动的同时提高资源利用效率。

表3-4 　　　　　　　　　　各城市资源利用水平综合值

城市	2011年	2012年	2013年	2014年	2015年	2016年	2017年	2018年	2019年	均值
重庆	0.7806	0.6541	0.9154	0.8536	0.7597	0.8957	0.8080	0.9275	0.9061	0.8334
成都	0.2300	0.1849	0.2709	0.2820	0.3035	0.2551	0.1816	0.2735	0.4002	0.2646
自贡	0.0899	0.0855	0.1311	0.0822	0.2272	0.1518	0.1416	0.1937	0.1190	0.1358
泸州	0.2135	0.2007	0.1660	0.1757	0.2768	0.2473	0.2015	0.2707	0.2606	0.2236
德阳	0.1173	0.1139	0.1692	0.1834	0.1676	0.1327	0.1061	0.1826	0.2203	0.1548
绵阳	0.2213	0.1935	0.2951	0.2103	0.2185	0.2473	0.2138	0.3538	0.3904	0.2604
遂宁	0.1436	0.1149	0.1349	0.1004	0.1908	0.1539	0.1391	0.1386	0.2620	0.1531
内江	0.1429	0.1473	0.1409	0.0749	0.1449	0.1505	0.1354	0.1744	0.1225	0.1371
乐山	0.1798	0.1827	0.2450	0.1750	0.2115	0.2741	0.2210	0.2826	0.3294	0.2335
南充	0.1841	0.2659	0.1607	0.1917	0.2646	0.2131	0.1582	0.2414	0.1698	0.2055
眉山	0.1415	0.1607	0.1989	0.2144	0.2373	0.3159	0.2930	0.4062	0.3861	0.2616
宜宾	0.2596	0.4348	0.1951	0.1253	0.2803	0.1736	0.1570	0.2000	0.2423	0.2298
广安	0.1241	0.1339	0.1290	0.1898	0.2123	0.2102	0.2542	0.2207	0.3460	0.2022
达州	0.2644	0.1942	0.2357	0.1721	0.2650	0.2585	0.2053	0.3195	0.2552	0.2411
雅安	0.2030	0.2686	0.2851	0.1428	0.0990	0.1204	0.1022	0.1573	0.2178	0.1774
资阳	0.1552	0.1472	0.1503	0.1437	0.1882	0.1420	0.2612	0.2255	0.1024	0.1684

3.4.2.2 环境治理对比分析

本章主要从环境治理人力、财力以及污染物防治等角度集中反映各个城市环境治理绿色发展情况。如表 3 - 5 所示，2011 ~ 2019 年环境治理水平总体在 (0.4, 0.7) 区间内变化，其中德阳市（0.6444）、绵阳市（0.6401）、乐山市（0.6604）、眉山市（0.6670）以及雅安市（0.6427）等城市环境治理水平综合均值处于较高水平，环境治理态势较好。

表 3 - 5   各城市环境治理水平综合值

城市	2011 年	2012 年	2013 年	2014 年	2015 年	2016 年	2017 年	2018 年	2019 年	均值
重庆	0.5798	0.5917	0.4492	0.6932	0.6121	0.7219	0.6156	0.5788	0.5104	0.5948
成都	0.5292	0.5109	0.3855	0.5478	0.5657	0.5350	0.4642	0.4852	0.4563	0.4978
自贡	0.5617	0.5059	0.4201	0.5954	0.5706	0.4403	0.4310	0.5323	0.3881	0.4939
泸州	0.5124	0.4409	0.3836	0.3949	0.5881	0.6265	0.5790	0.5525	0.5226	0.5112
德阳	0.5966	0.6204	0.4688	0.5685	0.8052	0.8036	0.6527	0.6936	0.5902	0.6444
绵阳	0.6750	0.7912	0.8312	0.7728	0.5444	0.6138	0.5455	0.5302	0.4566	0.6401
遂宁	0.5759	0.6088	0.4584	0.7598	0.6285	0.6958	0.7501	0.4716	0.6283	0.6197
内江	0.3703	0.3210	0.1624	0.3959	0.3247	0.3104	0.2795	0.3530	0.3836	0.3223
乐山	0.5789	0.5423	0.5137	0.7559	0.6369	0.6543	0.6789	0.6616	0.9213	0.6604
南充	0.5915	0.5203	0.4259	0.5749	0.7166	0.6982	0.6070	0.6359	0.5863	0.5952
眉山	0.7396	0.7063	0.4587	0.7366	0.7207	0.7115	0.6897	0.6438	0.5959	0.6670
宜宾	0.4289	0.4149	0.4038	0.6426	0.5636	0.4299	0.5016	0.5452	0.6084	0.5043
广安	0.7574	0.6556	0.4744	0.6620	0.6702	0.6289	0.4603	0.4777	0.4234	0.5789
达州	0.4407	0.3424	0.4408	0.5202	0.4847	0.4970	0.2585	0.2696	0.2995	0.3948
雅安	0.6565	0.5693	0.4629	0.5229	0.7234	0.7138	0.7517	0.7678	0.6160	0.6427
资阳	0.6398	0.5540	0.3978	0.4820	0.6492	0.5876	0.3782	0.4002	0.4099	0.4999

在环境治理维度，成渝地区双城经济圈整体上差异不大，城市之间环境治理发展水平空间布局相对均衡，表明成渝地区双城经济圈在追求经济发展的同时，逐渐意识到环境载体的重要性，在建设成渝地区双城经济圈的同时，深入贯彻区域高质量新发展理念。当前成渝地区双城经济圈建设尚处于建设初期，环境治理能力正持续提升，绿色发展体制机制的不断完善，为区域生态环境保护建设与经

济效益协调发展提供了动力。

3.4.2.3　生态质量对比分析

生态质量发展水平主要综合考虑了农业发展、绿化覆盖率以及出行等绿色环保方面，加之近年来成渝地区积极打造公园城市，本研究加入公园个数作为生态质量衡量指标之一，能更因地制宜地全面探究成渝地区双城经济圈生态质量。如表 3-6 所示，2011~2019 年生态质量发展水平板块中，以各城市均值为例，重庆市（0.9308）仍然居于首位，成都市（0.3639）、泸州市（0.2029）以及南充市（0.2208）生态质量优势相对显著，其余城市生态质量处于较低水平，生态质综合水平均值均小于 0.2，但当前上涨趋势明显。

从局部地区看，成渝地区双城经济圈各城市之间生态质量水平差异显著，呈现出梯度分布，重庆市和成都市为第一梯度，但二者也存在较大差距，重庆以"山城"著称，生态质量远远超出成都市；泸州、德阳、绵阳、乐山和南充为第二梯度，与平均水平具有一定距离；其余为第三梯度，在平均水平上下波动。成渝地区隶属于四川盆地和"山城"区域，生态禀赋优良，"十三五"时期，区域生态环境质量显著改善，大气环境质量与全国平均水平相当，地表水环境质量好于全国平均水平，生态环境质量总体好于京津冀、长三角等重点区域，城市集中式饮用水水源水质保持稳定达标，跨界水体协同防治取得明显成效。加之公园城市积极推进，区域森林覆盖率达 41.9%，绿化面积覆盖率稳定在 40% 左右，生态安全格局逐渐稳定①。

表 3-6　　　　　　　　　　各城市生态质量综合值

城市	2011 年	2012 年	2013 年	2014 年	2015 年	2016 年	2017 年	2018 年	2019 年	均值
重庆	0.9194	0.9293	0.9366	0.9404	0.9368	0.9333	0.9398	0.9214	0.9199	0.9308
成都	0.4607	0.3123	0.5732	0.2896	0.3054	0.3369	0.3099	0.3401	0.3467	0.3639
自贡	0.0956	0.0902	0.1331	0.0888	0.1001	0.1044	0.1142	0.1126	0.1165	0.1062
泸州	0.1806	0.1828	0.2597	0.2035	0.2104	0.2054	0.1996	0.1986	0.1855	0.2029
德阳	0.1502	0.1421	0.1883	0.1395	0.1366	0.1362	0.1464	0.1645	0.1615	0.1517
绵阳	0.2086	0.1762	0.2489	0.1835	0.1841	0.1884	0.1885	0.2135	0.1947	0.1985
遂宁	0.1108	0.0990	0.1190	0.1099	0.1235	0.1518	0.1409	0.1528	0.1488	0.1285
内江	0.0890	0.1009	0.1184	0.1072	0.0922	0.0935	0.1051	0.1171	0.1151	0.1043

---

①　详见《成渝地区双城经济圈生态环境保护规划》。

续表

城市	2011 年	2012 年	2013 年	2014 年	2015 年	2016 年	2017 年	2018 年	2019 年	均值
乐山	0.1538	0.1566	0.1990	0.1728	0.1672	0.1568	0.1599	0.1728	0.1390	0.1642
南充	0.2090	0.2111	0.2737	0.2097	0.2105	0.2157	0.2087	0.2304	0.2188	0.2208
眉山	0.1336	0.1160	0.1590	0.1293	0.1389	0.1456	0.1395	0.1704	0.1790	0.1457
宜宾	0.1697	0.1290	0.1584	0.1245	0.1255	0.1261	0.1319	0.1464	0.1414	0.1392
广安	0.1043	0.1559	0.1392	0.1746	0.1585	0.1372	0.1682	0.1824	0.1657	0.1540
达州	0.1645	0.1195	0.1620	0.1115	0.1452	0.1787	0.1476	0.1352	0.1454	0.1455
雅安	0.1380	0.1726	0.2113	0.1321	0.1184	0.1213	0.1152	0.1179	0.0887	0.1351
资阳	0.1486	0.1609	0.2133	0.1691	0.1624	0.1320	0.1242	0.1172	0.1053	0.1481

3.4.2.4 经济效益对比分析

经济效益指标主要从家庭、企业以及社会经济等方面进行衡量，集中反映各城市绿色发展背景下经济发展状况。如表 3 - 7 所示，成渝地区双城经济圈在 2011~2019 年经济效益总体较低，重庆市（0.7699）和成都市（0.7563）属于较高水平，表现出显著的"双核独大"特征，重庆市和成都市以其特有的城市定位和领导机制使得其在成渝地区双城经济圈内要素和资源聚集效应显著，经济效益水平处于成渝地区双城经济圈前列。

表 3 - 7 各城市经济效益水平综合值

城市	2011 年	2012 年	2013 年	2014 年	2015 年	2016 年	2017 年	2018 年	2019 年	均值
重庆	0.4686	0.7730	0.7438	0.8082	0.8582	0.8615	0.8243	0.7915	0.8001	0.7699
成都	0.6633	0.8698	0.8497	0.8026	0.7471	0.7719	0.7319	0.6735	0.6973	0.7563
自贡	0.1571	0.1825	0.2112	0.1795	0.1679	0.1535	0.1756	0.1701	0.1476	0.1717
泸州	0.1209	0.1335	0.1662	0.1462	0.1429	0.1458	0.1367	0.1049	0.1102	0.1341
德阳	0.1847	0.2269	0.2750	0.2151	0.2067	0.2411	0.1914	0.1884	0.1413	0.2079
绵阳	0.2819	0.3029	0.3613	0.3066	0.3013	0.3169	0.3029	0.3116	0.2810	0.3074
遂宁	0.1493	0.1707	0.1758	0.1855	0.1711	0.1599	0.1543	0.1610	0.1110	0.1598
内江	0.1148	0.1036	0.0734	0.0738	0.0832	0.0913	0.1139	0.0991	0.1087	0.0958
乐山	0.1330	0.1472	0.1910	0.2031	0.1942	0.1611	0.1291	0.1932	0.1505	0.1669
南充	0.1139	0.1340	0.2061	0.1589	0.1585	0.1720	0.1830	0.1570	0.1370	0.1578

城市	2011 年	2012 年	2013 年	2014 年	2015 年	2016 年	2017 年	2018 年	2019 年	均值
眉山	0.1024	0.1573	0.1609	0.1566	0.1580	0.1438	0.1678	0.1420	0.1635	0.1503
宜宾	0.1128	0.1451	0.1708	0.1303	0.1158	0.1457	0.1565	0.1846	0.1244	0.1429
广安	0.1544	0.1428	0.1304	0.1240	0.1431	0.1278	0.1672	0.1436	0.1772	0.1456
达州	0.0747	0.0761	0.1279	0.1088	0.1223	0.1329	0.1297	0.1277	0.1123	0.1125
雅安	0.3039	0.1472	0.1489	0.1324	0.1545	0.1431	0.1346	0.0881	0.1512	0.1560
资阳	0.1548	0.1799	0.1676	0.1555	0.1542	0.2024	0.1528	0.0863	0.1314	0.1539

当前，世界贸易和产业分工格局发生重大调整，面对外部环境变化带来的新矛盾和新挑战，充分发挥国内超大规模经济体优势，利用成渝地区创新能力、人口规模、内需市场潜力以及产业链加速重组的优势和趋势，加快实现产业、人口及各类生产要素合理流动和高效集聚，有利于构建与东部沿海地区合作互动新格局，拓展参与国际合作新空间，在提升成渝地区双城经济圈经济效益的同时，打造带动全国高质量发展的重要增长极和新的动力源。

3.5 结论及建议

3.5.1 研究结论

本章选取成渝地区双城经济圈 16 个城市的 25 个绿色发展水平评价指标相关数据，运用熵值法对指标进行赋权，从多维度对成渝地区双城经济圈绿色发展水平进行测度，通过对比分析成渝地区双城经济圈各重要城市绿色发展水平状况，提出有关推进成渝地区双城经济圈绿色发展的提升路径。通过对成渝地区双城经济圈 16 个城市 2011~2019 年绿色发展水平进行评价，研究结果表明，区域绿色发展水平整体发展态势较好，推广和普及绿色发展理念，为区域经济、社会及环境的发展创造了有利条件。但是成渝地区双城经济圈的绿色发展还存在以下问题。

（1）成渝地区双城经济圈整体资源节约、环境治理、增长质量、绿色生活维度发展不协调，绿色发展水平依靠增长质量发展拉动。

（2）区域内各城市之间的绿色发展水平差异明显。特有的城市定位和城市职能，使绵阳市、成都市、重庆市在成渝地区双城经济圈内要素资源的聚集效应显著，绿色发展水平明显高于其他城市。从成渝城市群空间格局分布来看，成德绵乐城市带绿色发展综合水平在区域内大幅领先，沿江城市带、成渝发展主轴稍显落后。

3.5.2 对策建议

基于前文对成渝地区双城经济圈 16 个城市 2011～2019 年绿色发展水平综合评价分析，从区域协调发展视角出发，为进一步提高成渝地区双城经济圈绿色发展水平，加快成渝地区双城经济圈成为我国高质量发展的重要增长极，本章结合 16 个城市绿色发展水平实际情况，最终从区域城市协调、绿色发展理念、生态环境保护、环保财政支持四个方面提出优化成渝地区双城经济圈绿色发展提升路径。

（1）促进区域城市协调发展。成渝地区双城经济圈主要重点城市的绿色发展水平和发展问题各不相同，各地方政府根据当地发展情况及自身利益所制定的政策也不同。要使成渝地区双城经济圈整体提升绿色发展水平，必须加强区域内城市之间的相互合作，推动区域协调发展。成渝地区双城经济圈内各城市通过信息交流，加强地区间绿色发展模式和经验的沟通合作，共享人力技术资源，共同推进公共服务建设，形成区域公共服务网络，减少重复建设和资源浪费，保障区域居民绿色生活水平。同时加快区域的中心城市建设，发挥成都、重庆两大核心城市的辐射带动作用，积极推进各城市间的经济文化、生态工业等多方面多领域的交流，促进各地区的优势互补和协调发展，通过相互学习借鉴共同推动成渝地区双城经济圈整体绿色发展水平提高。

（2）加强宣传绿色发展理念。成渝地区双城经济圈要实现绿色发展，区域内各城市要加大对绿色发展理念的宣传教育，使群众充分认识绿色发展作用与意义。通过互联网、电视、广播等媒介宣传低碳生活方式、绿色环保知识等绿色发展知识理念，加强人民群众对绿色发展理念的认识；同时，要积极引导公众绿色消费，促进居民生活和出行方式朝着绿色方向转变，使绿色生活理念深入人心，营造全社会生态保护意识，形成良好的绿色发展生活及文化氛围。此外，要加快区域内基础设施建设进程，促进基础设施均等化发展。不断完善公共绿地、公共交通等基础设施建设，推动区域绿化发展，加大对公共厕所和排水管道等公共设施建设投入力度，增强节水节电意识，提升区域内各城市用水用气普及率。加大对成渝地区双城经济圈排污行业监管及技术支持，严格控制污染排放，提高生活垃圾无害化率和污水废水处理率。

（3）重视区域生态环境保护。成渝地区双城经济圈各城市要在发展经济的基础上提高对区域内环境保护和生态修复的重视程度，加强绿色生态保护，严格控制污染源。适当提高成渝地区双城经济圈内相关绿色发展行业准入门槛，完善相关行业绿色发展机制，建立奖惩制度来规范企业的生产方式，提高资源综合利用率，减少污染物排放量。完善相关企业生产信息公开制度，推动企业生产信息规范化、透明化，使社会各界参与监督企业生产过程，约束和提升企业自身环保意识，促使企业生产向低污染、低消耗、高产出的绿色生产方式转变。转变经济发展方式，推进区域内产业结构优化升级，加速成渝地区双城经济圈经济发展模式向高效集约型转变。加大对绿色环保和节能科技的支持，创新和引进先进技术，加快相关行业对区域内资源的有效开发利用，提高节能减排效率，加速产业结构转型。在产业结构转型中，对于资源消耗大且污染严重的行业要加快转型升级，提升其对资源及工业固体废弃物的利用率，引导其向低能耗、低污染的绿色循环产业发展。

（4）加大环境保护财政支持。成渝地区双城经济圈各城市环保支出占财政支出比重较低，2011年平均水平约为2.70%，2019年平均水平约为3.39%，虽然平均水平逐年在递增，但大部分城市环保支出比重仍低于平均水平。政府需要加大对环境保护科研、环境治理的财政投入，支持节能技术的创新，给予绿色科技新兴产业及新能源产业财政税收优惠补贴，提高对区域内环境保护及污染治理的投资力度，从绿色科技和环境治理两个方面共同推动成渝地区双城经济圈绿色发展。同时政府需要完善当地的绿色发展水平绩效考核机制，将绿色发展水平作为政府政绩考核的一部分，严格按照由中央发布的《绿色发展指标体系》对成渝地区双城经济圈的生态文明建设进行考核，降低企业的违规生产和污染排放，制定有关于节能减排的政策法规，加大对绿色环保产业的市场监管能力，加速转变政府绿色发展绩效观的政府职能，进一步推动当地绿色发展水平。

本 章 小 结

本章选取25个绿色发展水平评价指标相关数据，运用熵值法从多维度对成渝地区双城经济圈绿色发展水平进行测度，结合研究结论提出有关推进成渝地区双城经济圈绿色发展的对策建议。研究结果表明，区域绿色发展水平整体发展态势较好，推广和普及绿色发展理念，为区域经济、社会及环境的发展创造了有利条件。成渝地区双城经济圈的绿色发展还存在以下问题：（1）成渝地区双城经济圈整体资源节约、环境治理、增长质量、绿色生活四维度发展情况的不协调，绿色发展水平依靠增长质量发展拉动；（2）区域内各城市之间的绿色发展水平差异明显。特有的城市定位和城市职能，使绵阳市、成都市、重庆市在成渝地区双城经济圈内要素资源的聚集效应显著，绿色发展水平明显高于其他城市。从成渝城市群空间格局分布来看，成德绵乐城市带绿色发展综合水平在区域内领先，沿江城市带、成渝发展主轴稍显落后，这些地区城市的绿色发展仍任重道远。

根据以上研究结论，结合成渝地区双城经济圈实际情况，本章提出以下成渝地区双城经济圈绿色发展的提升路径：（1）加强区域内城市之间的合作交流，发挥中心城市带动作用；（2）加强宣传绿色发展理念，完善公共基设施建设；（3）重视生态环境保护，加快产业结构转型，推动绿色循环发展；（4）加大环境保护财政支出比重，完善绿色发展水平绩效考核。

参 考 文 献

［1］蔡绍洪，谷城，张再杰．长江经济带绿色发展水平测度及时空演化特征［J］．华东经济管理，2021，35（11）：25－34.

［2］方永恒，赵雨萌．汉江生态经济带绿色发展水平测度研究［J］．环境科学与技术，2020，43（12）：228－236.

［3］郭付友，佟连军，仇方道，等．黄河流域生态经济走廊绿色发展时空分异特征与影响因素识别［J］．地理学报，2021，76（3）：726－739.

［4］何雨航．成都市绿色发展水平综合评价与时空格局研究［D］．成都：四川师范大学，2020.

［5］黄跃，李琳．中国城市群绿色发展水平综合测度与时空演化［J］．地理研究，2017，36（7）：1309－1322.

［6］黄志斌，姚灿，王新．绿色发展理论基本概念及其相互关系辨析［J］．自然辩证法研究，2015，31（8）：108－113.

［7］李雪．四川省绿色发展水平评价与时空分异研究［D］．成都：四川师范大学，2018.

［8］潘玉君，武友德，张谦舵，等．"区域可持续发展"概念的试定义［J］．中国人口·资源与环境，2002（4）：129－131.

［9］商迪，李华晶，姚珺．绿色经济、绿色增长和绿色发展：概念内涵与研究评析［J］．外国经济与管理，2020，42（12）：134－151.

［10］王礼刚，吴传清．汉江生态经济带主要城市绿色发展水平测度与提升路径［J］．湖北经济学院学报，2018，16（4）：5－13，125.

［11］王振．中国区域经济学［M］．上海：上海人民出版社，2022.

［12］夏晶晶，蔡莹．长江经济带绿色发展水平测度及时空分异研究［J］．长江大学学报（社会科学版），2020，43（6）：68－74.

［13］杨继瑞．区域协调：成渝地区双城经济圈实践［M］．成都：四川大学出版社，2022.

［14］杨潇．我国农业绿色发展水平测度与提升路径研究［D］．石家庄：河北经贸大学，2019.

［15］张婕，吴寿敏，张云．长三角城市群绿色发展水平测度与分析［J］．河海大学学报（哲学社会科学版），2020，22（4）：53－60，107－108.

［16］张炜，王良．全球可持续发展工程教育的概念内涵、实践策略及其经验启示［J］．高等工程教育研究，2021（3）：69－75.

［17］周佳宁．京津冀城市群绿色发展水平测度与提升路径研究［D］．北京：中国矿业大学 2019.

［18］Anton Nahman，Brian K. Mahumani，Willem J. de Lange. Beyond GDP：Towards a Green Economy Index［J］. Development Southern Africa，2016，33（2）：215－233.

［19］Dalia D'Amato et al. Green，circular，bio economy：A comparative analysis of sustainability avenues［J］. Journal of Cleaner Production，2017，168：716－734.

［20］David William Pearce，Giles D Atkinson. Capital theory and the measurement of sustainable development：An indicator of "weak" sustainability［J］. Ecological Economics，1993，8（2）：103－108.

［21］Mark Roseland. Sustainable community development：integrating environmental，economic，and social objectives［J］. Progress in Planning，2000，54（2）：73－132.

［22］Paul Ekins. Economic growth and environmental sustainability the prospects for green growth［M］. Honey Press，2013.

［23］Shing Chyi Chua，Tick Hui Oh. Green progress and prospect in Malaysia［J］. Renewable and Sustainable Energy Reviews，2011，15（6）：2850－2861.

第4章

产业视角下成渝地区双城经济圈绿色发展态势研究

4.1 引 言

改革开放以来，中国经济取得了举世瞩目的成就，创造了经济高速增长的世界奇迹。我国工业增加值由改革开放之初的 1 621.4 亿元增长到 2023 年的 399 103.1 亿元，增长了约 245 倍。2023 年，成渝地区双城经济圈工业经济稳定增长，工业增加值增长 5.6%，其中制造业增加值增长 5.7%，增速均高于全国 1 个百分点以上。① 成渝地区双城经济圈工业发展主要依赖大规模要素投入和资金驱动，如德阳、重庆、绵阳等工业发展相对较快的城市过去主要依赖于"高投入、高消耗、高污染"的发展模式，为城市经济绿色发展带来了挑战，粗放式和资源依赖型的发展模式导致资源耗竭和生态环境恶化，制约了工业发展进程。经济学家索洛认为，经济增长主要来源于要素投入增加和生产率提高。我国已成为世界能源消费大国，尤其是工业废水、二氧化硫、工业烟（粉）尘等污染排放量占总污染排放量的比重较大。国内工业经济发展已对生态环境造成恶劣影响，环境破坏又进一步制约着工业建设。

目前我国经济发展进入新常态，成渝地区工业良性发展势必会受长期以来"高投入、高消耗、高污染"发展模式所制约。2022 年，重庆市人民政府和四川省人民政府联合印发了《成渝地区双城经济圈碳达峰碳中和联合行动方案》，为实现经济发展和环境保护相协调，推动成渝地区双城经济圈形成统筹共建、协同联动推进"双碳"的工作格局，促进区域经济社会和产业实现绿色低碳发展，应

---

① 重庆市统计局.2023 年成渝地区双城经济圈经济发展监测分析［EB/OL］.（2024 – 03 – 06）. https://tjj.cq.gov.cn/zwgk_233/fdzdgknr/tjxx/sjjd_55469/202403/t20240306_12999005.html.

积极探寻工业绿色发展之路。成渝地区双城经济圈作为国家当前重点培育的新的重要增长极，工业为区域经济增长做出了巨大贡献，但与此同时，工业经济发展伴随着资源损耗和环境污染等问题，过去以"粗放型增长方式"推动经济增长难以为继，需要通过提高绿色全要素生产率，破除当前社会经济与生态环境不平衡发展模式，带动经济高质量发展。

当前，我国面临着资源耗费过量、环境污染严重而工业增速逐渐放缓的局面，为实现经济的可持续增长，各地区都迫切需要进行工业绿色转型，成渝地区双城经济圈作为带动全国高质量发展的重要增长极和新的动力源，更应在保护好生态环境和将现有资源进行有效利用的条件下，提高地区工业的绿色全要素生产率，实现经济与环境效益双赢。采用科学、恰当的绿色全要素生产率测度模型进行测算并深入分析其内在特征和影响因素，有利于客观评价地区工业的绿色发展水平。本章将工业环境污染、能源消耗等因素纳入研究，对资源、环境约束下的成渝地区双城经济圈工业绿色全要素生产率进行分析，有利于丰富区域绿色发展研究相关内容。

成渝地区双城经济圈的发展建设受到中央高度重视，其在双循环新发展格局中占突出地位。在国家明确提出创新、协调、绿色、开放、共享的五大发展理念和建设"资源节约型社会"和"环境友好型社会"战略任务目标下，研究资源和环境双重约束下成渝地区绿色全要素生产率增长及空间分异问题意义重大。通过绿色全要素生产率的测算和分解项的解读可以探讨当前成渝地区工业经济增长方式是否能实现可持续发展、哪些方面制约或引导着工业发展，此外，对于绿色全要素生产率在成渝地区双城经济圈的空间格局和特征的相关分析，可以对今后优化相关区域经济发展协调机制、推动区域经济可持续发展提供一定的政策建议。

4.2　工业绿色发展相关研究回顾

4.2.1　绿色全要素生产率概念及测算

生产率这一概念最初起源于学者对投入和产出之间关系的探讨，查尔斯·柯布和保罗·道格拉斯提出了柯布-道格拉斯（C-D 函数）生产函数，随之产生了单要素生产率的概念。由于单要素生产率只能较为片面地反映出局部信息，其实践性和理论性有待考证。1942 年，"全要素生产率"这一概念由学者丁伯根以时间趋势项来研究生产效率随着时间的变化趋势。1957 年，经济学家索洛提出索洛余值，对全要素生产率进行了量化研究，首次指出技术进步在经济增长中的作用。丹尼斯等（Dennis et al.，1977）发现随机前沿生产函数（SFA）可以弥补全要素生产率测算存在的不足，由于 SFA 只适用于多投入、单一产出的生产方式，而忽略了实际生产过程由于能源投入形成的负外部效应，未考虑资源和环境约束对生产率的影响，具有一定局限性。班克等（Banker et al.，1978）提出"数据包络分析法"，该方法不需要具体的函数设定，更具有普遍适用性，能够应用于多投入、多产出的生产方式，这种非参数生产率指数法得到了广泛认可。

查恩斯等（Charnes et al.，1984）提出基于数据包络分析法的规模报酬不变模型（CCR），此后，有学者在此基础上提出基于数据包络分析法的可变规模报酬模型（BBC）。这些方向性距离函数大多以角度的、径向的数据包络分析法来计算，在投入过度或产出不足时会降低测算结果的准确性。托恩等（Tone et al.，2001）提出基于松弛向量的非径向、非角度的 SBM 方向性距离函数，能够较好地解决效率评价中的松弛问题。梅多斯等在 1972 年发表的《增长的极限》中讨论了环境承载能力限度超过限额的后果，引发了学者们对于资源节约和生态保护等相关问题的关注。在有关全要素生产率的测算中，学者们逐渐将资源、环境状况和传统投入要素共同纳入研究体系，测算和评价资源环境约束下的绿色全要素生产率（GTFP）。起初，部分学者在研究中未考虑环境污染具有产出的特征，将其与资本、劳动等一起作为投入变量纳入模型中进行测度。另一些学者对此提出质疑，认为应将环境污染视为产出变量。钟等（Chung et al.，1997）指出环境污染是不同于期望产出且具有负外部性的产出变量，并首次运用基于 SBM 模型的 ML 生产率指数对考虑了环境污染的绿色全要素生产率进行测算，较合理地反映了经济效应的实际情况，该方法也得到了广泛接受和运用。

4.2.2　区域视角下绿色全要素生产率

随着全要素生产率相关理论体系不断完善及测算方法不断成熟，学者们开始从不同视角对绿色全要素生产率展开研究。从区域视角看，主要以国家和地区为主体，分析绿色全要素生产率。孙燕铭等（2018）指出长三角重要城市在未考虑污染因素下的 GTFP 总体呈现逐年增长的态势，绿色技术进步对 GTFP 的提升发挥重要作用，在空间格局上，GTFP 的空间分布呈现出一定集聚性和空间关联性。苟富华等（2020）对广东省工业发展情况进行研究，指出其绿色发展稳定在较高水平，各城市间发展状态有较大差异，其中，珠三角的工业绿色发展水平在全省居前列。耿刘利等（2020）从静态效率和动态全要素生产率两个方面来对安徽省工业经济高质量发展水平进行了全面评价。田丰等（2020）测算和分解了西北五省的 GTFP，得出 GTFP 均值、年增长率居首位的是陕西，此外，除新疆为负以外，其余四省的 GTFP 均稳定增长，绿色全要素生产率的增长主要由技术进步发挥作用。陈黎明等（2020）在生产率分析框架中纳入环境污染和能源消耗因素，对中国 30 个省（区、市）的 GTFP 的空间格局及溢出效应进行分析，发现各地区的 GTFP 均呈现出不同程度的增长，较高的技术进步（GTEC）是其增长的主要推动因素，技术效率（GEFF）水平较低，且存在下降趋势。鲁斯万等（Rusiawan et al.，2015）运用 GAM 方法，评估了 GTFP 对印度尼西亚可持续生产率增长的影响，探讨如何实现印度尼西亚低碳经济和可持续发展。解方明等（Xie et al.，2021）使用 GML 方法测量了欧盟 27 个成员国的 GTFP，用面板阈值回归模型证实了能源消耗与 GTFP 之间存在反 "N" 型非线性关系。郭艳华等（Guo et al.，2017）通过对美国洛杉矶炼油厂在环境规制的约束下的 GTFP 进行测度，指出环境规制是促进其 GTFP 提升的重要因素。阿尔布里齐奥等（Albrizio et al.，2017）分析并指出了环境规制对经合组织国家的技术先进的行业、企业的 GTFP 具有促进作用。王美玲等（Wang et al.，2020）指出技术创新对 GTFP 具有显著的积极影响，技术创新与经济发展水平之间的相互作用对 GTFP 具有较大的负面影响，应采取各种措施来指导技术创新并提高其质量，以促进 GTFP 和实现可持续发展。

4.2.3　行业视角下绿色全要素生产率

基于行业视角下的绿色全要素生产率的研究，学者们主要分析了产业布局和结构调整对绿色全要素生产率的作用机制。彭等（Peng et al.，2020）对 "一带一路" 共建国家的绿色全要素生产率水平进行研究发现，各国 GTFP 总体水平随时间推移而增加，但依然存在地区差异，西亚、中欧以及东欧的 GTFP 较高，而东南亚和中亚的 GTFP 水平偏低，各国可通过调整产业结构优化自身经济发展。在服务业方面，滕泽伟（2020）研究指出，中国服务业绿色全要素生产率总体上呈不断增长的趋势，区域间异质性特征显著，而空间分异更多的是各种驱动因素相互作用的结果。刘习平等（2021）对湖北省物流业绿色全要素生产率进行测度，指出湖北省物流业 GTFP 相对稳定，整体呈波动递增的趋势，对其 GTFP 有显著影响的因素主要有人均 GDP、城镇化率、产业结构、能源强度等。在农业方面，陈宇峰等（2021）将农业碳排放和面源污染共同作为非期望产出，研究得出我国农业绿色全要素生产率整体上波动上升且为技术诱导型增长模式。

在工业方面，张涵等（2019）指出，我国制造业 GTFP 发展质量正在稳步提升，技术进步指标远比技术效率指标的提升速度高，技术进步为我国制造业 GTFP 水平的提升提供动力。林新文等（2019）指出，中国工业 GTFP 存在显著的空间差异，沿海、南部省份普遍 GTFP 更高，中部、西部以及北部省份的绿色生产效率较低。卢福财等（2021）通过门槛分析发现，互联网与工业绿色全要素生产率之间存在一种非线性关系。刘淑茹等（2020）研究得出，技术进步有助于低技术行业 GTFP 增长，技术效率提升推动中、高技术行业 GTFP 增长，企业规模对工业行业而言是推动绿色全要素生产率增长的主要因素。

从现有研究看，对绿色全要素生产率的理论分析以及测算方法、模型构建和改进等方面已得到较为系统的发展，但是侧重点有所不同。国外学者大多从理论和测度方法、模型的改进和创建等方面来探讨生产率问题，因此，在理论方面以及模型研究上颇为深入，国家层面的绿色全要素生产率测度研究也比较丰富。国内学者则一般在借鉴国外相关理论基础和模型运用的基础上，侧重于对绿色全要素生产率进行实证性分析研究，但是研究多集中于国家、区域层面对于影响因素的分析，而对于区域层面视角下行业的绿色全要素生产率及其空间分异特征的共同分析还较少。当前我国绿色全要素生产率主要依靠技术效率提升，而技术进步下降阻碍了绿色全要素生产率水平的发展，粗放型经济增长方式不利于提升绿色全要素生产率，城市建设有利于促进绿色全要素生产率水平提高，而现有研究主要集中于京津冀、长三角、粤港澳等重点城市群。当前成渝地区双城经济圈作为中国内陆工业发展的重要战略高地，对其工业绿色全要素生产率的测度及空间分异进行研究对西部地区建设和内陆经济发展具有十分重要的现实意义。

4.3　研　究　设　计

4.3.1　研究理论基础

4.3.1.1　全要素生产率理论

全要素生产率（TFP）是指系统中每个要素的综合生产率。从生产率的一般定义可以看出，生产率可以表示为投入与产出之比。当生产过程中仅包含单个投入要素时，计算出的生产率就是单要素生产率；当有多种投入和产出时，计算的生产率可以理解为全要素生产率。例如，在工业生产过程中投入了人力资本、物质资本、原材料、能源和其他要素。全要素生产率增长率的经济意义在于，当所有生产要素投入一定时，产出仍会增加的部分。索洛（Solow）在1957年提出了全要素生产率的概念，全要素生产率是扣除投入要素（例如劳动力和资本）对产出增长的贡献（索洛余值）后，总产出增长的剩余部分全要素生产率包含了非常广泛的投入要素，包括一些技术因素以及非技术因素，例如社会文化和制度变迁。此后，许多学者对这一概念进行了持续关注和探讨。

全要素生产率的提高来源于多种因素共同作用，例如技术进步、技术效率的变化。其中，技术进步表征为随机前沿边界的上移，可以在不改变投入要素组合的情况下增加产出量。技术效率反映了到随机边界的距离，距离越短，效率越高。技术进步和技术效率都是推动全要素生产率增长的重要因素，它们共同决定了全要素生产率水平。技术进步水平的提高通常是来源于国家的技术创新，对经济增长具有长期和持续的影响。技术效率水平的提高通常取决于企业管理水平的提高和产业结构调整带来的规模经济效应。许多国内学者研究证明，技术进步在全要素生产率的增长中起着重要作用。可以看出，要确保全要素生产率的稳定增长、促进高质量的经济发展，关键在于保持技术进步水平的持续增长。

4.3.1.2　绿色全要素生产率理论

绿色全要素生产率并非简单将绿色和全要素生产率进行叠加，而是在考虑了传统全要素生产率的资源要素驱动以外，引入环境因素作为新的驱动要素，兼顾经济效益和环境效益提出来的，并考虑了生产过程中能源的投入和污染物排放的约束。绿色全要素生产率以传统全要素生产率为基础，符合绿色可持续发展理念，提高各区域的绿色全要素生产率水平有助于实现全国经济的高质量发展。对其进行的测算是在传统的全要素生产率测算的基础上，将资源消耗视为投入变量、产生的污染物视为非期望产出，纳入绿色全要素生产率核算系统中进行核算。在此条件下，绿色全要素生产率在一定程度上可以反映在资源和环境约束下的经济发展质量，其目标是协调生态与经济效益，进而实现长期可持续的经济发展。这主要表现为节能减排技术的革新以及通过对某些绿色生产技术的改进来促进清洁能源、可再生资源的广泛使用，提高环境和资源的利用效率，减少资源和环境生态的破坏和污染，其实质是整合环境和经济以实现长期可持续发展。

当前全要素生产率测算方法主要包括非前沿方法和前沿方法，具体如表4-1所示（全炯振，2009）。在实际计算中，全要素生产率使用的参数和非参数方法仅考虑了期望产出，并力求在投入要素一定的条件下，尽可能多地增加产出。由于实际生产中的产出包含非期望产出，因此计算目标是在有限的投入要素的情况下，尽可能提高期望产出、降低非期望产出。

表 4－1　　　　　　　　　　　绿色全要素生产率测算方法

非前沿方法（non-frontier approach）		前沿方法（frontier approach）	
非参数方法	参数方法	非参数方法	参数方法
不考虑技术非效率（technical inefficiency）的存在 在 CRS 假设下，TFP 变化＝技术变化		考虑技术非效率（technical inefficiency）的存在 在 CRS 假设下，TFP 变化＝技术变化×技术效率变化	
指数法 Törnqvist 指数等 增长核算方法	平均函数方法 函数估计：最小二乘法（OLS）	Malmquist 生产率指数法 DEA－Malmquist 指数法 SFA－Malmquist 指数法	前沿函数方法 确定性前沿函数方法（DFA） 随机前沿函数方法（SFA）

4.3.2　研究模型选择

4.3.2.1　SBM 模型

SBM 模型是基于松弛变量的非径向、非角度效率测度模型，综合考虑了投入、期望产出和非期望产出之间的关系，能较好地解决效率评价过程的松弛问题。本研究将污染物的排放作为新的投入变量纳入模型。

在 SBM 模型中，假设在 $t = 1, 2, 3, \cdots, T$ 时期内生产系统中有 K 个决策单元 DMU_K，$K = [1, 2, 3, \cdots]$，每个决策单元包含 M 种投入变量 $x = [x_1, x_2, \cdots, x_M] \in R_M^+$，$N$ 种期望产出 $y = [y_1, y_2, \cdots, y_N] \in R_N^+$，$Q$ 种非期望产出 $f = [f_1, f_2, \cdots, f_Q] \in R_Q^+$，且 $x > 0$，$y > 0$，$f > 0$，则决策单元的生产可能性集为：

$$P^t(x^t) = \left\{ (y^t, f^t) \,\middle|\, \sum_{k=1}^{K} \lambda_k^t y_{nk}^t \geqslant y_{nk}^t, \forall n; \sum_{k=1}^{K} \lambda_k^t f_{qk}^t, \forall q; \sum_{k=1}^{K} \lambda_k^t y_{mk}^t, \forall m; \lambda_k^t \geqslant 0 \right\}$$

$$(4-1)$$

其中，λ_k^t 为权重向量，该定义以规模报酬不变（CRS）为假设前提。同时，上述生产可能性集需要满足闭集、有界集、期望产出和投入的强可处置、零结合公理和产出弱可处置等条件。基于上述定义和假设，得到一个在 CRS 条件下的非径向、非角度的 SBM 方向性距离函数：

$$\rho^* = \min \frac{1 - \left[\frac{1}{M} \sum_{m=1}^{M} \frac{s_m^x}{x_m^k} \right]}{1 + \frac{1}{N+Q} \left[\sum_{n=1}^{N} \frac{s_n^y}{y_n^k} + \sum_{q=1}^{Q} \frac{s_q^f}{f_q^k} \right]} \qquad (4-2)$$

$$\mathrm{s.\,t.}\begin{cases} x_m^t = \sum_{k=1}^{K} \lambda_k^t x_{mk}^t + s_m^x, \ \forall\, m \\[2mm] y_n^t = \sum_{k=1}^{K} \lambda_k^t y_{nk}^t - s_n^y, \ \forall\, n \\[2mm] f_q^t = \sum_{k=1}^{K} \lambda_k^t f_{qk}^t + s_q^f, \ \forall\, q \\[2mm] s_m^x \geq 0,\ s_n^y \geq 0,\ s_q^f \geq 0,\ \lambda_k^t \geq 0 \end{cases}$$

其中，ρ^* 表示决策单元效率值，s_m^x 为投入的松弛变量，代表投入冗余量；s_n^y 为期望产出的松弛变量，表示期望产出生产不足量；s_q^f 为非期望产出的松弛变量，代表非期望产出冗余量。当决策单元 DMU_K 目标函数取最优值时，即 $\rho^* = 1$ 时，$s_m^x = s_n^y = s_q^f = 0$，此时决策单元位于效率边界上，处于有效状态；当 $0 < \rho^* < 1$ 时，此时决策单元未达到有效状态，存在效率损失，无效的决策单元可以通过消除投入和非期望产出冗余量或提高期望产出，以使得决策单元达到有效状态。

4.3.2.2　ML 指数模型

Malmquist 生产率指数（ML 指数）以 DEA 模型为基础，用于测算全要素生产率变化速率。结合上述 SBM 方向性距离函数，构建从时期 t 至 $t+1$ 期的 ML 指数，表达式为：

$$\begin{aligned} ML(x^{t+1}, y^{t+1}, f^{t+1}; x^t, y^t, f^t) &= \left[\frac{s^t(x^{t+1}, y^{t+1}, f^{t+1})}{s^t(x^t, y^t, f^t)} \times \frac{s^{t+1}(x^{t+1}, y^{t+1}, f^{t+1})}{s^{t+1}(x^t, y^t, f^t)} \right]^{\frac{1}{2}} \\ &= TEC(x^{t+1}, y^{t+1}, f^{t+1}; x^t, y^t, f^t) \\ &\quad \times EFF(x^{t+1}, y^{t+1}, f^{t+1}; x^t, y^t, f^t) \quad (4-3) \end{aligned}$$

其中，ML 指数代表绿色全要素生产率变化，反映技术进步和技术效率的变化，TEC 表示技术进步变化率，EFF 表示技术效率变化率。$S^t(x^t, y^t, f^t)$ 和 $S^{t+1}(x^{t+1}, y^{t+1}, f^{t+1})$ 分别表示 t 期和 $t+1$ 期方向性距离函数，$S^t(x^{t+1}, y^{t+1}, f^{t+1})$ 是指以 t 期的技术作为参照的 $t+1$ 期的混合距离函数，$S^{t+1}(x^t, y^t, f^t)$ 是指以 $t+1$ 期的技术作为参照的 t 期的混合距离函数。

对于每个决策单元，ML 指数 > (<)1，表示在 t 至 $t+1$ 期间的绿色全要素生产率增加（减少）；TEC > (<)1，表示在 t 至 $t+1$ 期间发生技术进步（倒退）；EFF > (<)1，表示在 t 至 $t+1$ 期间发生技术效率提升（下降）。技术进步主要由创新或者通过引进先进技术而产生的增长效应，使生产可能性边界发生外移。技术效率提升则是由于政策和制度改革，带来资源配置效率提升，进

而改善实际生产状况，引起初始生产状态朝着生产可能性边界的"最有效"状态移动。

4.3.3　指标体系构建

4.3.3.1　变量选取

（1）投入变量：人力投入、资本投入、能源投入。

一是人力投入，人力要素投入是推动工业发展的重要基础，选取数能够衡量成渝地区双城经济圈区域创新人员投入。本章通过借鉴当前大多数学者的处理方式，选取成渝地区双城经济圈内 16 个城市规模以上工业企业从业人员年平均人数（万人）作为人力投入衡量指标。

二是资本投入，工业固定资本投入量反映了工业生产直接或间接的资本投入。本章选取工业企业固定资产合计（万元）表示工业企业固定资产投入。

三是能源投入，工业生产所需能源资源能够直观地反映出能源利用情况以及对工业生产率的影响。基于数据可得性和完整性，本章选取单位地区生产总值能耗（吨/万元）作为能源消耗标准。

（2）期望产出：规模以上工业企业营业收入。本章选取成渝地区双城经济圈16 个城市规模以上工业企业营业收入作为期望产出。营业收入是企业现金流入量的重要组成部分，成渝地区双城经济圈内工业企业可以结合营业收入研究和了解市场需求变化，避免盲目生产，提高企业素质和企业竞争力。

（3）非期望产出：工业"三废"排放量。本章以成渝地区双城经济圈工业"三废"排放物作为非期望产出衡量指标，主要包含工业二氧化硫排放量、工业废水排放量、工业烟（粉）尘排放量三个指标。

4.3.3.2　数据来源

本章选取 2011～2019 年成渝地区双城经济圈 16 个城市工业绿色发展相关指标作为研究样本，根据研究的实际需要和模型的要求，从工业经济发展的投入变量、期望产出变量以及非期望产出变量三个方面来确定其数据的选取：将成渝地区双城经济圈内 16 个城市工业劳动力投入、能源消耗水平以及固定资产投入作为投入变量，将工业企业营业收入以及工业废物排放作为产出变量。对工业绿色全要素生产率研究所需数据主要来源于 2012～2020 年《中国城市统计年鉴》《四川统计年鉴》《重庆统计年鉴》，同时以 EPS 数据库作为补充数据库。由于部分地区统计数据尚未公布造成数据缺失，如资阳市 2016 年和

2017年工业废水排放量缺失，利用插值法对缺失数据进行补充。各变量描述性统计如表4-2所示。

表4-2 **16个城市投入、期望产出、非期望产出变量描述性统计**

城市	样本数	工业企业从业人员年平均人数（万人）				工业固定资产投入（亿元）			
		均值	标准差	最小值	最大值	均值	标准差	最小值	最大值
重庆	9	165.86	14.06	145.76	185.26	6 270.00	1 280.00	4 040.00	8 000.00
成都	9	97.85	7.97	87.20	111.04	3 280.00	991.77	2 200.00	5 720.00
自贡	9	12.22	2.51	8.16	14.70	253.13	51.78	159.00	344.46
泸州	9	12.37	0.83	11.16	13.52	389.90	113.46	246.00	636.90
德阳	9	23.69	1.57	20.92	25.74	613.45	39.12	544.10	647.85
绵阳	9	21.71	1.81	19.28	24.14	578.66	81.91	455.34	725.44
遂宁	9	10.85	0.75	9.81	12.10	372.71	89.33	241.35	527.12
内江	9	13.67	4.62	7.22	18.82	372.51	70.84	269.33	470.48
乐山	9	15.42	2.68	11.95	19.03	887.78	209.55	639.62	1 200.00
南充	9	20.10	0.99	18.47	21.19	395.33	194.46	283.58	908.61
眉山	9	11.99	1.48	9.59	13.63	658.66	139.12	439.09	926.51
宜宾	9	21.41	2.66	18.10	25.22	915.12	244.10	355.51	1 120.00
广安	9	9.70	1.38	8.14	12.60	331.54	137.77	200.98	669.21
达州	9	12.93	1.69	10.65	15.84	643.18	212.97	510.45	1 140.00
雅安	9	4.94	0.44	4.36	5.50	745.52	107.24	567.10	864.34
资阳	9	15.15	8.11	4.16	24.85	353.62	345.77	164.56	1 270.00

城市	样本数	单位地区生产总值能耗（吨/万元）				规模以上工业企业营业收入（亿元）			
		均值	标准差	最小值	最大值	均值	标准差	最小值	最大值
重庆	9	0.65	0.20	0.41	0.95	18 373.44	4 152.61	11 382.34	23 467.03
成都	9	0.67	0.06	0.59	0.77	10 901.89	1 931.85	7 214.33	13995.13
自贡	9	0.93	0.16	0.73	1.20	1 457.23	198.45	1 138.21	1 735.65
泸州	9	1.12	0.14	0.93	1.36	1 524.75	275.48	1 140.27	2 056.13
德阳	9	0.97	0.16	0.77	1.22	2 835.09	580.69	1 970.55	3 543.72
绵阳	9	1.04	0.19	0.83	1.34	2 317.05	452.64	1 705.12	3 015.57
遂宁	9	0.94	0.18	0.72	1.22	1 238.82	145.50	1 040.53	1 487.89

续表

城市	样本数	单位地区生产总值能耗（吨/万元）				规模以上工业企业营业收入（亿元）			
		均值	标准差	最小值	最大值	均值	标准差	最小值	最大值
内江	9	1.53	0.22	1.24	1.89	1 435.53	286.97	1 014.60	1 733.46
乐山	9	1.62	0.28	1.29	2.07	1 491.65	118.89	1 346.71	1 702.21
南充	9	0.91	0.12	0.74	1.10	2 135.77	522.63	1 331.08	2 942.87
眉山	9	1.26	0.25	0.97	1.64	1 220.76	234.75	833.87	1 537.57
宜宾	9	1.10	0.17	0.89	1.33	2 235.48	459.66	1 789.29	3 108.90
广安	9	1.66	0.24	1.39	2.06	1 346.22	303.99	886.50	1 758.57
达州	9	1.64	0.28	1.30	2.08	1 153.21	168.81	945.07	1 442.79
雅安	9	0.88	0.12	0.73	1.08	448.88	78.02	375.27	597.99
资阳	9	0.77	0.13	0.60	0.98	1 237.68	590.60	371.28	1 980.42

城市	样本数	工业二氧化硫排放量（万吨）				工业废水排放量（万吨）			
		均值	标准差	最小值	最大值	均值	标准差	最小值	最大值
重庆	9	33.31	18.57	11.51	53.13	28 554.67	6 486.46	19 304.00	35 524.00
成都	9	3.27	2.13	0.61	5.67	10 167.56	1 657.56	7 911.00	12 904.00
自贡	9	1.34	1.19	0.14	3.13	1 571.89	594.52	867.00	2 540.00
泸州	9	3.03	1.76	1.04	6.13	3 581.11	379.47	3 050.00	4 192.00
德阳	9	1.52	0.70	0.56	2.67	5 217.94	1 438.68	3 494.00	6 914.00
绵阳	9	2.26	1.50	0.46	3.82	4 696.44	2 912.27	1 428.00	9 625.00
遂宁	9	0.49	0.28	0.14	0.80	1 359.39	228.67	1 060.00	1 794.00
内江	9	6.81	2.80	3.32	10.33	2 249.78	892.68	948.00	3 146.00
乐山	9	3.94	1.37	1.66	5.67	4 565.67	419.65	3 947.00	5 333.00
南充	9	0.67	0.32	0.11	1.06	2 189.66	921.01	609.00	3 229.00
眉山	9	1.75	0.77	0.69	2.75	3 831.50	1 737.66	1 651.00	6 448.00
宜宾	9	7.34	4.60	1.30	13.82	9 470.67	5 394.50	5825.00	22 125.00
广安	9	3.81	2.47	0.46	6.79	1 534.22	748.41	786.00	3 368.00
达州	9	3.25	2.00	0.14	5.77	1 759.44	659.13	884.00	2 694.00
雅安	9	0.47	0.10	0.36	0.60	924.67	373.48	566.00	1 758.00
资阳	9	0.46	0.22	0.14	0.66	610.33	213.70	262.00	822.00

续表

城市	样本数	工业烟（粉）尘排放量（万吨）			
		均值	标准差	最小值	最大值
重庆	9	13.80	5.84	6.87	21.48
成都	9	1.72	0.71	0.85	2.56
自贡	9	0.47	0.30	0.13	1.00
泸州	9	0.75	0.27	0.53	1.39
德阳	9	1.23	0.47	0.59	1.98
绵阳	9	1.08	0.30	0.80	1.70
遂宁	9	0.24	0.13	0.07	0.44
内江	9	1.94	0.91	0.61	3.15
乐山	9	2.86	0.62	1.94	3.86
南充	9	1.17	1.13	0.18	3.47
眉山	9	1.40	0.69	0.63	2.61
宜宾	9	1.42	0.47	0.77	2.13
广安	9	1.32	0.63	0.45	2.15
达州	9	2.16	1.25	1.18	4.63
雅安	9	12.28	34.68	0.33	104.75
资阳	9	0.43	0.16	0.19	0.67

4.4 区域工业绿色发展水平测度及对比分析

4.4.1 时间异质性视角下对比分析

以 2011 年为基年，故 2011 年的各指数均为 1，再运用 MaxDEA pro 软件对 2012~2019 年成渝地区双城经济圈 16 个城市的全要素生产率（TFP）、绿色全要素生产率（GTFP）进行测算。在未考虑环境污染条件下，测算出成渝地区双城经济圈各城市全要素生产率（TFP）、技术效率变化指数（EC）、技术进步指数（TC）；在考虑环境污染条件下，测算出成渝地区双城经济圈各城市的绿色全要素生产率（GTFP）、绿色技术效率变化指数（GEC）、绿色技术进步指数（GTC）。测算结果如表 4-3 所示。

表4-3　　　　2011～2019年成渝地区双城经济圈各城市平均 TFP 与 GTFP 对比

年份	未考虑环境污染因素			考虑环境污染因素		
	TFP	EC	TC	GTFP	GEC	GTC
2011	1.0000	1.0000	1.0000	1.0000	1.0000	1.0000
2012	1.0036	0.9051	1.1204	1.0381	0.8633	1.2497
2013	1.1068	1.0325	1.0815	1.1547	1.1329	1.0669
2014	1.0697	1.0247	1.0501	1.0636	1.0288	1.0553
2015	1.0792	0.9846	1.0966	1.0685	1.0027	1.0866
2016	1.0744	0.9676	1.1152	1.1690	0.9518	1.2408
2017	1.0797	1.0025	1.0841	1.2300	1.1196	1.1343
2018	1.0387	0.9567	1.0936	1.1605	1.0445	1.1173
2019	1.0726	1.0347	1.0362	1.1286	1.0500	1.1564
均值	1.0656	0.9886	1.0847	1.1266	1.0242	1.1384

自 2011 年国家积极推动成渝地区一体化发展以来，成渝地区双城经济圈工业 GTFP 以及传统工业 TFP 的值均大于 1。此外，以 2011 年为基期，根据成渝地区双城经济圈 2011～2019 年 TFP 和 GTFP 演化趋势图可以看出，成渝地区 GTFP 总体上高于 TFP，仅 2014 年和 2015 年 TFP>GTFP，但差距不大。成渝地区双城经济圈绿色基础良好，为工业发展提供了基础条件，但从 GTFP 演化趋势看，近年来成渝地区双城经济圈 GTFP 呈下降趋势，TFP 则较为平稳，长期以传统工业发展为主也给成渝地区双城经济圈生态建设造成了压力，劳动、资本等传统投入要素对工业经济发展产生约束，工业发展产生的环境污染因素降低了成渝地区双城经济圈绿色全要素生产效率，区域环境承受能力正在逐渐被削弱，如图 4-1 所示。

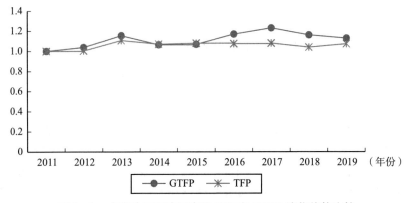

图4-1　成渝地区双城经济圈 TFP 和 GTFP 演化趋势比较

从 TFP 和 GTFP 分解项变化趋势看，如图 4 - 2 所示，EC 和 TC 波动幅度较 GEC 和 GTC 小，观测期内 TC 和 GTC 均大于 1，而在 2012 年和 2016 年，成渝地区 GEC 小于 1，表明过去成渝地区无论是区域经济发展还是工业绿色建设，技术效率都较差，且工业绿色生产能力相对不足，工业企业内部绿色生产机制尚未形成，工业发展受外部环境变化影响较大。

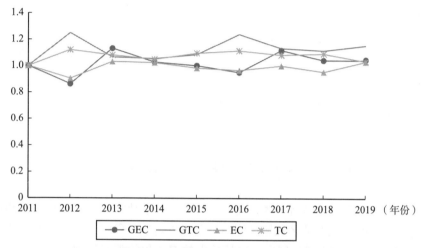

图 4 - 2　成渝地区双城经济圈技术效率和技术进步分解

2011 年 6 月，《成渝经济区区域规划》正式印发，该规划要求成渝地区积极推动经济发展方式转型、优化产业布局，由于传统工业前期快速发展，工业企业转型过程中未能充分利用多余生产要素，2012 年作为成渝地区齐力建设初期，无论是技术效率变化还是绿色技术效率变化均较差，区域发展过程存在较为显著的资源错配现象，投入与产出之间未能形成最优配置关系。

从长期来看，TFP 和 GTFP 分解项均表现出波动上升状态，2019 年成渝地区双城经济圈 TFP 和工业 GTFP 及其分解项均大于 1，表明随着成渝地区一体化建设持续推进，技术效率变化和技术进步显著提高，区块链、大数据等新兴技术与工业领域进行深度融合，为传统工业企业转型升级提供了新动能，缓解了生态恶化与工业经济发展之间的矛盾。

为深入探究成渝地区双城经济圈工业绿色发展水平，从成渝地区双城经济圈 GTFP 及其分解项整体发展情况看，如图 4 - 3 所示，在研究期间，GEC 呈现出"W"型波动上涨趋势，GTC 表现出"M"型波动上涨趋势，其中 GEC 和 GTFP 演化趋势表现出同步性，GTFP 相对于 GTC 演化具有滞后性。2011～2019 年间，成渝地区双城经济圈工业 GEC 在 1 附近波动，且逐步趋于平稳，发展前期，如

2011～2012年、2015～2016年GEC指数小于1，绿色技术效率较差。GTC在研究期内均大于1，且在1.2附近波动。

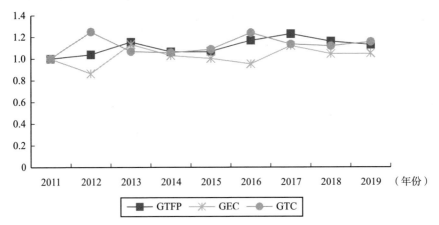

图4-3　成渝地区双城经济圈GTFP及其分解项演化趋势

可以看出，在成渝地区一体化建设过程中，绿色技术效率变化指数逐步由低向高转变，表明在成渝地区双城经济圈工业绿色转型过程中，绿色技术进步对成渝地区GTFP增长的贡献作用大于绿色技术效率变化的阻碍作用。近年来，成渝两地在以创新驱动发展战略背景下，工业企业研发投入及专利数量等科技创新成果数量持续增长，技术进步成果显著，然而科技成果市场转化率依然处于较低水平，工业绿色技术效率进步增长缓慢。

面临能源趋紧、资源减少，污染物治理复杂性增加，环境发展指标不断接近甚至超过生态承载能力等工业绿色发展现实问题，政府应逐步加大环境规制和生态治理力度，以制度约束工业企业污染物排除导致的生态恶化问题。同时，工业企业还需持续推进产业数字化、智能化转型，有条件的工业企业应积极推进绿色技术创新，加快技术成果市场转化，开发更清洁、更环保的新技术和新产品，切实推动绿色技术效率进步，保障成渝地区双城经济圈工业企业经济效益和经济建设的社会效益。加之近年来成渝地区双城经济圈紧扣"两个依托"，持续推进成渝地区各城市人才协同发展的总体布局，不断加强对人才的吸引力和教育资源投入，人才流动提升了区域创新活力，将更加有利于工业企业绿色技术不断进步。

4.4.2 城市异质性视角下对比分析

为进一步探究成渝地区双城经济圈内各城市工业绿色发展水平，本章计算出2011～2019年成渝地区双城经济圈16个城市全要素生产率和工业绿色全要素生产率均值及其分解项。

从各城市TFP看，成渝地区双城经济圈16个城市除资阳市（0.9205）以外，其余城市TFP均大于1；从GTFP看，也仅有资阳市（0.9618）GTFP小于1。其中，广安市TFP（1.1368）最高，宜宾市GTFP（1.2450）最高。成渝地区双城经济圈各城市经济发展主要依靠技术进步，技术效率变化对成渝地区各城市TFP和GTFP的贡献整体弱于技术进步，如表4-4和图4-4所示。

表4-4 成渝地区双城经济圈各城市TFP和GTFP均值

城市	未考虑环境污染因素			考虑环境污染因素		
	TFP	EC	TC	GTFP	GEC	GTC
重庆	1.0931	1.0000	1.0931	1.1659	1.0000	1.1659
成都	1.0377	0.9670	1.0714	1.1323	1.0000	1.1323
自贡	1.0598	0.9764	1.0931	1.1624	1.0000	1.1624
泸州	1.0586	0.9810	1.0903	1.0850	0.9906	1.1975
德阳	1.1001	1.0183	1.0912	1.1718	1.0608	1.1419
绵阳	1.0832	1.0096	1.0744	1.1687	1.1119	1.0747
遂宁	1.0276	0.9483	1.0939	1.1116	0.9610	1.1674
内江	1.0452	0.9635	1.0869	1.0626	0.9344	1.1977
乐山	1.0461	0.9725	1.0772	1.0548	0.9715	1.0884
南充	1.1156	1.0469	1.0919	1.1976	1.1386	1.1376
眉山	1.0796	1.0032	1.0801	1.1096	1.0226	1.0970
宜宾	1.1132	1.0383	1.0886	1.2296	1.1374	1.1017
广安	1.1368	1.0579	1.0848	1.2191	1.1325	1.1278
达州	1.0490	0.9722	1.0811	1.0892	1.0117	1.0869
雅安	1.0834	1.0045	1.0805	1.1039	1.0171	1.0906
资阳	0.9205	0.8573	1.0767	0.9618	0.8970	1.2450

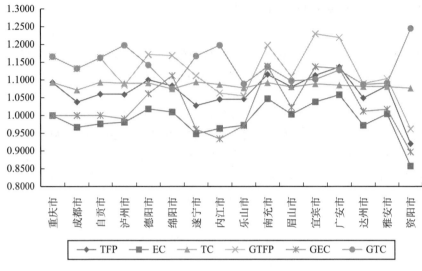

图 4 – 4　成渝地区双城经济圈各城市 ML 指数比较

重庆市和成都市作为成渝地区双城经济圈的两大中心城市，GTFP 均值分别为 1.1659、1.1323，平均年增长率分别为 16.59% 和 13.23%。成都市和重庆市绿色纯技术效率变化率均为 1，表示在目前的技术水平上，成都市和重庆市投入资源的使用具有一定效率，但资源利用率难以实现持续增加。泸州市、遂宁市、内江市、乐山市以及资阳市 GEC 均小于 1，绿色纯技术效率处于无效状态，其余城市工业 GEC 均表现为增加态势；区域内各城市 TC 和 GTC 均大于1，表明成渝地区双城经济圈建设确实推动了区域绿色技术创新，现有区域一体化建设规划和管理模式提升了区域技术进步，各城市一体化发展促进了资源要素流动和技术转移，在学习和共享过程中提升技术利用率，技术水平得到极大改善。

4.4.3　空间特征及空间关联性分析

为进一步明晰成渝地区双城经济圈各城市绿色发展是否存在关联效应，对成渝地区双城经济圈 2011～2019 年 TFP 和 GTFP 均值分为 5 个梯度，进行对比分析。

从 TFP 和 GTFP 空间分布格局可以看出，成渝地区双城经济圈 16 个城市 TFP 和 GTFP 发展水平具有显著非均衡性，其中，绵阳、德阳、南充、广安、重庆、宜宾 6 个城市的 TFP 与 GTFP 属于同一梯度水平，其余城市 TFP 与 GTFP 差距较大。区域内部分城市资源利用率水平低下，传统工业企业转型存在阻碍因素，难以实现要素最优配置。例如，达州、资阳等传统工业强市，工业发展造成生态环境与经济建设之间的矛盾突出，绿色技术创新相对落后，工业绿色全要素生产率优势并不显著。

在空间关联性分析中，主要分析成渝地区双城经济圈内 16 个城市 GTFP 的空间联动关系，综合考虑市域之间的地理距离，利用引力模型对市域之间 GTFP 关联效应展开分析。引力模型公式如下：

$$R_{i,j} = k \frac{g_i \times g_j}{d_{ij}^2} \qquad (4-4)$$

其中，$R_{i,j}$ 是 i 市 GTFP 对 j 市 GTFP 的关联强度；g_i、g_j 分别为两市的 GTFP；d_{ij} 为两市域区域之间的地理距离；k 为 GTFP 引力系数，通常 k 取 1。

利用 ArcGIS 绘制成渝地区双城经济圈 GTFP 空间联动网络结构图，分别从研究期内的初期（2012 年）、中期（2015 年）以及中长期（2019 年）对成渝地区双城经济圈 16 个城市 GTFP 空间联动效应演化情况展开分析，如图 4-5、图 4-6、图 4-7 所示。图中网络线条颜色深浅代表各市之间 GTFP 空间联动性的强弱程度。从成渝地区双城经济圈三年 GTFP 空间联动网络演化情况看，16 个城市 GT-FP 空间联动关系呈现出明晰的层次性，工业绿色发展水平空间联动性不断增加，区域内各城市工业绿色发展关联性不断增强。

2012 年，成渝地区双城经济圈内整体 GTFP 空间联动效应显著，形成以资阳为中心向周边地区辐射的空间联动网络结构。从 2012 年资阳市 GTFP 与各城市形成的空间网络看，资阳市与周边地区形成的多元强联系组对包括，"资阳-雅安""资阳-成都""资阳-德阳""资阳-绵阳""资阳-南充""资阳-达州""资阳-重庆""资阳-遂宁""资阳-广安""资阳-乐山""资阳-自贡"在内的 11 个组对，与外围城市关联度较强。从空间关联网络结构局部看，形成了"成都-资阳-重庆"以及"南充-资阳-重庆"两大三角 GTFP 强关联空间网络结构。成渝地区双城经济圈建设初期，各地区要素禀赋和技术基础差异显著，工业 GTFP 差距较大，资阳市作为成渝地区双城经济圈的中心城市，地处成都市和重庆市两大中心城市交界处，逐渐成为连接各地区工业发展的关键节点，在成渝地区双城经济圈建设过程中不断发挥"纽带"作用，如图 4-5 所示。

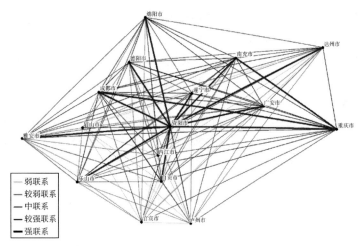

图 4 - 5　2012 年 GTFP 空间联动网络结构

2015 年，成渝地区双城经济圈内各城市 GTFP 空间关联性由 2012 年的单一地区为联动中心逐渐朝着多元三角空间网络演化，区域整体 GTFP 空间联动效应日趋复杂，空间网络特征逐渐呈现有序性。2015 年，主要形成以两大工业城市：达州和自贡为中心的空间联动网络，包括"眉山 - 达州 - 自贡""成都 - 达州 - 自贡""绵阳 - 达州 - 自贡"三角空间联动网络结构，此外，还形成了"自贡 - 南充 - 广安""绵阳 - 内江 - 达州""眉山 - 自贡 - 广安"等三角空间联动网络。随着成渝地区双城经济圈各城市资源协调和产业调整，要素和知识流转促进了各城市的互动，区域内各城市工业 GTFP 空间联动性持续增强，如图 4 - 6 所示。

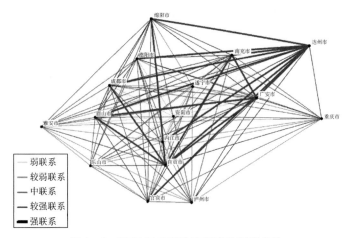

图 4 - 6　2015 年 GTFP 空间联动网络结构

2019 年，成渝地区协同建设时间已长达 9 年，区域内各城市 GTFP 空间关联网络中强关联区域点对分布较多，大部分城市之间 GTFP 形成强联系关系，区域整体 GTFP 空间联动效应处于强联系水平。形成了以宜宾市为中心的空间联动网络结构，将成渝地区双城经济圈各城市联系起来。从空间网络局部看，以宜宾为中心的空间联动网络结构中，形成"宜宾 – 雅安""宜宾 – 成都""宜宾 – 德阳""宜宾 – 绵阳""宜宾 – 内江""宜宾 – 自贡""宜宾 – 乐山""宜宾 – 眉山""宜宾 – 广安""宜宾 – 南充""宜宾 – 达州""宜宾 – 重庆""宜宾 – 泸州" 13 个 GTFP 强联系组对。近年来，宜宾市加快建设社会主义现代化的国家区域中心城市，工业转型发展脚步较快，以宁德时代为代表的动力电池和储能系统研发先进制造业带动宜宾市绿色发展，抢抓清洁能源产业发展"风口期"，大力推进清洁能源产业发展，多赛道布局燃料电池等清洁能源应用产业。宜宾市三江新区积极推进产学研深度融合发展，多所高校在宜宾市建设校区，推进大学城和科创城，加速了人才流动和知识交流。在各类要素加速流动中，技术不断进步，宜宾市全面提升了工业绿色全要素生产率，并持续增强与成渝地区双城经济圈内其他城市关联性，为打造成渝地区双城经济圈副中心奠定了坚实基础。从联系组对空间分布特征看，以宜宾为中心的空间联动网络主要与成渝地区双城经济圈外围城市产生跨域的强联系，有效改善了成渝地区工业 GTFP 发展不均衡现象，如图 4 – 7 所示。

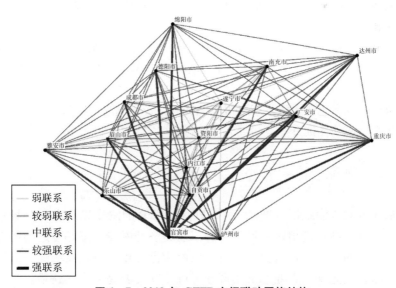

图 4 – 7　2019 年 GTFP 空间联动网络结构

4.5　结论及建议

4.5.1　研究结论

本章运用了基于 SBM – GML 指数对成渝地区双城经济圈 16 个城市 2011～2019 年的 TFP 和 GTFP 进行测算和分析，从多视角对传统全要素生产率和工业绿色全要素生产率空间布局及空间关联性进行分析。研究结果表明：

（1）从全域视角看，2011～2019 年，成渝地区双城经济圈 TFP 与 GTFP 存在同步性，工业建设污染物排放对区域绿色全要素生产率增长具有一定影响。在分解项中，GTC 与 GTFP 变动趋势一致，成渝地区双城经济圈各城市经济发展主要依靠技术进步，技术效率变化对区域内各城市 TFP 和 GTFP 的贡献整体弱于技术进步；从城市个体看，除资阳市 GTFP 均值小于 1 以外，成渝地区双城经济圈其他城市 GTFP 均值都大于 1，其中，宜宾市 GTFP 均值最高。

（2）在空间布局分析中，成渝地区双城经济圈各城市 TFP 和 GTPF 发展非均衡性显著，各城市 TFP 与 GTFP 差异较大；在空间关联性分析中，成渝地区双城经济圈空间关联网络逐渐由"弱关联—强关联"演化，且形成了以多元主体为中心的空间联动网络结构。

基于上述分析，成渝地区双城经济圈还需充分关注各城市之间的空间关联效应，强化城市主体工业发展联动性。在未来长期发展中，成渝地区双城经济圈各城市和工业企业主体还需积极寻求合理高效的空间网络布局，通过要素流动不断提高区域内工业绿色全要素生产率市域关联性，带动成渝地区双城经济圈区域绿色全要素生产率整体提升。

4.5.2　对策建议

本章通过对成渝地区双城经济圈 TFP 和 GTFP 的测度以及空间分异情况进行探究，旨在寻找成渝地区双城经济圈工业经济发展与生态环境之间的关系及作用效果，并对其原因进行深入分析，以此为提高成渝地区双城经济圈绿色全要素生产率，促进地区工业经济实现绿色可持续发展提供优化路径。基于研究结论，从创新能力、产业调整、环境制度等角度提出促进工业绿色发展的相关政策建议。

（1）提高自主创新能力，推广绿色技术应用。就成渝地区双城经济圈工业GTFP 的分解项来看，绿色技术进步是推动地区工业 GTFP 增长的主要动力源，绿色技术效率指标贡献相对较小。地区工业发展应加大工业技术研发投入，提高发明专利、创新技术等科技成果的市场转化率。一方面提升工业领域自主创新能力。增强地区自身对高新技术人才的吸引力，引进更多高层次创新人才，完善人才待遇、落户等相关政策。打造良好的创新生态环境，建立创新激励机制，提供多元融资渠道，提供税收优惠政策等，提升地区工业创新能力。另一方面加强技术推广应用，提升科技成果转化率。加快创新知识和技术扩散是一个动态过程，需要产学研多方协调。知识创造和技术创新主要源于高校和科研机构，而二者对于市场需求反应与企业相比较弱，由此可能导致创新成果与市场需求错位，造成科研成果转化率低，因此应深化科技体制改革，加快"产学研"协作，将科研机构与高校的研发优势与企业需求相匹配。尤其是成都、重庆，作为成渝地区双城经济圈的中心城市，拥有丰富的人力资本和科研资源，在科研项目选择时应同时注重市场需求以及生态保护的需要。

（2）促进产业结构升级，推动工业绿色转型。作为国家大力培育的"第四增长极"，成渝地区双城经济圈相对于长三角经济圈、珠三角经济圈和环渤海经济圈而言，当前发展水平相对落后。为提高地区工业绿色发展水平，应加快产业结构调整，淘汰低产值、低附加值、高能耗的传统产业，适当借鉴其他经济圈的工业发展模式，结合自身特征和区位优势进行产业结构优化升级。对于不同工业企业制定个性化发展路径，从提高技术进步和技术效率等方面来实现污染密集型和劳动密集型行业的绿色发展目标，鼓励行业技术自主创新、管理制度创新，同时需要政府主动作为，严格行业监管，制定严格的环境标准，对严重污染且不予整改的企业进行处罚或依法逐步取缔关停。制度规范手段和倡导行业自律相结合，促使工业企业合理高效利用能源资源，逐步破除不良发展模式，实现工业发展绿色可持续。

（3）完善环境规制政策，营造绿色创新氛围。成渝地区双城经济圈可以通过建立并完善环境规制政策，优化政策发力点，通过因地施策和差异化管控不同行业领域的环境规制政策等方式，促进成渝地区双城经济圈绿色全要素生产率提升，为成渝地区双城经济圈工业的绿色转型提供制度支撑。政府可通过适当加强环境规制倒逼高污染、低产出的工业企业进行转型或退出，同时倡导工业企业使用新能源、环保型材料，给予相关企业在资金、税收等方面政策优惠，以提供补贴、资金扶持等方式鼓励企业绿色创新。由于不同行业产生的污染排放物存在差异性，因而对重度污染、轻度污染等产业评定标准，应以更科学、精准的方式进行界定。对污染改善的企业予以政策和资金激励，对于污染严重的企业予以严格规制和监控，激励与严控并行，确保环境规制长远落地，促进地区工业绿色发展。

本 章 小 结

本章选取成渝地区双城经济圈工业企业数据，运用 SBM – GML 模型，将工业生产中的能源投入和污染物排放变量纳入指标体系，对 16 个城市工业绿色全要素生产率及其分解项进行测算，并讨论区域建设不同时期 GTFP 的空间分布格局及空间联动网络演化。研究发现：

（1）成渝地区双城经济圈全要素生产率和工业绿色全要素生产率具有同频关系，工业发展过程污染物排放对区域绿色全要素生产率增长具有一定影响。从绿色全要素生产率分项看，技术进步与 GTFP 变动趋势一致，技术进步对成渝地区双城经济圈经济发展做出了主要贡献。

（2）在空间布局分析中，成渝地区双城经济圈各城市 TFP 和 GTPF 发展非均衡性显著。

（3）在空间关联性分析中，成渝地区双城经济圈空间关联网络关联性持续增强，并形成了以宜宾、泸州等城市为中心的多元中心空间联动网络结构。

当前成渝地区双城经济圈对现有资源、工业技术的利用效率以及对工业产生的环境污染的治理水平较低，基于此，本章提出从加强工业自主创新能力，加快绿色技术应用推广；优化产业结构，推动工业企业绿色转型发展；优化调整环境规制政策等方面入手采取措施，促进地区工业的绿色发展。由于数据来源的局限性，部分城市相关统计数据存在缺失，较难获取，存在一定系统误差，无法完整展示成渝地区双城经济圈的 GTFP 变动历程，在反映工业生产对环境带来的影响上可能不够全面有效。今后可拓宽数据收集渠道和优化数据处理方式，对相关统计数据进行完善，使研究分析能更准确。

参 考 文 献

［1］陈黎明，王俊昊，赵婉茹，等. 中国区域绿色全要素生产率的影响因素及其空间特征［J］. 财经理论与实践，2020，41（4）：122 – 132.

［2］陈宇峰，缪嘉峰，屈放. 中国农业绿色全要素生产率研究：2000—2017［J］. 浙江树人大学学报（人文社会科学），2021，21（1）：76 – 86.

［3］耿刘利，王琦，黎娜，等. 高质量发展背景下安徽省工业绿色全要素生

产率评价研究——基于 SBM 超效率模型与 Malmquist - Luenberger 指数 [J]. 滁州学院学报, 2020, 22 (5): 58 - 65.

[4] 苟富华, 周敏. 广东省工业绿色发展效率测度与评价 [J]. 新经济导刊, 2020 (4): 36 - 43.

[5] 林新文, 章雅婕. 中国工业绿色全要素生产率的空间差异——基于超效率 DEA 视窗模型的分析 [J]. 商业经济, 2019 (9): 65 - 66.

[6] 刘淑茹, 贾箫扬, 党继强. 中国工业绿色全要素生产率测度及影响因素研究 [J]. 生态经济, 2020, 36 (11): 46 - 53.

[7] 刘习平, 金心悦. 物流业绿色全要素生产率测度及其影响因素分析——基于湖北省的实证研究 [J]. 湖北经济学院学报, 2021, 19 (1): 104 - 112, 127.

[8] 卢福财, 刘林英, 徐远彬. 互联网发展对工业绿色全要素生产率的影响研究 [J]. 江西社会科学, 2021, 41 (1): 39 - 50, 254 - 255.

[9] 全炯振. 中国农业全要素生产率增长的实证分析: 1978 ~ 2007 年——基于随机前沿分析 (SFA) 方法 [J]. 中国农村经济, 2009 (9): 36 - 47.

[10] 孙燕铭, 孙晓琦. 长三角城市群工业绿色全要素生产率的测度及空间分异研究 [J]. 江淮论坛, 2018 (6): 60 - 67.

[11] 滕泽伟. 中国服务业绿色全要素生产率的空间分异及驱动因素研究 [J]. 数量经济技术经济研究, 2020, 37 (11): 23 - 41.

[12] 田丰, 梁江艳. 基于 Malmquist - Luenberger 指数西北五省绿色全要素生产率测算的研究 [J]. 上海节能, 2020 (7): 640 - 648.

[13] 余华银, 江艳婷. 区域生态效率测度及其空间分异特征——基于 PCA 的三阶段 DEA 模型 [J]. 渤海大学学报 (哲学社会科学版), 2020, 42 (6): 92 - 97, 103.

[14] 张涵, 张宇涵. 工业三废约束下制造业绿色全要素生产率研究 [J]. 中国经贸导刊 (中), 2019 (8): 32 - 34.

[15] Albrizio Silvia, Kozluk Tomasz, Zipperer Vera. Environmental policies and productivity growth: Evidence across industries and firms [J]. Journal of Environmental Economics and Management, 2017 (81): 209 - 226.

[16] Banker R D, Charnes A, Cooper W W. Some Models for Estimating Technical and Scale Inefficiencies in Data Envelopment Analysis [J]. Management Science, 1984, 30 (9): 1078 - 1092.

[17] Charnes A, Cooper W W, Rhodes E. Measuring the efficiency of decision making units [J]. North - Holland, 1978, 2 (6): 429 - 442.

［18］ Chung Yangho, Fare Rolf, Grosskopf Shawna. Productivity and Undesirable Outputs: A Directional Distance Function Approach ［J］. Journal of Environmental Management, 1997, 51 (3): 229 – 240.

［19］ Dennis Aigner, C. A. Knox Lovell, Peter Schmidt. Formulation and estimation of stochastic frontier production function models ［J］. North – Holland, 1977, 6 (1): 21 – 37.

［20］ Kaoru Tone. A slacks-based measure of efficiency in data envelopment analysis ［J］. European Journal of Operational Research, 2001, 130 (3): 498 – 509.

［21］ Peng Yuanxin, Chen Zhou, Xu Juanzhi, Lee Jay. Analysis of green total factor productivity trend and its determinants for the countries along silk roads ［J］. Growth and Change, 2020, 51 (4): 1711 – 1726.

［22］ Rusiawan Wawan, Tjiptoherijanto Prijono, Suganda Emirhadi, Darmajanti Linda. Assessment of Green Total Factor Productivity Impact on Sustainable Indonesia Productivity Growth ［J］. Procedia Environmental Sciences, 2015 (28): 493 – 501.

［23］ Meiling Wang, Silu Pang, Ikram Hmani, Hmani Ilham, Li Cunfang, He Zhengxia. Towards sustainable development: How does technological innovation drive the increase in green total factor productivity? ［J］. Sustainable Development, 2020, 29 (1): 217 – 227.

［24］ Fangming Xie, Bing Zhang, Ning Wang. Non-linear relationship between energy consumption transition and green total factor productivity: A perspective on different technology paths ［J］. Sustainable Production and Consumption, 2021 (28): 91 – 104.

［25］ Yanhua Guo, Lianjun Tong, Lin Mei. The effect of industrial agglomeration on green development efficiency in Northeast China since the revitalization ［J］. Journal of Cleaner Production, 2020, 258 (120584): 1 – 13.

第三篇

成渝地区双城经济圈区域创新发展

第 5 章

成渝地区双城经济圈区域创新
发展水平测度研究

5.1 引 言

2006 年，"十一五"规划就首次明确提出将城市群作为推进我国城镇化建设的主体形态。"十四五"规划强调，建立健全城市群一体化协调发展机制、以中心城市和城市群等经济发展优势区域为重点，提升我国经济发展整体效率[①]。城市群质量决定区域创新效率，城市群质量的内涵包括合理的资源配置体系、人才结构，良好的创新政策环境等。加强城市群一体化建设，有利于增强技术溢出效应，基于前后关联效应，区域内企业对创新产业链进行整合以提高区域创新效率。党的十八大以来，以习近平同志为核心的党中央高瞻远瞩、审时度势地提出了京津冀协同发展、粤港澳大湾区建设、长三角一体化发展、成渝地区双城经济圈建设等系列区域发展战略。持续深入推进西部大开发、东北全面振兴、中部地区崛起、东部率先发展，使得我国各区域经济结构持续优化，区域协同创新发展成效显著。

据《中国区域创新能力评价报告 2021》，当前我国已基本形成以多中心城市为主的多创新集聚区的区域创新体系，包括以北京为中心的京津冀创新集聚区、以上海为中心的长三角创新集聚区、以广东为中心的珠三角创新集聚区，以及以成都、重庆、武汉、西安为中心的区域性创新集聚区。可以看出，京津冀、长三角、珠三角三大城市群已形成相对稳固的区域创新集聚区，成渝地区创新集聚区建设相对滞后，创新资源和产业发展要素集聚效应尚未得到凸显，内陆地区要素分配较为分散、资源配置效率不高。加快成渝地区双城经济圈形成具有川渝特色

---

① 杨森. 在新发展格局中加快城市群建设 [N]. 经济日报, 2021 - 10 - 09.

的创新集聚区，当前还需要依赖东部地区的溢出效应，促进东向西向市场一体化，使东部沿海城市产业西移，通过对要素进行空间配置，在加速东西部技术交流的同时，促进东西部产业融合，成渝地区双城经济圈充分发挥比较优势，以城市群建设带来的纽带效应切实增强成渝地区双城经济圈创新能力。

城市群可持续发展离不开科技创新，科技创新活动质量与发展速度影响城市群的经济规模及发展进程。由表 5-1 可知，截至 2020 年底，四大国家级城市群发展不均衡，其中，长三角经济圈综合经济竞争力和创新发展指数居前，京津冀地区科技研发人员投入领先，粤港澳大湾区城市建设一马当先，成渝地区双城经济圈无论是城镇化率、经济规模，还是创新能力均排名靠后。由于区域科技研发与创新能力是占领经济市场的决定性因素，在此背景下，探讨四大国家级城市群研发效率差异及影响因素，对于整合与规划区域科技资源、激发经济圈经济活力、占领我国科技创新制高点具有重要意义。

表 5-1   四大国家级城市群比较

一级指标	二级指标	京津冀经济圈	长三角经济圈	粤港澳大湾区	成渝地区双城经济圈
城市规模	土地面积（万平方公里）	21.5	35.8	5.6	18.5
	城镇化率	66.7	68.6	85.3	53.8
经济规模	GDP（万亿元）	8.6	24.4	11.5	6.3
	经济密度（亿元/平方米）	0.40	0.68	2.00	0.33
	综合经济竞争力	0.348	0.53	0.439	0.299
创新能力	科技研发人员数（万人）	102.14	93.18	51.80	33.40
	R&D内部经费支出（亿元）	602.7	1573	823.4	235.4
	创新发展指数	0.7637	0.8583	0.8004	0.4516

资料来源：2020 年国家及地方统计局，四大城市群的发展规划纲要。

5.2   区域创新发展研究回顾

5.2.1   创新效率评价研究

近年来，关于利用区域科技研发推动经济增长与产业升级已在学术界形成共识，区域研发效率也逐渐成为学者们研究的热点，并产出了很多成果。目前学术界针对研发效率测度的研究主要从以下 3 个方面展开。

（1）研发效率评价方法。当前的主流研究方法是以 SFA 为代表的参数法与以 DEA 为代表的非参数法。如官建成和陈凯华（Guan and Chen，2010）、克鲁兹·卡萨雷斯等（Cruz-Cázares et al.，2013）为了解决研发绩效测算过程中研究结果的不确定性问题，利用 DEA – GMM 模型测算了西班牙高技术制造业的技术研发效率；程慧平等（2015）、刘俊等（2017）基于 SFA 分析方法对我国主要省份的研发创新与转化效率进行了实证研究；樊华等（2012）、乔元波（2017）采用 DEA 以及改进的三阶段网络 DEA 方法对我国区域创新效率进行了测度分析。

（2）从产业层面分析科技研发效率问题，从经济社会环境、国家创新体系差异等外部角度探讨研发活动的影响因素。如库姆哈尔等（Kumbhakar et al.，2012）选取 11 个欧洲经济体中的 18 个高技术行业进行科研生产效率测算，研究发现，各国知识生产能力和创新体系都存在系统性差异，是影响科研生产率的根本因素。李兰冰等（Li et al.，2017）构建了一个基于共同边界分析与截断回归的动态 DEA 模型，测算科技人才对高新技术产业研发效率的影响程度。

（3）区域层面的科技研发效率研究主要集中在省级、国家、经济联盟 3 个层面。如朱天星等（2017）运用 DEA 与累计 TFP 指数研究亚洲"一带一路"国家研发效率，发现技术进步率是促进研发效率提升的关键，而国家经济发展与研发效率之间呈"U"型关系。张立杰等（2019）基于价值链视角，研究丝绸之路经济带沿线省、市高技术产业研发创新绩效，结果表明，沿线城市研发创新效率差距正逐步缩小，区域协同发展使高技术产业发展态势向好。叶堂林等（2021）基于超效率 BCC 模型，对 2010~2018 年我国东部三大城市群各城市及城市群整体创新效率进行测度，并利用变异系数考察城市群内部创新效率差距，证明了我国东部三大城市群创新效率影响因素具有地域差异。

5.2.2 区域发展特征研究

当前关于城市群的研究成果较丰富，但侧重点不同，主要聚焦于城市群发展差异、城市群内部产业布局、城市韧性等。

（1）区域发展差异。区域经济发展差距持续扩大已逐渐成为影响我国经济长期发展的一个重要因素，城市群作为区域发展的主体，解决区域发展存在的非均衡问题，是当前我国经济建设面临的重要挑战（田凤平等，2021）。米锦欣（2017）从全球城市群视角分析我国三大城市群，即长三角、京津冀、珠三角特征，从发展模式、空间规划、分散化管理等方面评估我国城市群与世界超级城市群的差距，并据此提出对策建议；杨智雄等（2020）研究发现，各城市群之间呈现显著的梯次分布格局，沿海城市整体发展水平超前且较为均衡，长江中游、成渝地区双城经济圈表现出典型的混合特征，区域内部发展不均衡，而关中平原、哈长城市群表现出明显的滞后性，科技研发能力不足，经济发展水平也较低。

（2）区域产业布局。改革开放以后，我国的区域发展战略主要为基于梯度推移理论的不平衡发展战略，东南沿海地区成为我国经济发展主阵地，随着经济发展进入新阶段，区域经济建设面临的内外部环境出现了多方位变化，产业布局表现出分散化趋势（龚晓菊和赵云平，2013）。王青等（2020）选取长三角城市群作为研究对象，利用宏观计量模型测算产业分工对经济发展的影响程度，研究表明，人才供给、政府规模对经济高质量发展均具有正向促进作用，推进城市群产业分工能够最大限度地协调与发挥各级城市功能；温晓慧等（2018）采用耦合协调理论模型，评价我国三大沿海城市群的区域创新能力，结果发现，各城市群科研创新能力差异显著，作为产业分工和协调系统最完善的珠三角城市群，其创新能力最强，其次是长三角城市群，环渤海城市群最弱。

（3）区域发展韧性。韧性城市是基于韧性理论，具有前瞻性和系统性思维的城市规划理念，其目标是实现城市发展的可持续性（Stephen and Marcus，2012）。城市韧性为解决城市发展面临的困境和风险提供了一种新思路，能够有效弥补传统上以防御手段为主的风险管理模式的局限，韧性城市已成为当前城市建设与区域风险治理的研究热点（郑艳等，2018；张悦倩等，2022）。张明斗等（2019）基于协调度模型与层次分析法，测算2007～2016年长三角城市群16个城市的城市韧性和经济发展水平，结果表明，各城市的城市韧性呈波动上升趋势，但内部存在显著的地带性差异，表现为"东强西弱"的发展格局；朱金鹤等（2020）运用熵值法和ESDA剖析三大城市群的城市韧性时空演变规律，发现城市韧性从高到低，依次排序为长三角城市群＞京津冀城市群＞珠三角城市群，财政、技术、金融规模对城市群城市韧性空间溢出的差异化影响显著。

5.2.3 文献述评

通过文献梳理发现，国内外学者针对区域研发效率的研究存在有待完善的地方。第一，现有研究大多以国家、省域或高技术产业数据分析为主，缺少基于城市群维度的研发效率探讨；第二，现有研究普遍采用数据包络分析法，仅停留在研发效率的静态分析层面上，缺乏动态分析分解后的城市群研发动态效率研究，从而无法科学地反映研发投入强度以及研发产出贡献差异。

基于此，本章研究将从两个方面进行完善：第一，拓展区域研发效率研究视野，选取四大国家级城市群，包含 65 个地级以上城市作为研究对象，全面探究城市群所含城市的科技研发现状，系统分析投入与产出问题，因地制宜提出相应策略。尤其通过与京津冀、长三角、粤港澳大湾区比较，总结过去城市群建设经验，为成渝地区双城经济圈作为后发者，实现区域经济建设和技术创新追赶寻找可持续发展路径。这对于缩小我国四大城市群以及城市群内部区域科技研发差距、解决区域发展不平衡等问题具有重要参考意义。第二，突破传统科技研发效率测算的单一逻辑思路，从动静态两种视角切入，选取超效率 DEA 模型与 Malmquist 指数法进行实证研究，从单一研发生产过程升级到跨期多维度生产过程，基于以往研究缺陷分析影响区域研发效率的关键因素，全面量化区域研发效率水平与影响因素。

5.3　研　究　设　计

选取京津冀、长三角、粤港澳大湾区、成渝地区双城经济圈四大国家级城市群作为研究对象，基于超效率 DEA 模型与 Malmquist 指数法，对 2017～2020 年各城市群科技研发效率进行测算与对比分析。

5.3.1　研究方法选择

5.3.1.1　超效率 DEA 模型

DEA 模型是一种应用线性规划理论测算投入产出比的模型。模型中含有 α 种输入指标、β 种输出指标，η 个决策单位（DMU），第 ε 个 DMU 的输入和输出变量分别为：$x_\varepsilon = (x_{1\varepsilon}, x_{2\varepsilon}, \cdots, x_{\alpha\varepsilon})T > 0$，$y_\varepsilon = (y_{1\varepsilon}, y_{2\varepsilon}, \cdots, y_{\beta\varepsilon})T > 0$。该模型基于规模报酬不变或可变原则，以投入或产出为导向，分为 4 个模型，即 CCR－I、CCR－O、BCC－I、BCC－O。在实证分析中，使用基础 DEA 进行效率测算时会出现多个 DMU 生产效率都为 1（即同时有效）的现象，此时无法对这样的 DMU 作进一步排序。1993 年，皮尔·安德森和尼尔斯·克里斯蒂娜·彼得森（Per Andersen and Niels Christian Petersen，1993）针对此现象，对 DEA 模型进行了完善与延伸，建立了超效率 DEA 模型，如式（5－1）所示。

$$
\begin{cases}
\min\left[\theta - \partial\left(\sum_{\varepsilon=1}^{\alpha} s_{\varepsilon}^{-} + \sum_{\varepsilon=1}^{\beta} s_{\varepsilon}^{+}\right)\right] \\[2mm]
\text{s. t. } \sum_{\varepsilon=1}^{\eta} x_{\varepsilon}\lambda_j + s_{\varepsilon}^{-} = \theta x_0 \\[2mm]
\sum_{\varepsilon=1}^{\eta} y_{\varepsilon}\lambda_j - s_{\varepsilon}^{+} = y_0
\end{cases}
\tag{5-1}
$$

改进后的超效率 DEA 模型去掉了约束项中的输入项和输出项。进行测算时，无效的 DMU 生产前沿面保持不变，而有效的 DMU 生产前沿面后移，从而能够比较 DMU 效率。

5.3.1.2 Malmquist 指数方法

基础与超效率 DEA 模型均是一种静态分析模型，能够独立分析每年的 DMU 技术效率、规模效率、纯技术效率，但无法识别 DMU 的跨期动态效率变化，且无法进一步分析引起效率变化的原因。因此，本章在超效率 DEA 的基础上，应用基于全域技术集的 Global Malmquist 生产率指数测算全要素生产率（TFP）变化，构造产出导向的产量距离函数，将其表示为：

$$
TFP = Techch \times Effch = Techch \times Pech \times Sech
\tag{5-2}
$$

技术进步（Techch）反映了生产前沿面从 t 时期到 $t+1$ 时期的移动，技术效率（Effch）表示某 DMU 从 t 时期到 $t+1$ 时期对生产可能性边界的追赶速度，它还可以分解为纯技术效率（Pech）和规模效率（Sech）之积。模型构建如下：

$$
M_0(\alpha_t, \beta_t, \alpha_{t+1}, \beta_{t+1}) = \frac{D_0^{t+1}(\alpha_{t+1}, \beta_{t+1})}{D_0^{t}(\alpha_t, \beta_t)}\left[\frac{D_0^{t}(\alpha_{t+1}, \beta_{t+1})}{D_0^{t+1}(\alpha_{t+1}, \beta_{t+1})} \times \frac{D_0^{t}(\alpha_t, \beta_t)}{D_0^{t+1}(\alpha_t, \beta_t)}\right]^{\frac{1}{2}}
\tag{5-3}
$$

基于式（5-3）的进一步分解，得到 Global Malmquist 生产率指数：

$$
M_0(\alpha_t, \beta_t, \alpha_{t+1}, \beta_{t+1}) = \frac{S_0^{t+1}(\alpha_t, \beta_t)}{S_0^{t}(\alpha_{t+1}, \beta_{t+1})} \times \frac{D_0^{t}(\alpha_{t+1}, \beta_{t+1}/CRS)}{D_0^{t+1}(\alpha_t, \beta_t/CRS)}\left[\frac{D_0^{t}(\alpha_{t+1}, \beta_{t+1})}{D_0^{t}(\alpha_t, \beta_t)}\right.
$$
$$
\left. \times \frac{D_0^{t+1}(\alpha_{t+1}, \beta_{t+1})}{D_0^{t+1}(\alpha_t, \beta_t)}\right]^{\frac{1}{2}}
\tag{5-4}
$$

式（5-4）中，D^{t+1}，D^t 代表的是 DMU 在 t 时期和 $t+1$ 时期的相对效率，$\dfrac{S_0^{t+1}(\alpha_t, \beta_t)}{S_0^{t}(\alpha_{t+1}, \beta_{t+1})}$ 是分解出来的规模效率指数，$\dfrac{D_0^{t}(\alpha_{t+1}, \beta_{t+1}/CRS)}{D_0^{t+1}(\alpha_t, \beta_t/CRS)}$ 是分解出来的纯技术效率指数。当指数运算结果大于 1 时，表明技术效率逐年提高；指数运

算结果等于 1 时，说明技术效率没有变化；指数运算结果小于 1 时，说明技术效率逐年下降，即资源配置效率有待提升。最后一项是分解出来的技术进步指数，当该指标测算结果大于、等于或小于 1 时，分别表示该 DMU 技术进步、不变或退步。进一步的，当模型运算结果 $M > 1$ 时，说明 TFP 逐步增长；当 $M = 1$ 时，说明研究期内 TFP 处于止步不前状态；当 $M < 1$ 时，说明 TFP 逐步减小。

5.3.2　指标体系构建

在指标选取过程中，应遵循关联性与适量性，并结合指标现实意义以及数据可获取性原则，但囿于 DEA 模型的局限性，输入指标应不少于输出指标，因此本章输入和输出指标最多分别选取 4 个，如表 5 - 2 所示。

表 5 - 2　　　　　　　　　　区域研发效率评价指标体系

要素	指标	含义	单位
输入	X1	研究与试验发展（R&D）人员全时当量	人/年
	X2	研究与试验发展（R&D）经费内部支出	万元
	X3	研究与试验发展（R&D）经费投入强度	%
输出	Y1	专利授权量	件
	Y2	产品销售利润总额	亿元

（1）区域研发效率输入指标。科技研发活动包含基础研究、试验发展与应用研究三类，是反映区域科技创新的有效指标。科研活动的实施主体是研发人员，人才是科技研发活动输入的重要要素，因此本章选取"R&D 人员全时当量"作为第一个输入指标 X1；资金投入是保障科技研发活动顺利开展的必备条件，因此本章选取"R&D 经费内部支出"作为第二个输入指标 X2；"R&D 经费投入强度"能够反映区域对科技研发的重视程度，因此将其作为第三个输入指标 X3。

（2）区域研发效率输出指标。参考已有成果，将科技活动产出分为 3 个阶段：第一阶段为科学技术孵化，第二阶段为科技成果转化，第三阶段为科技成果产业化，不同阶段对应科研产出的不同表现形式。将科研产出进行阶段划分能够更准确地衡量科研成果的"落地化"，该产出反映了生产力效率。在新技术孵化阶段，被授权的专利技术能够体现新技术孵化成果，因此选取"专利授权量"作为第一个输出指标 Y1，其中包括发明、实用新型、外观设计三类专利技术成果授权；在产业化阶段，各区域的传统制造业已开始转向高精尖制造业，新产品产出有助于企业获得利润，因此采用"产品销售利润总额"作为最后一个输出指标 Y2。

参考四大城市群发展规划纲要的最新划分标准，选取京津冀城市群 13 个城市、粤港澳大湾区 9 个城市（由于中国香港特区、中国澳门特区数据缺失，未纳入考量）、长三角城市群 26 个城市、成渝地区双城经济圈 16 个城市作为研究主体，测算 2017～2020 年四大城市群 64 个城市的研发效率。本章数据来源于 2017～2020 年国家统计局，Wind 数据库，四大国家级城市群地方统计局、科学技术厅、知识产权局以及各省市经济与社会发展统计公报，研究期内个别缺失值采用插值法补齐。变量描述性统计如表 5－3 所示。由表 5－4 的 Pearson 相关性系数矩阵可知，3 项科技研发输入指标与 2 项输出指标间均为正相关，由此表明构造的研发效率评价体系符合 DEA 的同向性原则，保证了测算结果的可信度。

表 5－3　　　　　　　　科研投入产出原始数据描述性统计结果

变量名称	均值	最小值	最大值	标准差
R&D 经费内部支出（万元）	1 830 153.92	15 196.00	23 265 793.00	3 374 110.72
R&D 人员全时当量（人/年）	50 190.28	689.70	397 281.00	69 444.34
R&D 经费投入强度（%）	2.00	0.13	7.14	1.25
专利授权量（件）	23 989.72	286.00	222 412.00	34 376.86
产品销售利润总额（亿元）	8.06	0.01	13.76	2.20

表 5－4　　　　　　　　　　Pearson 相关系数矩阵

变量	R&D 人员全时当量（人/年）	R&D 经费内部支出（万元）	R&D 经费投入强度（%）
专利授权量（件）	0.831 **	0.906 **	0.571 **
产品销售利润总额（亿元）	0.800 **	0.871 **	0.541 **

注：** 表示相关系数在 5% 水平下显著。

5.4　区域研发效率测度及对比分析

5.4.1　区域研发效率静态分析

基于 SE – DEA（CCR – I）模型对 2017～2020 年我国四大城市群 64 个城市的研发效率进行测算，对比分析四大城市群以及各城市不同阶段研发效率变化情况，探讨各区域研发效率变化特点。测算得出 2017～2020 年四大城市群研发效率，具体如表 5 – 5 所示。

表 5 – 5　　　　2017～2020 年四大城市群 64 个城市的研发效率

城市群	城市	2017 年	2018 年	2019 年	2020 年	SE – DEA 效率均值	排名
京津冀城市群	北京	0.3300	0.2684	0.3149	0.3272	0.3101	52
	天津	0.4072	0.4588	0.4457	1.0000	0.5779	17
	石家庄	0.6782	0.1914	0.2863	1.0000	0.5390	21
	唐山	0.7993	0.6991	0.5591	0.5603	0.6544	11
	保定	0.1653	0.2213	0.2333	0.5546	0.2936	57
	廊坊	0.5254	0.2877	0.2396	0.5672	0.4050	42
	秦皇岛	0.3011	0.4481	0.3175	0.5864	0.4133	40
	张家口	0.3314	0.4832	0.6794	1.0000	0.6235	14
	承德	0.2360	0.3671	0.3499	0.8486	0.4504	35
	沧州	0.7523	0.3685	0.2725	0.5479	0.4853	27
	衡水	0.4175	0.4175	0.4059	0.6500	0.4727	30
	邢台	0.3095	0.4443	0.4980	1.0000	0.5630	19
	邯郸	0.6338	0.6500	0.2875	0.4990	0.5176	25
长三角城市群	上海	0.7845	0.7769	0.8262	0.7380	0.7814	6
	南京	0.4256	0.3952	0.2610	0.3082	0.3475	48
	无锡	0.5297	0.6009	0.6007	0.6506	0.5955	16
	常州	0.4417	0.4333	0.3996	0.4740	0.4371	38
	苏州	0.8141	0.7402	0.6433	0.7333	0.7327	7

续表

城市群	城市	2017 年	2018 年	2019 年	2020 年	SE–DEA 效率均值	排名
长三角城市群	南通	0.7416	0.7398	0.5213	0.3889	0.5979	15
	盐城	0.3842	0.3215	0.2680	0.3541	0.3319	50
	扬州	0.5114	0.5209	0.3477	0.4834	0.4658	33
	镇江	0.4005	0.3250	0.2623	0.3761	0.3410	49
	泰州	0.6873	0.8534	0.6389	0.3913	0.6427	12
	杭州	0.4425	0.4653	0.4365	0.4619	0.4516	34
	宁波	0.7145	0.6437	0.6346	0.6877	0.6701	10
	嘉兴	0.3665	0.3727	0.4385	0.4634	0.4103	41
	湖州	0.3865	0.4808	0.4104	0.3969	0.4186	39
	绍兴	0.4367	0.5157	0.3923	0.4493	0.4485	37
	金华	0.4348	0.5189	0.5313	0.7316	0.5541	20
	舟山	0.2809	0.4138	0.2619	0.4395	0.3490	47
	台州	0.4194	0.4926	0.4644	0.5252	0.4754	28
	合肥	0.2348	0.2258	0.2807	0.3613	0.2757	61
	芜湖	0.2541	0.2842	0.2881	0.3475	0.2935	58
	马鞍山	0.2803	0.2978	0.2499	0.3068	0.2837	60
	铜陵	0.1084	0.1709	0.2424	0.2415	0.1908	63
	安庆	0.4968	0.5105	0.4243	0.4392	0.4677	32
	滁州	0.5010	0.4149	0.4608	0.5659	0.4857	26
	池州	0.5327	0.5170	0.5363	0.4991	0.5213	24
	宣城	0.2641	0.2979	0.2550	0.3915	0.3021	54
粤港澳大湾区	广州	0.9445	1.0000	0.9282	1.0000	0.9682	1
	深圳	0.5579	0.4618	0.5618	0.5616	0.5358	23
	珠海	0.4750	0.4391	0.4357	0.5445	0.4736	29
	佛山	0.8384	0.8206	0.9599	0.9199	0.8847	3
	中山	0.5149	0.8053	0.8665	0.9590	0.7864	5
	东莞	0.5060	0.4770	0.3934	0.4183	0.4487	36
	肇庆	0.2847	0.3387	0.4230	0.5538	0.4000	43
	江门	0.3385	0.4085	0.3319	0.3693	0.3621	46
	惠州	0.3939	0.2778	0.2388	0.2764	0.2967	56

续表

城市群	城市	2017 年	2018 年	2019 年	2020 年	SE – DEA 效率均值	排名
成渝地区双城经济圈	重庆	0.7376	0.5853	0.6909	0.8023	0.7040	8
	成都	0.4376	0.2903	0.4006	0.4539	0.3956	45
	自贡	0.2585	0.2797	0.4080	0.2485	0.2987	55
	泸州	0.4114	0.4597	0.7463	0.6791	0.5741	18
	德阳	0.2471	0.2931	0.2497	0.2432	0.2583	62
	绵阳	0.0906	0.1016	0.1053	0.1164	0.1035	64
	遂宁	0.9812	0.4317	0.3474	0.3950	0.5388	22
	内江	0.3090	0.5766	0.3546	0.3501	0.3976	44
	乐山	0.2777	0.3539	0.3476	0.2966	0.3189	51
	南充	0.9226	0.8703	1.0000	0.6635	0.8641	4
	眉山	0.3223	0.2971	0.2225	0.2952	0.2843	59
	宜宾	0.4695	0.7414	0.7526	0.7404	0.6760	9
	广安	1.0000	1.0000	0.7860	0.8276	0.9034	2
	达州	0.3277	0.5811	0.4176	0.5555	0.4705	31
	雅安	0.2270	0.3331	0.3224	0.3540	0.3091	53
	资阳	0.7431	0.6820	0.5420	0.5309	0.6245	13

从四大城市群研发效率总体情况看，如表 5 – 6 所示，2017 ~ 2020 年粤港澳大湾区的 SE – DEA 效率均值为 0.5729，居四大城市群之首，比京津冀城市群的研发效率均值高出 18.10%；成渝地区双城经济圈的 SE – DEA 效率均值为 0.4826，虽然在经济规模、产业创新能力上与其他三大城市群有一定差距，但在科技研发活动上与长三角城市群（0.4566）和京津冀城市群（0.4851）差距不大。可以发现，京津冀城市群、粤港澳大湾区增长态势显著，2017 ~ 2020 年京津冀城市群研发效率的增长率最高，达到了 55.30%，粤港澳大湾区以 15.43% 的增长率紧随其后，长三角城市群和成渝地区双城经济圈则表现出显著的波动状态，其中，长三角城市群 2017 ~ 2020 年，研发效率增长率仅为 2.80%，而成渝地区双城经济圈研发效率呈负增长，下降了 2.72%。

表 5 - 6   四大城市群 SE – DEA 效率均值

城市群	2017 年	2018 年	2019 年	2020 年	效率变动趋势	SE – DEA 效率均值
京津冀城市群	0.4528	0.4081	0.3761	0.7032	irs	0.4851
长三角城市群	0.4567	0.4742	0.4260	0.4695	drs	0.4566
粤港澳大湾区	0.5393	0.5588	0.5710	0.6225	irs	0.5729
成渝地区双城经济圈	0.4852	0.4923	0.4808	0.4720	drs	0.4826

从全域视角看，四大城市群研发效率均值为 0.4993，整体水平存在上升空间。从城市视角看，四个城市群所包括的 64 个城市中，共有 37 个城市的研发效率低于区域平均水平，占 57.81%，说明城市间的研发效率存在较大差距。

下面将结合四大城市群特点，将各城市研发效率分为 4 个梯度，结合表 5 -5 至表 5 -7，对各城市研发效率进行深入分析。

（1）京津冀城市群各城市研发效率处于 ［0.25，0.50) 和 ［0.50，0.75) 的区间。天津、石家庄、唐山、张家口、邢台以及邯郸 6 个城市在 2017 ~ 2020 年间研发效率比区域内其他城市高，效率值在 ［0.50，0.75)，其中，天津、张家口、石家庄、邢台 4 个城市 2020 年的 SE – DEA 效率值达到 1，处于有效状态，其他城市的 SE – DEA 效率均值都低于 0.5，处于低效科技研发状态。高研发效率城市在区域创新、科技研发等道路上的经验及教训可以作为低研发效率城市的重要参考。

京津冀城市群共有 13 个城市，研究期间研发效率均值尚未达到 DEA 有效，且整体研发效率不高，然而各地区研发效率普遍具有上升趋势。京津冀城市群中，北京作为我国的政治文化中心，其经济实力与科技要素聚集能力明显强于其他城市，是我国科技创新高地，近年来北京充分发挥辐射作用，带动周边滞后城市科技创新发展，河北地区的科创要素聚集与高技术产业聚集程度得到了显著提升，2020 年研发效率持续增加，极大推动了区域创新能力提升。

（2）长三角城市群各城市研发效率差距显著，其中上海研发效率呈波动增长趋势，其均值为 0.7814，苏州研发效率仅次于上海，研发效率均值为 0.7327，在 64 个城市中排名第 7，然而铜陵研发效率仅 0.1908，不足 0.2。其中，上海作为世界科技创新中心和科技服务业高水平发展地区，科技研发长期以来处于高水平；苏州市的研发效率处于较高水平也得益于其拥有雄厚的制造业基础，凭借其区位优势，积极引进外资，促进产业价值链上移，世界 500 强企业已有 90 家在苏州投资。此外，苏州积极加强科研投入、主动进行产业转型、高效产出科技成果，在研发效率上占据绝对优势。位于安徽省的铜陵市，研发效率处于长三角地区最低，虽然铜陵市持续加大科研经费研发投入，然而科研人员仅有6 490人，仅占上海市的2.83%，占苏州市的4%，科研人员的缺乏导致成果产出水平和科技成果转化率也较低，产学研难以实现高效合作，没有抓住自身区位优势，导致自主研发能力与企业创新活力得不到充分激发，区域研发效率处于极低效状态。

长三角地区共有26个城市发展差异较大，且整体研发效率不高。虽然长三角各地区都有一定核心竞争力，如上海的科创能力与服务业发展水平为区域翘楚，江苏省制造业成熟，安徽省新兴产业发展迅猛，但是这些优势禀赋并没有为长三角大部分城市带来高效率的科研产出，未来这些区域还需注重城市内部科技研发深度和效率，避免发展滞后的城市影响区域整体科技创新水平。

（3）粤港澳大湾区各城市研发效率均超过0.2。其中，广州研发效率均值为0.9682，佛山为0.8847，中山为0.7864，位于粤港澳大湾区科技研发高水平行列。广州在四大城市群中的研发效率水平排名第1位。2017～2020年肇庆和中山的研发效率增速分别为48.59%和46.31%，发展迅猛，深圳、珠海、江门等城市的研发效率也缓步提升。

粤港澳大湾区作为金融、创新与贸易中心，紧紧抓住全球科技和产业革命机遇，如深圳、广州充分发挥其辐射带动作用，促进区域周边城市改革与发展。但除深圳和港澳地区外，珠江三角洲的支柱产业仍是中低端制造业，新能源、新材料等高技术产业发展缓慢。未来粤港澳大湾区应注重挖掘科研创新潜力，优化区域科研创新结构，推动粤港澳大湾区新型工业化发展和技术体制创新。

（4）成渝地区双城经济圈内南充和广安两个城市研发效率均值处于较高水平，分别为0.8641和0.9034，作为中心城市的重庆市研发效率均值为0.7040，宜宾市以0.6760紧随其后，而成都市和绵阳市作为科技创新中心，研发效率均值分别为0.3956和0.1035，处于较差状态。周边地区如达州、雅安、资阳等城市研发效率则处于中间水平。成渝地区双城经济圈经济基础较其他三大城市群较差，各城市整体技术研发水平还较低，在创新驱动发展的战略背景下，未来需积极推动科技创新、优化产业结构，努力追赶科技研发高效率城市。

成渝地区双城经济圈当前存在的主要问题是产业分工不够明确、创新能力欠缺、产业协同程度低，且核心城市成都、重庆不仅没有充分发挥辐射引领能力，反而因"虹吸"效应削弱了周边城市的经济发展动力，绵阳市也未能充分发挥其科技创新中心的作用。未来成渝地区双城经济圈应着力促进城市一体化发展，推动科技资源跨区流动，完善内部产业结构，细化产业链分工，同时，提升研发效率与区域产出效率。

表5-7　　　　　　四大国家级城市群SE-DEA效率均值分布情况

SE-DEA均值	京津冀城市群	长三角城市群	粤港澳大湾区	成渝地区双城经济圈
0.75≤均值<1.00	—	上海	广州、佛山、中山	南充、广安
0.50≤均值<0.75	天津、石家庄、唐山、张家口、邢台、邯郸	无锡、苏州、南通、泰州、宁波、金华、池州	深圳	重庆、泸州、遂宁、宜宾、资阳
0.25≤均值<0.50	北京、保定、廊坊、秦皇岛、承德、沧州、衡水	南京、常州、盐城、扬州、镇江、杭州、嘉兴、湖州、绍兴、舟山、台州、合肥、芜湖、马鞍山、安庆、滁州、宣城	珠海、东莞、肇庆、江门、惠州	成都、自贡、德阳、内江、乐山、眉山、达州、雅安
均值<0.50	—	铜陵	—	绵阳

5.4.2　区域研发效率动态分析

为进一步说明四大城市群各城市2017~2020年研发效率的动态变化，使用DEAP 2.1软件，基于Malmquist指数法测算全要素生产率（Tfpch）并作进一步分解，研究各城市科研产出效率的跨期变化。Malmquist指数法测算结果如表5-8所示。

（1）各城市群技术效率指数（Effch）动态变化情况。京津冀城市群共有8个城市的技术效率指数大于1，占比为61.54%，说明这些城市的研发效率都有了提高，其中，提升幅度最大的为石家庄，技术效率指数高达1.4815，提升幅度最小的城市为邯郸，仅为1.1819。长三角城市群仅7个城市的技术效率得到提高，占比为26.92%，整体研发效率水平在0.8以上。上海和苏州的技术效率均低于1.0，说明2017~2020年间技术效率有所降低；在技术效率小于1的城市中，镇江的技术效率值最低，仅为0.8054。粤港澳大湾区有广州、佛山、肇庆3个城市的技术效率大于1，占比为30.00%，其中，肇庆的技术效率最高，为1.2032。其余城市技术效率均小于1，说明效率有所下滑。成渝地区双城经济圈有10个城市的技术效率大于1，占比为62.50%，其中，宜宾技术效率排名靠前，为1.3459。核心城市重庆和成都的技术效率均已超过1，分别为1.0596和1.0024，最低的为资阳市，技术效率仅为0.8318。

对四大城市群技术效率指标进行分析可以看出，四大城市群共有28个城市的技术效率大于1，占比为43.75%，技术效率均值为1.0203，整体研发效率呈上升态势，但城市群内部科技发展不均衡问题较突出。其中，长三角城市群大部分城市的技术效率都小于1，技术效率普遍下滑，成渝地区双城经济圈区域内有接近一半城市的技术效率下降，京津冀城市群和粤港澳大湾区整体呈现技术效率提高态势。

表5－8　　　　2017～2020年四大国家级城市群Malmquist指数测算结果

城市群	城市	Effch	Techch	Pech	Sech	Tfpch
京津冀城市群	北京	0.9204	1.2733	0.7647	1.2145	1.1592
	天津	1.4055	1.5696	1.3872	1.0070	2.5880
	石家庄	1.4815	1.2994	1.4013	1.0962	2.0843
	唐山	0.9758	0.9788	0.9452	1.0417	0.9464
	保定	1.2895	1.3305	1.2816	1.0026	1.7803
	廊坊	0.9769	1.2409	0.9638	1.0001	1.4079
	秦皇岛	1.2248	1.2494	1.3545	0.9356	1.5630
	张家口	1.2848	1.3963	1.2323	1.0361	1.6921
	承德	1.3871	1.2954	1.3999	0.9892	1.8088
	沧州	0.9745	1.2041	0.9602	1.0216	1.2125
	衡水	0.9994	1.3469	1.0073	0.9893	1.3903
	邢台	1.2768	1.3337	1.2677	1.0051	1.7455
	邯郸	1.1819	1.1198	1.1669	1.0516	1.2904
	均值	1.1830	1.2799	1.1640	1.0300	1.5899
长三角城市群	上海	0.9898	0.9930	1.0000	0.9898	0.9793
	南京	0.8821	1.2031	0.8773	1.0067	1.0591
	无锡	1.1106	1.0034	1.1012	1.0144	1.1118
	常州	1.0151	1.1503	0.9477	1.0690	1.1661
	苏州	0.9792	0.9971	1.0224	0.9792	0.9762
	南通	0.9176	1.0973	0.8165	1.1003	0.9555
	盐城	0.8955	1.3033	0.8662	1.0321	1.1718
	扬州	0.8731	1.3162	0.7985	1.0978	1.1719
	镇江	0.8054	1.2742	0.7999	1.0069	1.0299

续表

城市群	城市	Effch	Techch	Pech	Sech	Tfpch
长三角城市群	泰州	0.9449	1.1938	0.8102	1.1346	1.1506
	杭州	0.9214	1.2018	0.9288	0.9881	1.1137
	宁波	1.0153	1.0094	0.9568	1.0717	1.0152
	嘉兴	0.9419	1.2247	0.9440	0.9985	1.1394
	湖州	0.8278	1.2847	0.8423	0.9809	1.0696
	绍兴	0.8208	1.2855	0.8312	0.9887	1.0607
	金华	0.9549	1.2792	0.9550	0.9996	1.2078
	舟山	1.0417	1.2954	1.0811	0.9600	1.3621
	台州	0.8549	1.2809	0.8547	1.0001	1.0907
	合肥	0.9761	1.3634	0.9771	0.9977	1.3001
	芜湖	0.9360	1.2448	0.9352	1.0002	1.1618
	马鞍山	0.8233	1.4315	0.8266	0.9911	1.1262
	铜陵	1.3956	1.3693	1.3967	0.9781	1.7020
	安庆	0.9286	1.1106	0.9371	1.0363	1.0195
	滁州	1.0180	1.0546	0.9026	1.1302	1.0775
	池州	0.8666	1.4299	0.8818	0.9721	1.1545
	宣城	1.0550	1.1279	1.0558	1.0057	1.1857
	均值	0.9535	1.2125	0.9364	1.0204	1.1369
粤港澳大湾区	广州	1.0000	1.1582	1.0000	1.0000	1.1582
	深圳	0.9716	1.1303	1.0000	0.9716	1.0761
	珠海	0.8937	1.1953	0.9177	0.9754	1.0628
	佛山	1.0347	1.0025	1.0000	1.0347	1.0293
	中山	0.9863	1.2577	0.9905	0.9957	1.2416
	东莞	0.7488	1.2927	0.7523	0.9997	0.9606
	肇庆	1.2032	1.0731	1.1975	1.0148	1.2891
	江门	0.8411	1.2115	0.8515	1.0164	1.0232
	惠州	0.8216	1.1996	0.7568	1.1006	0.9731
	均值	0.9446	1.1690	0.9407	1.0121	1.0904

续表

城市群	城市	Effch	Techch	Pech	Sech	Tfpch
成渝地区双城经济圈	重庆	1.0596	0.9852	1.0450	1.0161	1.0335
	成都	1.0024	1.2208	0.9996	1.0044	1.2078
	自贡	1.1156	1.1685	1.2011	0.9104	1.3018
	泸州	1.2470	1.0475	1.2404	1.0130	1.3192
	德阳	0.9302	1.2103	0.9288	1.0143	1.0748
	绵阳	0.8458	1.4991	0.8407	1.0035	1.1841
	遂宁	0.8444	0.9011	0.8322	1.0161	0.7568
	内江	0.8796	1.2608	0.9039	0.9338	1.0614
	乐山	1.0271	1.0374	1.0926	0.9489	1.0364
	南充	0.9920	0.9267	0.9853	1.0066	0.9280
	眉山	1.1654	0.9573	1.1480	1.0296	1.0731
	宜宾	1.3459	0.9015	1.1481	1.1527	1.1417
	广安	1.0030	0.9117	1.0000	1.0030	0.9125
	达州	1.2640	1.0285	1.1363	1.0731	1.2296
	雅安	1.0759	1.2377	1.1144	0.9569	1.3072
	资阳	0.8318	1.2276	1.0000	0.8318	1.0045
	均值	1.0394	1.0951	1.0385	0.9946	1.0983
	总体均值	1.0203	1.1907	1.0088	1.0147	1.2127

（2）各城市群技术进步率指数（Techch）动态变化情况。京津冀城市群除唐山外，有12个城市的技术进步率大于1，占92.31%，唐山的技术进步率为0.9788，说明唐山的科技研发水平有所退步。长三角城市群除上海、苏州外，其他城市均处于技术进步状态，占88.46%。其中，常州、无锡、宁波、舟山、铜陵、滁州、宣城的技术效率与技术进步率均有提高，说明科研技术进步直接带动了这些城市研发效率提升。粤港澳大湾区9个城市的技术进步率均大于1。其中，东莞技术进步率最高，达到1.2927，说明2017~2020年该城市科技研发水平得到了极大提高。成渝地区双城经济圈有10个城市技术进步率大于1，占68.75%，其中绵阳市技术进步率最高，为1.4991。重庆、遂宁、南充、眉山、宜宾、广安的技术进步率小于1，受科学技术因素和规模效率影响，这些城市的科技研发水平逐年降低。通过对技术进步率指数的分析发现，四大城市群共有

55 个城市的技术进步率大于 1，占 87.50%，技术进步率均值为 1.1907，高于技术效率均值。京津冀城市群技术进步率均值为 1.2799、长三角城市群技术进步率均值为 1.2125、粤港澳大湾区技术进步率均值为 1.1690、成渝地区双城经济圈技术进步率均值为 1.0951，与京津冀、长三角、粤港澳 3 个城市群相比，成渝地区双城经济圈技术进步率最低。

以上科技创新水平相对落后地区均亟待根据本地区创新发展战略，找准发展契机与方向，通过利用比较优势加大科技创新资源投入，加强科技成果转化力度，促进科技创新成果产出，从整体上加强全域科技创新能力。尤其是成渝地区双城经济圈，科技创新基础落后于其他城市群，需要充分利用成都、重庆、绵阳"创新金三角"科技创新的空间溢出效应，提升自身的科技创新水平，实现成渝地区双城经济圈科技创新协同发展，不断推进成渝地区双城经济圈打造全国具有影响力的科技创新中心。

（3）全要素生产率指数（Tfpch）变化情况。如表 5 - 9 所示，总体来看，四大城市群整体的全要素生产率均值为 1.2127，其中，技术进步率的均值为 1.0203，技术效率的均值为 1.1907，说明四大城市群全要素生产率的提升更加依赖于科学技术进步。因此，提升四大城市群研发效率的关键在于提升科研技术水平，科学配置城市群科技研发要素，加强科技资源管理能力建设。2017 ~ 2020 年四大城市群整体的科研全要素生产率由 1.1599 上升至 1.4156，年均增长率为 18.06%，呈中速增长态势，说明各城市群的研发效率处于动态提升的良好发展态势。

表 5 - 9　　　　　　　　　　四大城市群研发效率动态变换及分解

年份	Effch	Techch	Pech	Sech	Tfpch
2017 ~ 2018	0.9983	1.1783	0.9926	1.0119	1.1599
2018 ~ 2019	0.9696	1.0991	0.9437	1.0347	1.0627
2019 ~ 2020	1.0931	1.2948	1.0900	0.9977	1.4156
均值	1.0203	1.1907	1.0088	1.0147	1.2127

上述研究结果表明，成渝地区双城经济圈和长三角城市群技术效率发展状况存在诸多相似之处。成渝地区双城经济圈与长三角城市群分别位于长江经济带上游和下游，是我国实现经济高质量发展的两大重要增长极，也是我国需要长时期实施的重大区域发展战略。

然而，随着发展阶段的变化以及对区域高质量发展的新要求，对区域技术水平和创新能力也提出了更高的要求。长三角城市群科技研发效率下滑是一种"高水平"的下滑，长三角城市群已具有较强的区域创新能力，科技创新已具有显著优势，拥有上海张江、安徽合肥 2 个综合性国家科学中心，科教资源丰富，"双一流"高校、国家重点实验室、国家工程研究中心数量约占全国的 1/4。科技创新产业紧密融合，物联网、人工智能等新兴技术与传统产业渗透融合，集成电路和软件信息服务产业规模分别约占全国 1/2 和 1/3。以上系列创新要素和资源，为长三角城市群未来区域高质量发展提供了坚实保障，无论是创新基础设施还是技术更迭都远远超出成渝地区双城经济圈。

成渝地区双城经济圈尚处于建设初期，与创新驱动发展相关基础设施建设和资源要素配置有待加强和完善，区域内各城市创新要素配置差异较大，技术研发效率整体难以得到有效提高。基于成渝地区双城经济圈和长三角城市群发展的相似性，推动两大战略区域创新资源对接，对促进长江经济带创新高质量发展、构建新发展格局具有重大意义。对成渝地区双城经济圈而言，可通过借鉴复制长三角城市群建设经验，增强区域创新水平和技术研发效率。成渝地区拥有两江新区、天府新区等重大功能平台，可以通过不断增强创新平台功能特色性，打造引领成渝地区双城经济圈建设的核心引擎。此外，成渝地区双城经济圈还可以通过借鉴长三角 G60 科创走廊的建设经验，打造综合性国家科学中心和成渝科创走廊。积极借鉴昆山融入上海创新体系的举措，将自贡市、内江市打造成渝版"昆山"，通过城市合作形成新的创新集群，为要素流转和知识交流提供多元创新平台。

当前成渝地区双城经济圈创新基础还相对较弱，可以通过科技创新资源跨域流动，充分对接其他三大城市群创新技术和创新要素。例如，在科研院所和高校方面，成渝地区双城经济圈可以利用创新水平高的城市群的科研机构，开展从基础实验到产品开发全过程研究，还可以利用三大城市群的高水平测试设施设备，围绕成渝地区双城经济圈区域重点产业发展需求，开展技术应用研究。在获取资本要素方面，以科技金融为例，成渝地区双城经济圈可以通过制定"长三角 – 成渝地区"长江经济带金融市场一体化政策，降低长三角专业金融机构和金融资本进入限制，以多元融资渠道助力成渝地区双城经济圈创新型企业发展。

5.5　结论及建议

5.5.1　研究结论

本章采用 SE – DEA 模型和 Malmquist 指数方法，从静态、动态两个视角切入，测算 2017～2020 年四大国家级城市群研发效率情况，得出如下结论。

（1）粤港澳大湾区的研发效率均值最高，但总体没有达到 DEA 有效状态，其后依次为京津冀城市群和长三角城市群，成渝地区双城经济圈研发效率存在降低现象，四大城市群整体科技创新效率都存在上升空间。

（2）城市群内部科研创新绩效存在较大差异，且北京、成都、绵阳等科技创新中心城市的研发综合效率处于较低水平，表明区域发展不平衡，中心城市还需积极提高研发效率，促进区域内要素充分流动，协同能力有待加强。

（3）技术进步率提升对四大城市群研发效率提高有明显的正向作用，凸显了科技进步对区域研发活动的显著影响力。但成渝地区双城经济圈在四大城市群中技术进步率最低，还需持续加强成渝地区双城经济圈技术投入和创新水平。可通过协调京津冀、长三角、粤港澳三大城市群的技术资源和创新要素充分向成渝地区双城经济圈流动，为打造以成都、重庆、绵阳 3 大科技创新中心为主的西部地区"创新金三角"提供支撑作用。

（4）在科研活动中，技术进步是提高全要素生产率的关键影响因素，同时，科学技术进步能够有效促进全要素生产率提高。此外，四大国家级城市群整体的技术转化效率低于技术研发效率，但两者差距逐年缩小，成渝地区双城经济圈与其他三大城市群发展差距显著，未来还需全方位、多层面持续提高成渝地区双城经济创新水平。

5.5.2　对策建议

（1）加快产业链融合，打造产业联动区域。产业结构优化升级能够直接带动区域产出效率提升，各区域在进行产业升级和结构优化时应充分考虑城市群自身优劣势。一是建立分工明确、多方位、集成式的城市群产业发展模式，强化产业能级提升。例如，长三角城市群的核心产业为电子、金融、汽车，粤港澳大湾区制造业发达，京津冀城市群的产业布局为高端制造重工业与生产性服务业，成渝地区双城经济圈以电子信息、商贸物流为支柱产业。二是建立各具特色的产业合作园区，节点城市结合强链、补链、延链需求，明确针对核心城市的产业招商方向，强化城市群产业集中度与协同度。每个城市都需要积极抓住地理优势和资源禀赋带来的机遇，充分激发本地科技创新活力。三是建立城市群科技创新走廊，打造或形成新增长极，各地的城市群规划需要契合各区域优势禀赋，以核心城市为依托，周边城市分工协调，积极承接产业配套与转移，优化区域发展空间格局，加快实现由"单极"核心城市向"多极"发展轴的转换。

（2）促进区域协同，打造科技协同高地。各城市群内部应该积极创建跨区域产业协调机制，推动形成立体化、全面覆盖的产业链，提升资源利用率与科技产出效率，合力推动城市群内生发展。同时，城市群可以选择多核分散的联动机制，例如长三角可以南京、杭州、宁波、合肥、苏州、无锡、常州等核心城市为支点打造五大都市圈，携手打造区域科技创新特别合作区，形成全国举足轻重的先进制造业和现代服务业中心。成渝地区双城经济圈作为我国西部战略高地，可以成都、重庆双核作为城市群发展驱动力，推进新型工业化和西南地区金融中心建设，周边德阳、绵阳、眉山等节点城市应抢抓"成德绵眉资"50 公里同城化、创新资源外溢、产业转移的重大机遇，主动承接成都优质高端项目转移，积极推进成都平原经济圈深度融合发展。京津冀则呈现为以首都北京为核心的高端制造业、科创高地城市群，天津、石家庄、保定等地应积极通过与北京的协同，加强基础配套设施建设，以共建研发"飞地"、合作产业园等方式，打通与北京互联互通的纽带，进一步承接北京创新与产业外溢。

（3）优化投入结构，加强科技成果转化。一是因科研投入不足而导致研发效率低下的节点城市有必要加强与核心城市在创新链上的合作，例如乐山、达州、内江、沧州等可以探索建立城市群科技合作联席会议制度，协同加大区域科创要素投入，积极引进高端研发人才并加大资金投入强度，确保创新投入稳定与充足，主动突破科技水平低下和产能落后的桎梏。二是部分城市科研投入已达到一定强度，例如天津、惠州等，但研发效率提升不够。此时应该做好科技与经济的高效连接，注重科技成果转化，培育高科技产业和建设技术交易市场，及时将科技优势转化为经济优势，特别是在承接核心城市优质创新创业型企业、培育战略性新兴产业、创新科技金融服务等领域不断拓展新领域、新方式和新内容，打造紧密的创新链深度合作体系。三是目前研发效率表现不俗的城市应继续保持自身区位优势，创新迭代出更优质的科研产出方式。各城市群只有因地制宜地制定研发效率提升策略，才能最大化地发挥资源效用，走上可持续发展道路。

（4）加强科研合作，提升协同创新能力。由 Malmquist 指数测算结果可知，技术进步率提升是提高四大城市群研发效率的关键，而研发能力是提升技术进步率的核心动力。四大城市群应重点构建创新生态系统，以创新链带动产业链发展，突出核心城市的首位效应，并围绕核心城市加快科技创新资源同城化、科技平台共建共享、核心城市带动周边节点城市共同实现产业创新能级提升，进而持续推进产学研一体化和紧密结合的协同创新网络，积极实现跨城市、跨区域的科技研发要素流动。通过适当的政府和市场引导，例如加快推进"京津冀协同发展""协同共进长三角一体化""粤港澳大湾区创新合作""成渝绵创新金三角"，实现"城市互动 + 产业协同 + 创新联动"。进一步优化创新产学研合作模式，发挥各主体能动性与积极性，提高研发技术成果从理论向产业的转化效率，打造高水平国际研发集聚区，精准发力，实现核心技术突破。

本 章 小 结

本章选取京津冀城市群、长三角城市群、粤港澳大湾区、成渝地区双城经济圈四大国家级城市群，基于超效率 DEA 模型与 Malmquist 指数测算 2017 ~ 2020 年各城市群科技研发效率。超效率 DEA 分析结果表明，京津冀城市群、粤港澳大湾区增长态势显著，长三角城市群也在研究期内表现出缓慢增长态势，而成渝地区双城经济圈则表现出显著的波动状态，且综合研发效率呈负增长，下降了 2.80%。

Malmquist 指数分析结果表明，长三角、粤港澳大湾区、京津冀城市群和成渝地区双城经济圈内大部分城市都实现了技术效率正增长，而成渝地区双城经济圈的技术进步率与其他三大城市群存在一定差距，未来建设还需持续增强成渝地区双城经济圈科技创新水平，以持续推动技术进步。

整体而言，四大国家级城市群的技术进步率均值高于技术效率均值，由此可见，增强地区科研能力是提升全要素生产率的关键。在实证分析我国区域研发效率的基础上，对我国城市群资源配置、优势资源禀赋、区域协同创新水平以及产学研深度合作等提出对策建议。

参 考 文 献

［1］程慧平，万莉，黄炜，等. 中国省际 R&D 创新与转化效率实证研究 ［J］. 管理评论，2015，27（4）：29 – 37.

［2］樊华，周德群. 中国省域科技创新效率演化及其影响因素研究 ［J］. 科研管理，2012，33（1）：10 – 18，26.

［3］龚晓菊，赵云平. 区域产业布局与重化工产业西移 ［J］. 管理世界，2013，239（8）：169 – 170.

［4］刘俊，白永秀，韩先锋. 城市化对中国创新效率的影响——创新二阶段视角下的 SFA 模型检验 ［J］. 管理学报，2017，14（5）：704 –712.

［5］米锦欣. 世界城市群视角下中国三大经济圈的特征比较 ［J］. 商业经济研究，2017，36（13）：173 – 177.

［6］乔元波，王砚羽. 基于三阶段 DEA – Windows 分析的中国省域创新效率评价 ［J］. 科学学与科学技术管理，2017，38（1）：88 – 97.

［7］田凤平，秦瑾龙，杨科. 中国三大城市群经济发展的区域差异及收敛性研究［J］. 系统工程理论与实践，2021，41（7）：1709－1721.

［8］王青，李佳馨，郭辰. 城市群功能分工对经济高质量发展的影响——基于长三角城市群面板数据的实证分析［J］. 企业经济，2020，41（5）：53－61.

［9］温晓慧，查蒙琪，吉生保，等. 外资角色协调与区域创新能力——以三大沿海经济圈为例［J］. 科技进步与对策，2018，35（18）：57－65.

［10］杨智雄，翟磊. 当前中国城市群发展水平差异评估——基于七个国家级城市群地级及以上城市2018年数据的测算［J］. 管理现代化，2020，40（3）：77－79.

［11］叶堂林，李璐，王雪莹. 我国东部三大城市群创新效率及影响因素对比研究［J］. 科技进步与对策，2021，38（11）：36－45.

［12］张立杰，梁锦凯. 我国丝绸之路经济带沿线省（市、区）高技术产业创新效率研究——基于 DEA－Malmquist－Tobit 方法［J］. 科技进步与对策，2019，36（13）：68－75.

［13］张明斗，冯晓青. 长三角城市群内各城市的城市韧性与经济发展水平的协调性对比研究［J］. 城市发展研究，2019，26（1）：82－91.

［14］张悦倩，刘全龙，李新春. 长三角城市群城市韧性与新型城镇化的耦合协调研究［J］. 城市问题，2022（5）：17－27.

［15］郑艳，翟建青，武占云，等. 基于适应性周期的韧性城市分类评价——以我国海绵城市与气候适应型城市试点为例［J］. 中国人口·资源与环境，2018，28（3）：31－38.

［16］朱金鹤，孙红雪. 中国三大城市群城市韧性时空演进与影响因素研究［J］. 软科学，2020，34（2）：72－79.

［17］朱天星，陈晨，于鑫洋，等. 亚洲"一带一路"国家科技研发效率及其影响因素研究——基于 DEA 和累积 TFP 指数［J］. 工业技术经济，2017，36（12）：148－154.

［18］Claudio Cruz－Cázares，Cristina Bayona－Sáez，Teresa García－Marco. You can't manage right what you can't measure well：Technological innovation efficiency［J］. Research Policy，2013，42（6－7）：1239－1250.

［19］Jiancheng Guan，Kaihua Chen. Measuring the innovation production process：Across-region empirical study of China's high-tech innovations［J］. Technovation，2010，30（5－6）：348－358.

［20］Lanbing Li，Binglian Liu，Weilin Liu，YungHo Chiu. Efficiency evaluation of the regional high-tech industry in China：A new frame work based on meta-frontier dynamic DEA analysis [J]. Socio – Economic Planning Sciences, 2017, 60: 24 – 33.

[21] Per Andersen, Niels Christian Petersen. A procedure for ranking efficient units in data envelopment analysis [J]. Management Science, 1993, 39 (10): 1261 – 1264.

[22] Stephen Tyler, Marcus Moench. A framework for urban climate resilience [J]. Climate and Development, 2012, 4 (4): 311 – 326.

[23] Subal C. Kumbhakar, Raquel Ortega – Argilés, Lesley Potters, Marco Vivarelli, Peter Voigt. Corporate R&D and firm efficiency: Evidence from Europe's top R&D investors [J]. Journal of Productivity Analysis, 2012, 37 (2): 125 – 140.

产业视角下成渝地区双城经济圈创新发展态势研究

6.1 引 言

知识密集型服务业已逐渐成为全球知识价值创造的重要组成部分和世界经济发展的"绿色引擎"。近年来，我国服务贸易开放水平持续扩大，自由化便利化水平大幅提升，技术、知识、文化密集型服务贸易不断增长，为服务贸易行业高质量发展带来了非常重要的机遇。目前，在国际形势的快速变化下，全球经济版图正在重构，如何抓住机遇实现区域创新发展、提升区域经济核心竞争力是中国区域治理的重要议题。随着我国产业结构优化转型的不断推进，2019 年，第三产业增加值占国民生产总值的比重达到 54.3%，其中，知识密集型服务业（knowledge-intensive business services，KIBS）主要涵盖信息、科技以及教育等行业，作为外部知识来源与内部创新动力，推动知识在企业组织、要素市场和产业集群之间转移，其作为国家创新体系的重要组成部分，对促进科技成果转化，提升区域创新能力，实现区域协同发展，打造能够聚集更多资本和高精尖人才等生产要素的创新平台有着重要意义。

成渝地区双城经济圈区域创新发展效率较京津冀、长三角、珠三角等重点城市群依然存在差距。长期以来，作为中心城市的成都市和重庆市，在产业发展规划和定位上存在诸多相似，尚未形成有效的合作机制。此外，成渝地区双城经济圈处于建设初期，关于如何提升该区域创新水平和创新能力的理论研究相对较少。本章立足于成渝地区双城经济圈内知识密集型服务业的发展现状，通过产业集聚理论的借鉴和运用，分析了知识密集型服务业对区域合作创新发展的影响，也为该区域创新发展的理论研究提供借鉴和参考。

建设成渝地区双城经济圈的重点之一是加强核心城市的辐射效应，弱化区域发展的极化效应，合理配置区域内部资源，加强区域内跨城市产业合作，加速生产要素流动，提升知识和技术外溢的效率和水平，在这一过程中知识密集型服务业将起到非常重要的"桥梁"作用，从已有研究来看，国内外对于 KIBS 的研究更多从产业链和空间布局视角关注其地理集聚以及内在创新协同机理，对区域绩效影响的具体探讨相对较少。国内相关文献主要集中于对粤港澳、长三角、京津冀等区域的研究，而对于成渝地区双城经济圈 KIBS 对区域创新产出的具体影响的研究则较少。本章利用成渝地区双城经济圈 16 个城市 2011~2019 年知识密集型服务业相关样本数据，比较分析成渝地区双城经济圈知识密集型服务业发展现状，探究知识密集型服务业对区域创新绩效的具体影响并据此提出相关对策和建议，对于提高区域核心竞争力、促进产业转型升级、建设区域创新生态系统有着重要的现实意义。

6.2 知识密集型服务业研究回顾

6.2.1 知识密集型服务业内涵概念界定

随着知识经济时代的到来，知识作为重要的生产要素，正日益成为经济增长和产业升级的关键动力，知识密集型服务业作为当前产业发展价值链中的重要部分，是服务业中生产率和创新度较高的部门，也是服务业中最主要的部分（苑吉洋等，2020）。对于知识密集型服务业，国内外学者并未形成统一的定义。

国外学者米勒（Miles，1995）最早提出知识密集型服务业的基本概念，他认为知识密集型服务业实际上就是集知识、技术、信息等要素为一体的高价值服务业，通过连接企业与创新网络从而促进了经济体系内知识产生、扩散和积累。KIBS 企业通过知识和技术建立服务业与制造业等不同客户之间的联系，促进服务专业化，从而区别于传统的服务业（Dawson，2000；Hertog et al.，1998）。KIBS 企业通过提供创新性服务和先进知识来显著改善产业价值链结构从而提升高技术企业的竞争优势，是产业转型的原动力之一（Dathe et al.，2000）。国内学者魏江（2007）从其具体特点的角度考虑认为，知识密集型服务业是一种具有很高的知识密集度、通过运用先进技术和专业知识向客户提供与知识生产、积累和传递等过程密切相关的服务，具有明确的客户互动性质的商业组织或企业。刘顺忠（2005）从职能和作用的角度来看，认为知识密集型服务业就是一种把高度专业化的知识和劳动力要素投入到其他商品生产部门的载体，通过向其他部门提供更加专业有效的中间服务来促进各部门之间的深化分工、提高其生产专业化程度和商品贸易活动的效率。张萃（2017）从产品角度出发，认为知识密集型服务业作为知识的使用者和生产者，其提供的产品或服务既可作为其他厂商的生产投入，同时其产品本身也可作为生产产出。

本章结合已有研究对其定义的描述，认为知识密集型服务业主要是以高精尖人才、高技术、高水平的创新投入为基础，专注于生产经营过程中的技术创新及其他一般通用性目的的知识创造，提供具有高附加值的中间产品或服务的服务产业。

当前，国内外对于知识密集型服务业具有多种分类方式。在国外，知识密集型服务业主要被分为基于技术和基于专业两种类型，前者业务活动包括信息技术、测试研发、工程建筑、咨询分析等技术活动；后者包括财务咨询、市场研究和宣传等财会部门及其活动。苑吉洋等国内学者（2020）将其总结为三种分类，一是划分为公共知识基础设施服务和知识密集型的商业性知识服务，二是划分为硬知识服务、软知识服务和混合式知识服务，三是划分为金融服务业、信息通信服务业、技术性知识服务业和商贸服务业。在具体的分类方法上，主要有五种方法，其中模糊定义法使用较为普遍，但存在不便于具体分类的缺陷；而工业分类法和指标判定法较为简单，但由于不同国家标准不同而存在一定的使用和比较障碍（杜倩云等，2020）。

6.2.2 知识密集型服务业空间结构特征

知识密集型服务业与区域发展和经济增长关系密切，合理高效的知识密集型服务业产品空间结构和空间布局影响着产业结构升级和区域城市化建设。

首先，学者们对知识密集型服务业产品空间结构与产业升级的关系进行探讨。在产品空间结构中，一般来说，知识密集型产业产品空间结构变化所带来的产业升级具有非线性和线性两种表现路径。大多数产品升级方向倾向于邻近的优势产品，也有少部分产品会出现跳跃性升级的现象（刘林青和谭畅，2014；邓向荣和曹红，2016）。当单一知识产权密集型产业进行转型升级时，主要表现为从不具备比较优势到获得比较优势。知识密集型服务业升级不同于其他产业产品，需要重点关注产品自身所需能力水平，只有获得特定优势能力作用于特定生产要素这一条件得到满足，才能实现产业升级。当前中国知识产权密集型优势产业组合在产品空间中主要表现为循序渐进的发展模式，产品空间结构表现为以"邻近性升级"为主，"跳跃性升级"为辅的升级机制（谭畅和刘林青，2020）。

其次，国内外学者对知识密集型服务业空间分布特征进行了广泛的讨论。国外学者穆勒和多洛雷斯（Muller and Doloreux，2009）对知识密集型服务业的研究主要围绕知识、集聚和创新等维度进行，认为知识密集型服务业的发展和集聚对区域性技术创新有显著的促进性。还有学者认为知识密集型服务业大多分布在城市中心及附近区域，营造创新环境以促进城市中心区在知识外溢过程中的持续发展（Storper et al.，2013；Coffey et al.，2002）。谢尔穆尔等（Shearmur et al.，2007）认为，KIBS 企业更倾向于集聚在城市近郊或卫星城，带动专业化次中心的形成。国内学者霍鹏等（2019）研究得出国内 KIBS 企业集聚出现两极分化，呈现出以东部沿海地区为中心，以东北、中西部地区为外围的布局。夏杰长等（2020）认为 KIBS 企业集聚有助于强化区域创新系统中的知识溢出和技术扩散，并通过作用于区域经济来影响其他产业的创新与发展。方远平等（2018）研究发现 KIBS 企业的适度聚集有利于地区经济的增长。

6.2.3 知识密集型服务业与制造业融合

知识密集型服务业与制造业融合发展是新时代经济发展的趋势，数字经济时代制造业发展更多聚焦于高知识密集、高复杂性的产业链，以新一代信息技术为代表的知识密集型服务业赋能制造业转型升级。基于此，越来越多的学者开始研究知识密集型服务业与制造业的互动关系。

首先，KIBS 企业与制造业在产业链上存在高关联度，前者通过知识溢出和技术扩散效应提高后者的运作效率，有效推动创新和专业化生产从而提升制造业上游的供给质量，带动制造业的快速发展，推动产业结构优化转型。知识资本和相关技术作为制造业的中间投入，知识密集型服务业与制造业融合大幅度提高了制造业的附加值和国际竞争力，同时也影响制造业的复苏和区域经济表现（江静等，2007；Emanuel et al.，2019）。

其次，部分学者指出知识密集型服务业与制造业存在共生关系，可以利用弹性的本地制造基地吸引知识密集型服务业业务的创建，形成良性循环，增加就业机会，促进本地制造业发展（Yipeng et al.，2019）。随着知识密集型服务业与制造业融合加深，推动制造业向价值链的中高端延伸发展，降低制造业的空心化风险，实现"中国制造"向"中国创造"转变（杨仁发和汪青青，2018）。也有学者发现这种关系的建立会受到地区经济发展水平和贸易成本的高低的影响，詹浩勇等（2016）通过实证研究证明了 KIBS 企业集聚对制造业转型升级的影响在中国东西部地区存在明显差异，东部地区强于西部地区，如果省内成本越低，KIBS 企业与制造业的空间集聚就越明显。

6.3　研究设计

6.3.1　研究理论基础

6.3.1.1　增长极理论

"增长极"这一概念由法国经济学家佩鲁首次提出，与新古典理论所主张的均衡增长观点不同，是一种不平衡增长理论。在经济增长过程中，一些具有较高技术水平和创新能力的主导组织或者产业在一个特定地区内聚集形成了技术和资本高度集中的现象，产生规模经济效应的同时能够促进周围地区的发展，这种推进型单元被称为"增长极"。他认为各地区的经济增长并不是同时发生的，而是拥有"增长极"的地区会先出现不同强度的经济增长，随后这种增长会通过不同的途径向周围辐射，对整个国家或地区的经济发展产生不同的最终影响，这一过程中的主要动力是技术创新。而创新主要集中在成长速度较快、产业关联度较高的推进型产业中，推进型产业通过商品供求关系以及生产要素流通对被推进型产业产生支配影响，从而通过前后连锁效应带动整个地区的发展。佩鲁主张的经济空间是基于各种经济要素间的抽象数学联系的一种数字空间，不同于佩鲁的观点，另一位法国经济学家布德维尔（Boudeville）认为经济空间是经济单位在地理区位的运用，而增长极实质上是在城市中不断拓宽的产业综合体，产生于拥有推进型产业的城市群中并在其辐射范围内提高经济活动的效率，因此，他建议通过有效规划和布局增长极来推动区域产业的发展从而促进区域经济增长。

增长极理论在我国的区域经济发展和区域规划政策上起到了一定的指导作用，目前中国经济的三大增长极分别是以上海为中心的长三角经济区，以深圳、广州为中心的珠三角经济区和以北京、天津为中心的环渤海经济区。然而，随着沿海经济从持续高速增长到逐步放缓，中国经济增长需要有新的内陆拉动力，在西部大开发、中部崛起等系列国家战略实施下，中西部地区经济增速显著提高。其中，作为西部地区经济发展龙头的成渝地区双城经济圈正在蓬勃兴起，政府要因势利导，优化区域资源要素配置，完善区域创新机制，推动区域良性互动，努力打造支撑中国经济继续高质量健康发展的第四增长极。

6.3.1.2　核心边缘理论

美国区域规划专家弗里德曼最早从区域经济学角度讨论"核心－边缘"模

型，他认为任何一个空间系统都是由一个或若干个核心区域和边缘区域组成的，核心地区一般是具有较高创新和转型能力的城市或城市群，而边缘地区则相对落后。该模型解释了一个区域系统如何从孤立发展到互相关联、从极化发展到均衡发展的过程。按照核心－边缘理论，弗里德曼将区域经济发展分为四个阶段：（1）工业化前阶段，各地经济较为封闭，关联度低，地区间资源要素流动较少。（2）工业化初期阶段，社会分工更加深化，地势优越、交通发达或资源充足的地区发展成为经济核心并开始进入极化过程，即边缘地区的资本和人力等生产要素大量流入核心地区使得核心地区飞速发展。（3）工业化成熟阶段，核心地区要素达到高度集中的状态，而创新等部分要素开始回流向边缘地区，随着发展不平衡的加剧，边缘内部开始出现新的小核心。（4）大量消费阶段，整个区域内的生产要素全方位流动，次中心快速发展，区域发展进入均衡阶段，城市体系形成。核心－边缘模型下的区域发展实质上是通过一个不连续的、逐步积累的创新过程实现的，创新要素通常先出现在一个区域内少数几个"变革核心"，随后由这些核心流向边缘区域，继而增强边缘地区的发展能力和经济活力。

建设成渝地区双城经济圈的重点之一是加强核心城市的辐射效应，合理配置区域内部资源，在中心城市打造区域创新平台来聚集创新要素的同时要加强区域内跨城市产业合作，加速生产要素流动，提升知识和技术外溢的效率和水平，在这一过程中知识密集型服务业将起到非常重要的"桥梁"作用。

6.3.1.3 产业集聚理论

产业集聚是产业在空间布局上的经济地理现象，在此过程中，相同或者不同产业的厂商高度集中于某个特定地理区域共享产业生产要素和外部经济。对产业集聚理论的研究最早可追溯到马歇尔（Marshall）提出的产业区理论。产业区是指许多类似的中小企业在特定地区集聚的现象，是与大企业相对应的产业组织模式，马歇尔认为同一产业中大量中小企业的地理集中同样可以获得大规模生产带来的协同效应和创新环境等好处。而这种集聚的原动力是外部经济，即企业生产规模的扩大对产业内所有企业带来运输便利和信息获取优势等有利影响。马歇尔从三个方面来解释产业集聚的正外部性，一是能促使供应商队伍专业化，二是有利于人力资源共享，三是有助于信息传播和技术扩散。韦伯（Weber）对产业区位理论做了进一步的开创性研究，并首次提出了产业集聚的概念，即产业集聚是各种经济要素的集中互动带来经济收益的提高所引起的产业集中。韦伯还运用模型对产业集聚的优势进行了定量研究，并据此建议在配置产业区位时尽可能降低成本，尤其是最大程度地降低运输成本。其后克鲁格曼的新经济地理理论从经济地理的角度探讨了产业集聚的成因，进一步完善了产业集聚理论研究。他通过数学模型分析证明了工业的集聚会促使制造业中心区的形成，其理论基础仍然是收益递增。克鲁格曼用一个简单的两区域模型说明了一个国家或地区通过最小化运输费用等交易成本以实现规模经济，因此将制造业企业布局在具有较高市场需求的地区，而制造业的分布又反过来影响市场需求，整个地区最终会形成所谓的"核心－边缘"模式。

成渝地区双城经济圈的产业集聚主要是受到国家政策导向、地区资源环境和外商直接投资的推动而形成的，区域内形成了享誉全国的成都电子信息产业群和重庆汽车装备制造产业群。一方面，合理的产业集聚会产生集聚效应，主要包括规模经济与范围效应带来的成本优势、知识外溢与技术扩散带来的创新优势、高资本吸引力的区域品牌带来的竞争优势等；另一方面，优势产业的集中发展还会产生辐射效应，聚集着优势产业群的城市有着较强的经济、文化、教育、人才和资源等地区优势，作为经济发展的基点通过乘数效应带动周围较落后区域的经济、文化、教育和科技发展。

6.3.2 研究模型选择

本章结合成渝地区双城经济圈建设实际发展状况，探讨知识密集型服务业集聚对成渝地区双城经济圈创新水平的影响。构建如下回归模型：

$$INNOV_{it} = \alpha_{it} + \beta_1 LQ_{it} + X'_{it}\psi + \lambda_i + \mu_t + \varepsilon_{it} \qquad (6-1)$$

其中，$INNOV_{it}$代表成渝地区双城经济圈区域创新发展水平，LQ_{it}代表知识密集型服务业集聚度，X'_{it}代表各种控制变量集合，ψ代表控制变量系数矩阵。α_{it}为常数项，β_1为知识密集型服务业集聚度系数，λ_i表示地区固定效应，μ_t表示时间固定效应，ε_{it}为随机误差项。

6.3.3 指标体系选取

6.3.3.1 变量选择

（1）被解释变量：区域创新产出水平（$INNOV$）。本章选用t时期i区域的专利授权数来表示区域创新产出水平，即以创新的数量来反映区域研发活动的绩效。该测度方法存在一定争议，但由于专利标准的一致性和可比性以及数据的可获得性，国内外研究大多数采用该指标。

（2）解释变量：以区位熵指数（LQ）作为知识密集型服务业集聚程度的衡量指标，知识密集型产业的集聚程度与知识溢出呈正向关系，知识溢出又反过来驱动产业集聚效应形成，为区域技术创新发展和地区经济增长提供原动力

（Muller and Zenker，2001；沈能，2013）。

（3）控制变量：基于数据合理性和可得性，结合成渝地区双城经济圈社会经济运行实际状况及已有研究文献，控制变量主要包括以下指标。

研发投入强度（*RD*），以地区 R&D 经费支出占地区 GDP 比重衡量。研发投入对区域创新效率存在促进作用，增加研发投入可以持续为提升区域创新水平提供支撑力。

城市建设（*CITY*），以城镇化率进行衡量。随着各地区城镇化建设进程推进，城市人口数量与质量有了大幅提升，从事区域创新活动潜在人力资本不断丰富，为创新活动所需人力提供了集聚空间，这也意味着高城镇化水平是区域创新水平提升的动力。

制度环境（*GOV*），以地方财政支出占地区 GDP 比重衡量。合理高效的财政政策是区域进行经济结构调节和质量优化良好的制度保障，同时也为区域技术创新提供了良好的制度环境。

对外开放（*FORI*），以当年实际使用外资金额占地区 GDP 比重衡量。对外开放是国家和地区推进全球化进程的重要途径，有助于在世界市场上进行资源配置，区域对外开放度越高，对降低要素市场的扭曲程度越有效。

知识存量（*EDU*），使用地区每万人普通高等学校专任教师数与在校学生人数之和与年末常住人口比值衡量。教育是培养人才的关键因素，而人力资本作为一大重要的创新投入要素，对区域创新效率的提高有着重要贡献。

6.3.3.2　数据来源

本章主要选取成渝地区双城经济圈 16 个城市作为研究样本，采用 2011～2019 年知识密集型服务业及区域创新数据展开研究，相关数据源主要来自 2011～2020 年《中国城市年鉴》《四川科技统计年鉴》《重庆统计年鉴》以及四川省科技厅、重庆市统计局等。由于样本期内资阳市 2011 年和 2012 年在校教师人数及普通高校学生人数相关数据资料无法获得，本研究通过多重插值法补全缺失年份数据。各指标描述性统计如表 6－1 所示。

表 6－1　　　　　　　　　　　　变量描述性统计分析

变量	样本量	平均值	标准差	最小值	最大值
INNOV	144	5 391	12 062	139	57 370
LQ	144	0.812	0.338	0.293	1.730
RD	144	1.209	1.527	0.0444	6.825

续表

变量	样本量	平均值	标准差	最小值	最大值
CITY	144	47.00	8.813	30.93	74.41
GOV	144	20.92	7.107	11.41	65.61
FORI	144	1.120	1.948	0.0350	11.47
EDU	144	1.525	1.253	0.00747	5.056

从描述性统计可以得出，成渝地区双城经济圈各城市之间在创新产出、城市建设、制度环境等方面差距较大，区域内创新发展不均衡态势显著。

其中，在创新产出方面，成都市和重庆市长期以来区域创新发展能力处于较高水平，且呈现出稳步增长趋势，成都市 2018 年专利授权数量就超过了 5 万件；而广安、资阳、雅安等城市创新水平则在 16 个城市中处于较低水平，资阳市 2019 年专利授权数量为 566 个，仅占成都市 2019 年专利授权量的 1/9，中心城市与周边城市创新发展鸿沟较大。

在城市建设方面，2011～2019 年，成渝地区双城经济圈城市化建设稳步推进，各城市城镇化水平都得到大幅提升，然而城市间发展差距依然显著，当前成都市城镇化率超过 70%，重庆市以"山城"著称，城镇化水平也在 60% 以上，而南充市、雅安市、眉山市、达州市、资阳市、广安市等地区城镇化率不足 50%。

在制度环境方面，过去，雅安市、资阳市等地区的财政支出占地区生产总值的比重处于较高水平，其中，雅安市 2014 年财政支出占比高达 65.61%，高财政支出占比从侧面反映出地方经济发展迟缓。近年来，随着区域要素资源配置和产业结构不断优化，2019 年各城市财政支出占地区 GDP 比重有所下降，朝着合理区间进一步调整。区域内各城市在知识密集型服务业集聚度、研发投入强度、对外开放以及知识存量等方面发展则相对均衡。

6.4　产业集聚对区域创新的影响分析

6.4.1　产业集聚与区域创新发展的现实基础

6.4.1.1　区域知识密集型服务业集聚效应

当前，我国正积极构建现代化经济体系高质量发展模式，大力推进先进服务业发展是促进产业结构升级和供给侧结构性改革的主要着力点，知识密集型服务业将科技、信息、知识有机结合，通过规模经济和技术溢出效应等为区域创新平台的搭建不断助力。成渝地区双城经济圈作为西部地区的重要经济中心、科技创新中心，通过发挥中心城市带动作用，辐射周边地区，促进区域协同发展，是中国西部高质量发展的战略高地，其知识密集型服务业也呈现快速发展的态势。

为了更加全面、客观分析成渝地区双城经济圈知识密集型服务业集聚情况，本章结合霍鹏（2022）在研究中对知识密集型服务业的界定，具体包括"信息传输、计算机服务业和软件业""金融业""科学研究、技术服务业和地质勘查业""租赁和商务服务业"及"教育业"5个行业。以区位熵指数（LQ）衡量知识密集型服务业集聚程度，区位熵指数越大，则表示区域内 KIBS 集聚程度越高。区位熵计算公式如下：

$$LQ_{ij} = \frac{L_{ij}/\sum_i L_{ij}}{\sum_j L_{ij}/\sum_i \sum_j L_{ij}} \qquad (6-2)$$

其中，LQ_{ij} 表示 i 地区知识密集型服务业集聚度，L_{ij} 表示 i 地区在知识密集型服务业就业人数，$\sum_i L_{ij}$ 表示 i 地区所有产业的就业人数，$\sum_j L_{ij}$ 表示所有地区知识密集型服务业总就业人数，$\sum_i \sum_j L_{ij}$ 表示所有地区所有产业就业人数总和。

本章结合知识密集型服务业就业情况分析 2011～2019 年区域知识密集型服务业形成的集聚效应，如表6－2所示。全域视角下看，成渝地区双城经济圈各城市知识密集型服务业集聚度存在较大差异，研究期间内知识密集型服务业集聚度均值中，成都（1.6288）、绵阳（1.2081）、重庆（1.1601）、内江（1.1345）以及德阳（1.1213）等城市产业聚集效应较为显著，其余城市产业集聚度相对较低。

表6－2　　　成渝地区双城经济圈2011～2019年知识密集型产业集聚度

城市	2011年	2012年	2013年	2014年	2015年	2016年	2017年	2018年	2019年	均值
重庆	1.1247	1.1592	1.1325	1.1199	1.0934	1.1795	1.1789	1.2224	1.2300	1.1601
成都	1.5304	1.5964	1.5788	1.6389	1.7301	1.6128	1.6920	1.6402	1.6396	1.6288
自贡	0.6875	0.6478	0.6555	0.7828	0.6198	0.6571	0.6308	0.6467	0.6320	0.6622
泸州	0.7845	0.7329	0.7029	0.7255	0.6762	0.5906	0.5913	0.5606	0.5687	0.6592
德阳	1.2152	1.2245	1.2499	1.1593	1.1756	1.0969	0.9961	1.0036	0.9709	1.1213
绵阳	0.9896	0.9807	1.1000	1.2004	1.3318	1.3863	1.3523	1.3045	1.2275	1.2081
遂宁	0.6648	0.5891	0.6332	0.5546	0.4750	0.4623	0.4373	0.4413	0.4095	0.5186
内江	1.4479	1.3062	1.1057	1.2018	1.1987	0.9800	0.9753	1.0040	0.9907	1.1345

续表

城市	2011 年	2012 年	2013 年	2014 年	2015 年	2016 年	2017 年	2018 年	2019 年	均值
乐山	0.6809	0.6712	0.6930	0.6194	0.6522	0.6303	0.5825	0.5888	0.6795	0.6442
南充	0.8998	0.9373	0.9828	0.9412	0.7965	0.7812	0.7734	0.7567	0.7740	0.8492
眉山	0.5341	0.5513	0.5651	0.4978	0.4331	0.3562	0.3408	0.2932	0.3137	0.4317
宜宾	0.7808	0.7457	0.7857	0.7112	0.6811	0.6436	0.6255	0.6239	0.5893	0.6874
广安	0.5002	0.4738	0.4686	0.4244	0.5186	0.5221	0.5042	0.4969	0.4887	0.4886
达州	0.6532	0.5601	0.5970	0.6553	0.5980	0.6028	0.5775	0.5791	0.5722	0.5995
雅安	0.7093	0.7229	0.7218	0.5602	0.5700	0.5670	0.5531	0.5474	0.5825	0.6149
资阳	0.6001	0.6241	0.5258	0.4920	0.6580	0.6150	0.5945	0.5982	0.5727	0.5867

结合成渝地区双城经济圈 2011~2019 年知识密集型产业集聚度时空演化看，如图 6-1 所示，16 个城市知识密集型服务业集聚度时空变化差异较大，根据产业集聚均值，可以将 16 个城市分为三大梯队。第 I 梯队：成都市，$LQ>1.5$，呈现出波动上升态势。第 II 梯队：重庆市、绵阳市、德阳市、内江市，$1.0<LQ<1.5$，重庆市和绵阳市表现出上涨态势，德阳市和内江市呈现出波动下降态势。第 III 梯队：自贡市、泸州市、遂宁市、乐山市、南充市、眉山市、宜宾市、广安市、达州市、雅安市、资阳市，$LQ<1.0$，知识密集型服务业整体集聚水平较低，且部分城市呈现下降趋势，其中眉山、广安以及遂宁 3 个城市产业集聚度下降趋势最为显著。

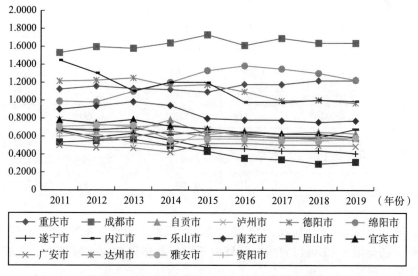

图 6-1　成渝地区双城经济圈 2011~2019 年知识密集型产业集聚度

从行业异质性视角看，成渝地区双城经济圈 16 个城市重点发展行业有所差异，各城市在不同行业集聚度的均值如表 6 - 3 所示。从成渝地区双城经济圈内部看，信息传输、计算机服务业和软件业，金融业，租赁和商务服务业三大行业整体上相对稳定，科学研究、技术服务业和地质勘探业与教育业集聚度表现出严重的"两极分化"，大部分城市人力资本投入教育业发展，仅成都市、重庆市和绵阳市积极进行科技人力资本投入，其余城市科学研究、技术服务业和地质勘探业建设相对不足，集聚度处于较低水平，成渝地区双城经济圈知识密集型服务业内部结构失衡问题显著。

表 6 - 3 　　　　　行业异质性视角下区域知识密集型服务业集聚度均值

城市	信息传输、计算机服务业和软件业	金融业	租赁和商务服务业	科学研究、技术服务业和地质勘探业	教育业
重庆	0.6810	1.1966	1.1292	1.0508	1.0086
成都	1.3813	0.7988	1.0524	1.3874	0.7140
自贡	0.8238	1.1649	1.1582	0.6317	1.0768
泸州	0.5774	0.7718	0.6151	0.4298	1.7428
德阳	0.7533	0.9627	1.1007	0.7876	1.0945
绵阳	0.9125	0.8287	1.0377	2.1061	0.7443
遂宁	0.9933	0.9313	0.6911	0.4254	1.4254
内江	0.9574	1.2845	1.3447	0.3532	0.8733
乐山	1.1130	0.9412	0.8127	0.9733	1.1106
南充	0.9751	0.9641	0.9065	0.3961	1.2714
眉山	1.1226	0.6583	0.3163	0.4323	1.7551
宜宾	1.0827	0.9708	0.8444	0.3399	1.2686
广安	1.4763	1.1115	0.3400	0.1932	1.3897
达州	1.3142	0.8132	0.6242	0.4612	1.2922
雅安	1.4719	1.1177	0.5633	0.2993	1.2429
资阳	1.4966	1.1446	0.6093	0.3910	1.1208

为进一步深入了解成渝地区双城经济圈知识密集型服务业内部结构发展不均衡态势，结合图 6 - 2 可以发现，区域内不同行业集聚效应差异较大，区域产业协同发展较低。

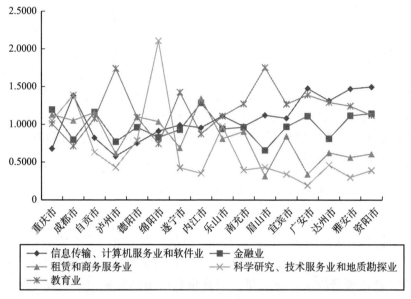

图6-2 行业异质性视角下知识密集型服务业集聚度均值比较

信息传输、计算机服务业和软件业重点发展城市主要包括成都市（1.3813）、乐山市（1.1130）、眉山市（1.1226）、宜宾市（1.0827）、广安市（1.4763）、达州市（1.3142）、雅安市（1.4719）、资阳市（1.4966），形成以成都市为核心的信息技术重点发展区域。成都市高新区和天府新区等高新技术开发区的快速发展带动了周边其他城市信息技术和软件等企业快速集聚，加之成都市较早地为电子信息产业的发展做了战略性的部署，产业基础具有一定的优势，以成都市为首的电子信息产业区不断向外扩散，形成了良好的创新创业生态圈。

积极发展金融业的城市主要包括重庆市（1.1966）、自贡市（1.1649）、内江市（1.2845）、广安市（1.1115）、雅安市（1.1177）、资阳市（1.1446），其中以重庆市为核心城市形成了金融产业集聚区域。重庆市积极打造"一带一路"进出口商品集散中心，同时开展外资股权投资基金跨境人民币资金业务，通过对外贸易促进金融业建设。资阳市作为重庆市和成都市的重要连接点，为两大核心城市经济合作提供了纽带，也促进自身要素流动和经济发展。租赁和商务服务业集聚程度较高的城市主要有重庆市（1.1292）、成都市（1.0524）、自贡市（1.1582）、德阳市（1.1007）、绵阳市（1.0377）、内江市（1.3447）。

科学研究、技术服务业和地质勘探业集聚效应相对显著的城市具体包括重庆市（1.0508）、成都市（1.3874）、绵阳市（2.1061），成渝地区双城经济圈科技创新主要基于成都和重庆的产学研协同创新以及"中国科技城"绵阳市的科技发展。教育业相对集中的城市主要有重庆市（1.0086）、自贡市（1.0768）、泸州市（1.7428）、德阳市（1.0945）、遂宁市（1.4254）、乐山市（1.1106）、南充市（1.2714）、眉山市（1.7551）、宜宾市（1.2686）、广安市（1.3897）、达州市（1.2922）、雅安市（1.2429）、资阳市（1.1208），区域内大部分城市依然主要集中于教育业建设，可以看出，教育业集聚程度高的城市主要是部分山区和偏远地区，也进一步表明成渝地区教育水平尚处于较低水平，需加强教育业发展，通过优质的师资力量以培育更多科技人才，为成渝地区双城经济圈知识密集型服务业发展储备更多人才资本。

6.4.1.2　成渝地区双城经济圈创新发展水平

当前，在新一轮科技革命背景下，国家高度重视区域创新发展，国内创新水平不断提升，区域创新产出持续增加。党的十九届五中全会重点阐述了我国创新发展要点，以企业和人才为创新主体，以政策体制机制为科技创新提供保障，即"强化国家战略科技力量，提升企业技术创新能力，激发人才创新活力，完善科技创新体制机制"。党的二十大报告进一步强调了企业在创新过程中的主导作用，要求"加强企业主导的产学研深度融合，强化目标导向，提高科技成果转化和产业化水平。强化企业科技创新主体地位，发挥科技型骨干企业引领支撑作用，营造有利于科技型中小微企业成长的良好环境，推动创新链产业链资金链人才链深度融合"。对区域发展而言，创新不仅是单一维度发展问题，而且是多创新要素投入转化为创新产出的过程，需要从宏观维度提升创新科技力量，充分发挥微观主体创新积极性和主观能动性（马宝林等，2021；徐鹏杰等，2022）。

成渝地区双城经济圈尚处于建设初期，更需要以多样化的创新投入要素为区域创新发展水平提供支撑。近年来，随着成渝地区双城经济圈快速发展，在资源集聚、创新合作、成果共享、产业联动、环境支撑方面都取得新进展，协同创新水平稳步提升，区域研发投入持续增长。根据《2021年成渝地区双城经济圈协同创新指数》报告显示，成渝地区双城经济圈协同创新总指数增长9.5%。其中，资源集聚指数增长7.5%，创新合作指数增长17.0%，成果共享指数增长8.5%，产业联动指数增长14.0%，环境支撑指数增长11.0%。为持续加快推动成渝地区双城经济圈创新水平提升，成都和重庆两大中心城市逐步加强科技创新中心建设，以创新"双核心"提升区域整体创新水平。以成都、重庆、绵阳三个城市的科技城为基础依托，以成都、重庆两地高新技术园区、自贸区、众创空间等为平台优势，推动成渝地区双城经济圈科技创新中心建设。①

在创新产出方面，本章主要以从国家知识产权局和四川省知识产权服务中心获取的专利授权数来评估成渝地区双城经济圈创新产出水平，主要包括专利授权量和发明专利授权量两方面，如图 6 - 3 所示。成渝地区双城经济圈 2011 ~ 2019 年专利授权量在部分年份存在波动，但总体上表现为稳步上升趋势，发明专利授权量变化趋势则相对平稳。整体来看，成渝地区双城经济圈区域创新水平呈现向好趋势，这为研究成渝地区双城经济圈合作创新发展提供了一定的现实依据。

图 6 - 3　2011 ~ 2019 年成渝地区双城经济圈专利授权情况

资料来源：作者根据收集数据绘制。

成渝地区双城经济圈要素基础较好，创新资源较为丰富，但与东部发达地区相比，区域科技创新能力存在一定差距，有待进一步提升。为推进成渝地区双城经济圈创新发展水平持续提升，需要结合创新驱动发展战略，充分利用成都、重庆、绵阳三地科技城在创新投入、创新产出和创新环境方面的领先优势，不断优化区域创新服务体系，提升创新投入产出效率，推动科技创新应用与产业转型升级深度融合，全面提升发展活力。

①　卢阳春. 积极探索成渝地区双城经济圈科技创新能力提升路径 助推"十四五"四川经济高质量发展［N］. 四川经济日报，2021 - 01 - 06.

6.4.1.3 成渝地区双城经济圈合作创新趋势

"十一五"时期以来，成渝地区双城经济圈合作创新整体规模持续扩大，逐渐形成了以高校提供知识成果，科研院所生产科技成果，企业通过市场转化创新成果，政府提供政策保障的创新合作生态圈，如图6-4所示。一方面，以四川大学、重庆大学、电子科技大学、西南大学为代表的高校，构成了区域创新网络中的核心参与主体，通过发挥产学研和跨域合作优势，有效推动着川渝合作创新体系的建设和完善；另一方面，从政策上来看，成渝两地政府对于加强两地产业合作、开展企业技术交流、优化协作配套基础设施建设、加快推动次级枢纽城市建设等方面越来越重视，加大两地在资源、产业等方面的优势互补，充分发挥西部地区连接"一带一路"的桥梁作用，深化内陆和沿海市场双向开放，实现区位优势的最大利用。

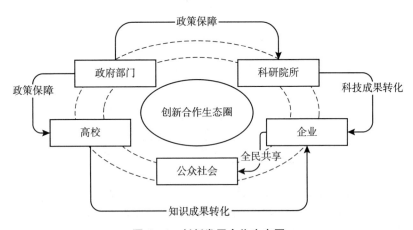

图6-4 创新发展合作生态圈

从产业关联角度来看，知识密集型服务业集聚可以加速知识溢出效应和科技成果转化，加快通用过程的知识生产和扩散，持续引领集群式知识价值网络架构与优化，从而帮助制造业企业改善资源配置效率，降低服务成本等，制造商可以从中累积知识、信息和技术等高端生产要素，挖掘和利用新的生产机会，实现转型升级，助推区域产业结构优化，有利于区域经济创新发展。另外，知识密集型服务业集聚能够通过规模经济效应显著影响区域创新能力，服务业集聚的规模经济效应能够显著增加区域内企业技术融合和创新活动，随着技术进步的有效推进，创新节点将不断增加，有利于区域创新平台搭建，从而促进区域创新能力不断提高。

自成渝地区双城经济圈战略提出以来，随着成渝及周边城市改革的深入推进，区域合作互通呈现出"五个一"态势，即"一片园、一条路、一座城、一条河、一个带"。成渝地区双城经济圈毗邻地区经济区与行政区分管分治迈向突破，互联互通交通网络加快建设，依靠西部科学城开展的协同创新网络已初具规模，成渝生态合作共治成效不断凸显，巴蜀文化旅游走廊初现雏形。下一步，成渝地区双城经济圈将以成都和重庆两大城市为核心，加强互联互通基础设施建设、公共服务平台共建共享、产业跨域合作交流，提高城市更新和治理能力，继续提升城镇化质量和服务水平，打造能够更好地支撑产业和人才集聚的创新平台，推进人口流动、迁徙、转移的便捷化，提高创新要素集聚能力。

6.4.2 实证分析：影响效果

（1）面板数据平稳性检验。为防止非平稳数据形成的伪回归结果，首先对数据进行单位根检验。如果面板数据满足在 3 种检验模型（即有时间趋势和截距、有截距无时间趋势、两者都无）中都不能拒绝存在单位根的原假设时，一般才认为该面板数据不平稳。采取 LLC 检验、IPS 检验、Fisher – ADF 检验和 Fisher – PP 检验，如果在某检验模型中得出的 P 值，存在 $P < 0.05$，则说明在该种检验情况下该变量序列是平稳的。表 6 – 4 中是对各变量进行单位根检验的结果，可以看出，各变量在 5% 的显著性水平下拒绝原假设，数据具有平稳性。

表 6 – 4　　　　　　　　　　单位根检验

变量	LLC 检验		IPS 检验		Fisher – ADF 检验		Fisher – PP 检验	
	统计量	P 值	统计量	P 值	统计量	P 值	统计量	P 值
INNOV	– 8.8692	0	– 4.4753	0	– 2.7838	0.9973	– 3.2078	0.9993
LQ	– 6.2866	0	– 2.3005	0.0045	0.4664	0.3205	0.9548	0.1698
RD	– 2.2962	0.0108	– 3.5331	0	– 0.3111	0.6222	10.8586	0
CITY	– 7.6041	0	– 2.2566	0.0035	– 3.9447	1.0000	– 3.1518	0.9992
GOV	– 32.2985	0	– 1.7772	0.1057	0.7249	0.2343	1.6900	0.0455
FORI	– 9.1977	0	– 9.5161	0	7.5324	0	19.7994	0
EDU	– 4.6311	0	– 1.4394	0.7288	– 2.1935	0.9859	– 1.9309	0.9733

（2）基准回归。估计结果如表 6 – 5 所示。随着控制变量的逐步加入，KIBS集聚对成渝地区双城经济圈区域创新均在 1% 的显著性水平下产生正向促进作

用，在验证模型设定具有可靠性的基础上，进一步表明 KIBS 集聚有利于成渝地区双城经济圈区域创新水平提高。知识密集型服务业集聚能有效提升区域创新产出能力，即区域内 KIBS 服务业通过规模经济和技术溢出效应辐射和影响周边地区的技术革新，提高区域创新产出能力，提升区域内科技创新水平和服务质量，进一步通过调整产业结构，带动其他产业优化升级，其影响辐射范围广、辐射时间长，为区域创新发展提供驱动力，维持区域创新系统健康稳定运转。

表 6-5　　　　　　　　　　KIBS 集聚对区域创新影响估计结果

变量	(1)	(2)	(3)	(4)	(5)	(6)
LQ	15 669.6343 *** (3 995.2279)	15 045.5548 *** (3 816.0042)	14 443.3530 *** (3 452.5952)	14 387.5954 *** (3 493.0321)	12 393.7028 *** (3 347.9227)	12 308.7707 *** (3 358.9656)
RD		6 321.9538 *** (1 772.9061)	5 606.1736 *** (1 609.0141)	5 627.9052 *** (1 624.2481)	4 820.7671 *** (1 552.1398)	4 938.1439 *** (1 566.5900)
CITY			-2 791.6893 *** (534.2159)	-2 788.6844 *** (536.9603)	-2 170.4651 *** (533.6807)	-2 239.9406 *** (545.6801)
GOV				-8.1129 (61.7121)	-6.3724 (58.4198)	4.7912 (61.0515)
FORI					-996.0833 *** (262.0286)	-1 022.5053 *** (265.8413)
EDU						1 248.4562 (1 927.5951)
常数项	-10 888.8802 *** (3 563.3895)	-16 562.2502 *** (3 753.8043)	99 772.3868 *** (22 519.0217)	99 831.6225 *** (22 618.6821)	79 252.4939 *** (22 085.1002)	80 346.3163 *** (22 205.3707)
地区固定	YES	YES	YES	YES	YES	YES
时间固定	YES	YES	YES	YES	YES	YES
观测值	144	144	144	144	144	144
R^2	0.2987	0.3669	0.4867	0.4868	0.5441	0.5458
城市	16	16	16	16	16	16

注：*** 表示 $P < 0.01$；括号内为 t 值。

（3）稳健性检验。为进一步验证研究结论的可靠性，通过替换解释变量、排除异常值（缩尾处理）以及拓展计量模型3种方法进行稳健性检验，具体估计结果如表6-6所示。第一，替换解释变量。将解释变量知识密集型服务业集聚程度（LQ）替换为信息传输、计算机服务业和软件业集聚程度（LQ'）进行重新回归，估计结果显示，LQ'同样能显著提升成渝地区双城经济圈区域创新发展水平。第二，排除异常值。将被解释变量进行首尾两端各缩尾2.5%，并对模型进行重新估计，估计结果显示，被解释变量排除异常值后，知识密集型服务业对区域创新发展水平提升依然具有显著正向效应。第三，拓展计量模型。采用面板Tobit模型进行估计，回归结果与原基准回归结果一致，表现出显著正向影响。综合上述三种稳健性检验结果，可以认为本章研究的回归模型和估计结果具有良好的稳健性，所得结论可靠。

表6-6　　　　　　　　　KIBS集聚对区域创新影响的稳健性检验

变量	（1） 替换解释变量	（2） 排除异常值	（3） Tobit 回归
LQ'	1 431.4203 ** （533.8434）		
LQ		11 153.3625 *** （3 074.5070）	13 481.2137 *** （3 251.2425）
RD	5 284.0800 （3 567.0437）	4 320.1629 *** （1 433.9212）	3 973.2340 ** （1 576.3255）
$CITY$	− 2 092.6141 * （1 123.2137）	− 1 299.4896 ** （499.4684）	− 606.7641 （688.4207）
GOV	− 17.9059 （54.7809）	− 1.4787 （55.8813）	3.3827 （59.4782）
$FORI$	− 1 225.6195 （862.4231）	− 909.3286 *** （243.3281）	− 1 199.2497 *** （265.3639）
EDU	1 557.7837 （2 555.5139）	1 905.1426 （1 764.3540）	1 333.9130 （1 746.9209）
$/sigma\_u$			14 279.2016 *** （4 727.2159）

续表

变量	(1) 替换解释变量	(2) 排除异常值	(3) Tobit 回归
/sigma_e			2 931.0788 *** (209.5897)
常数项	83 448.6453 (48 528.8081)	42 191.5422 ** (20 324.8784)	13 291.7469 (27 008.9037)
地区固定	YES	YES	YES
时间固定	YES	YES	YES
观测值	144	144	144
R^2	0.5005	0.4982	
城市	16	16	16

注：* 表示 P<0.1，** 表示 P<0.05，*** 表示 P<0.01；括号内为 t 值。

6.4.3 进一步探讨：路径分析

本章通过构建回归模型分析了成渝地区双城经济圈区域内知识密集型服务业集聚对创新产出作用方向及其效果，为进一步明晰成渝地区双城经济圈创新实现路径，通过使用模糊集定性比较分析（fuzzy-set qualitative comparative analysis，fsQCA）方法进行检验。fsQCA 方法被认为是探索"联合效应"和"互动关系"的有效方法（张明等，2019）。米茨等（Mitze et al.，2019）发现区域创新过程中高技术企业、知识密集型服务业相关新创企业等创新主体与区域对外开放等创新环境之间形成交互作用，加强了各类要素资源的跨域交流，以提升区域创新绩效。在区域创新系统中，研发投入和知识存量隶属于创新基础，政府科技投入属于联系质量维度（朱桂龙等，2021）。

基于此，在现有研究的基础上，通过 fsQCA 方法重点分析产业集聚，用知识密集型服务业集聚度表示；创新基础，即研发投入、知识存量；联系质量，即制度环境；外部市场，即对外开放在内的 5 个解释因素如何通过联合效应对成渝地区双城经济圈区域创新水平产生影响，研究逻辑框架如图 6-5 所示。

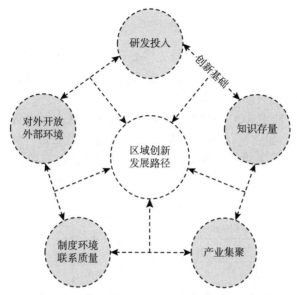

图 6 - 5 成渝地区双城经济圈创新发展路径分析逻辑框架

6.4.3.1 测量和校准

在 fsQCA 中，每个结果变量和条件变量都单独形成一个集合，每一个案例在这些集合中均有隶属分数，给案例赋予集合隶属分数的过程就是校准。结合现有研究（杜运周和贾良定，2017；张明等，2019），选取直接校准法，将 1 个结果变量和 5 个条件变量对应的 3 个校准点分别设定为样本数据的上四分位数（95%，完全隶属）、上下四分位数均值（50%，交叉点）以及下四分位数（5%，完全不隶属）。表 6 - 7 总结了各条件变量和结果变量的校准信息。

表 6 - 7 结果与条件的校准

条件与结果	校准		
	完全隶属	交叉点	完全不隶属
区域创新水平（*INNOV*）	45 596.25	1 629.00	728.75
产业集聚（*LQ*）	1.3324	0.6106	0.3856
研发投入（*RD*）	3.8075	0.7946	0.2742
制度环境（*GOV*）	24.3902	19.4502	12.2024
对外开放（*FORI*）	2.5626	0.3214	0.1122
知识存量（*EDU*）	4.4806	1.4647	0.4501

6.4.3.2　单个条件的必要性分析

依据 fsQCA 方法的分析步骤，首先需要通过一致性分析来检验单个条件是不是可以构成区域创新发展的必要条件。据 fsQCA 方法的判断条件，当一致性水平高于水平值 0.9，则可以认为该条件可作为结果的必要条件（Marx et al.，2014；杨力等，2023）。使用 fsQCA 软件，分析得出成渝地区双城经济圈创新发展的必要条件检验结果，如表 6-8 所示。从必要性检测结果可知，所有条件变量一致性水平均低于 0.9，表明 5 个条件中不存在区域创新的必要条件。

表 6-8　　　　　　　　　　　　　必要性检测结果

条件变量	区域创新水平		条件变量	区域创新水平	
	一致性	覆盖度		一致性	覆盖度
研发投入	0.857759	0.801342	~研发投入	0.612069	0.498246
对外开放	0.719828	0.768405	~对外开放	0.676724	0.496835
制度环境	0.599138	0.516729	~制度环境	0.830460	0.728878
知识存量	0.811782	0.762483	~知识存量	0.626437	0.507567
产业集聚	0.863506	0.712085	~产业集聚	0.573276	0.527778

6.4.3.3　条件组态的充分性分析

条件组态的充分性分析主要揭示多个条件构成的不同组态引致结果产生的充分性。利用 fsQCA 软件进行分析，分别会输出包括复杂解、简单解、中间解在内的 3 种复杂程度不同的解。表 6-9 为 5 个条件形成的组态（路径）分析结果。

表 6-9　　　　　　　　　　　　　实现区域创新的组态

前因条件	解			
	H1	H2	H3a	H3b
研发投入（RD）	⊗	●	●	●
制度环境（GOV）	⊗		⊗	⊗
对外开放（FORI）	●	●		⊗
知识存量（EDU）	⊗	●	●	⊗

续表

前因条件	解			
	H1	H2	H3a	H3b
产业集聚（LQ）		●	●	⊗
一致性	0.8449	0.9002	0.8365	0.9632
原始覆盖度	0.2974	0.6092	0.6250	0.4138
唯一覆盖度	0.0417	0.0848	0.0158	0.1063
总体解的一致性	0.8217			
总体解的覆盖度	0.8807			

注：●代表核心条件存在；●代表辅助条件存在；⊗代表核心条件缺失；⊗代表辅助条件缺失；空格代表条的存在状态模糊，可存在可缺席。

针对成渝地区双城经济圈创新发展，表6-9呈现的4种组态中，单个解（组态）和总体解的一致性水平均高于最低接收标准0.8，表明组态分析具有科学性和有效性；总体一致性为0.8217，表明4种组态对成渝地区双城经济圈创新发展有强解释力度。单个解的原始覆盖度分别为0.2974、0.6092、0.6250、0.4138，总体解的覆盖度为0.8807，表明4种组态可以对成渝地区双城经济圈88.07%创新发展案例做出解释。形成的组态中"*"为"与"，表明多个条件变量共同引致结果产生（杜运周和贾良定，2017）。

从各组态看，组态H1（~研发投入 * ~制度环境 * 对外开放 * ~知识存量）中，对外开放对成渝地区双城经济圈创新发展发挥了核心作用，制度环境的缺席为核心条件，研发投入和知识存量的缺席发挥了辅助作用，典型案例有眉山市和内江市。

组态H2（研发投入 * 对外开放 * 知识存量 * 产业集聚）中，研发投入和对外开放对成渝地区双城经济圈创新发展发挥了核心作用，知识存量和知识密集型服务业集聚的存在发挥了辅助作用。该组态的一致性为0.9002，唯一覆盖度为0.0848，其一致性和唯一覆盖度均小于组态4的值，但共覆盖了成都市、绵阳市、德阳市、乐山市、自贡市的创新发展在内的5个案例。

组态H3a（研发投入 * ~制度环境 * 知识存量 * 产业集聚）中，研发投入对成渝地区双城经济圈创新发展发挥了核心作用，制度环境的缺席为核心条件，知识存量和知识密集型服务业集聚的存在发挥了辅助作用，典型案例包括成都市、绵阳市、德阳市、乐山市和自贡市。

组态H3b（研发投入 * ~制度环境 * ~对外开放 * ~知识存量 * ~产业集聚）中，研发投入对成渝地区双城经济圈创新发展发挥了核心作用，对外开放、知识存量以及知识密集型服务业集聚的缺席发挥了辅助作用，典型案例为宜宾市。

从组态间关系看，组态 H3a（研发投入 * ~制度环境 * 知识存量 * 产业集聚）和组态 H3b（研发投入 * ~制度环境 * ~对外开放 * ~知识存量 * ~产业集聚）具有相同核心条件，即研发投入存在和制度环境缺席，但在辅助条件上存在差异。此外，组态 H3a 中的研发投入和组态 H1 中的对外开放存在显著替代关系，表明两个条件无需同时存在便可以与组态 H1 和组态 H3a 中其余条件共同引致结果产生。基于上述组态的复杂关系以及 4 条路径包含的核心条件及其解释逻辑，下面对成渝地区双城经济圈创新发展路径进行归纳。

6.4.3.4　区域创新发展路径探索

成渝地区双城经济圈创新发展路径多重并发，区域内各主体还需从多角度、全方位实施创新发展战略。结合组态分析结果，得出两种符合成渝地区双城经济圈创新发展的模式：对外开放式创新发展模式和要素集聚型创新发展模式。在此基础上，对 4 种组态所覆盖的样本案例展开分析。区域内各主体创新发展路径存在较为明显的差异，即不同组态可细化对应到不同的城市，总结归纳出基于多主体的成渝地区双城经济圈各城市创新发展路径，结合代表性案例城市进行具体分析。

（1）对外开放式创新发展模式。外向型经济为区域创新发展和经济增长提供了强有力的支撑作用（李兰冰和刘秉镰，2020）。组态 H1 和组态 H2 核心条件均包含对外开放，表明外部市场对成渝地区双城经济圈创新有着显著影响。自主创新是开放环境下的创新，实施开放包容、互惠共享的区域科技创新合作战略，以更加开放的思维和举措推进科技交流合作，为本国企业寻求更好的市场机会，同时通过引进外部先进技术和经验产生的短期导向，使地区在开放中提升自身科技创新能力。

结合案例看，以眉山市为例，2021 年 11 月，眉山市凭借在对外贸易、外商投资、营商环境、重大项目等方面的优势，成为四川省首批对外开放发展示范市。长期以来，眉山市坚决贯彻落实党中央及四川省政府决策部署，立足新发展阶段，完整准确全面贯彻新发展理念，抢抓"成德眉资"同城化发展、成渝地区双城经济圈建设、"一带一路"建设等重大机遇，现已获批了 10 个国家进口贸易促进创新示范区、加工贸易产业园、跨境电商综合试验区等创新区域和开放平台。同时引进了通威集团、信利光电、美国雅保等重大项目，全面实施开放兴市战略部署，积极打造紧密协同成都、集聚科创资源的"眉山创新谷"。

成渝地区双城经济圈内各城市有必要在创新驱动发展战略下，逐步开放市场，利用对外开放形成的创新发展模式，使得要素市场的扭曲程度降低，进一步优化区域创新资源配置，增强要素流动性（Laurence and Charles，2008）。随着区域内信息传递和资源配置的效率提高，市场能及时反映出企业的创新需求，资本转移更加便利，从而更好地促进区域内各创新主体间的合作，提升各类创新主体的协同发展水平。

（2）要素集聚型创新发展模式。组态 H2、组态 H3a 以及组态 H3b 的关键因素都包含研发投入，且知识存量和产业集聚在组态 H2 和组态 H3a 种作为辅助条件存在。高水平的创新要素投入以及产业集聚形成了"研发投入－劳动要素－知识流动－产业集聚"的要素集聚型创新发展模式，研发投入形成较高的知识流量，再结合较高的 KIBS 产业集聚度以及人力资本（朱桂龙等，2021），都是成渝地区创新发展的途径，为成渝地区双城经济圈创新发展奠定了强有力的基础支撑力。以成都市为例，雄厚的创新基础有力促进了成都市创新型产业集群的建设。2021 年，成都市贯彻落实中央对成渝地区双城经济圈建设要求的重大部署，着力提升科技创新能力。

从知识存量看，高校以其多功能性为成渝地区创新合作提供了人力资本、创新知识以及技术支撑，不断增强区域知识存量，营造了良好的区域创新环境。目前成都市共有 58 所高校，其中 29 所为本科院校、29 所为专科院校，本科院校中 8 所高校为"双一流"建设高校，为成渝地区双城经济圈知识生产和流转提供了平台，从人才培养、科学研究、文化传承等层面全方位为成渝地区双城经济圈科技创新提供有力支撑。在创新发展方面，成都市统计局发布的《2021 年成都市科技经费投入统计公报》显示，2021 年成都市科技经费投入力度持续加大，全市共投入 R&D 经费 631.92 亿元，占全省 R&D 经费投入的 52.03%，同比增长 14.6%。成都市加强创新资源利用和要素集聚，积极构建创新合作平台，截至 2021 年，成都市拥有国家级创新平台 130 家、国家企业技术中心 54 家。以要素和产业集聚为基础，在外部市场以及联系质量的共同作用下，成都市科技创新成果丰硕，技术市场交易活跃，科技成果转化取得显著成效。2021 年实施关键核心技术攻关重点研发项目 121 个；22 项科研成果获国家科学技术奖；专利授权 88 414 件，其中发明 14 996 件，实用新型 60 586 件；技术合同成交额 1 228.0 亿元，全市高新技术产业营业收入 11 692.0 亿元，年末共有高新技术企业 7 821 家，比 2020 年末增长 27.8%。

区域创新体系可以看作是一个由创新要素作为基础支撑的产业集群，地理邻近性和产业集聚是区域创新系统形成的必要条件（Su and Chen，2015）。从条件组态案例看，成渝地区双城经济圈内除了成都、重庆两大中心城市研发投入对创新的驱动效应显著外，其余大部分城市依然依靠高研发投入带动自身创新发展，然而部分边缘城市无论是创新基础要素、制度政策、外部环境还是产业集聚对创新产生的促进效应都不强，因此，成渝地区还需积极倡导中心城市与边缘城市企业开展多形式的合作交流，拓宽区域内各主体 R&D 经费融资渠道，吸引创新要素向边缘地区流动，促进成渝地区协同创新发展。

6.5 结 论 及 建 议

6.5.1 研 究 结 论

本章选取 2011～2019 年成渝地区双城经济圈知识密集型服务业及代表区域创新产出水平的专利授权相关数据，分析区域知识密集服务业集聚情况和创新产出现状，并在产业集聚视角下对多要素驱动成渝地区双城经济圈创新发展模式进行探索。研究结果有如下 3 点。

（1）从成渝地区双城经济圈知识密集型服务业总体发展情况来看，区域内知识密集型服务业地区集聚存在不均衡态势，在全域视角下，16 个城市知识密集型产业集聚度表现出明显的梯度特征。

（2）在行业异质性视角下，行业集聚效应呈现出明显的地区异质性，逐渐以成都和重庆等城市为中心形成产业集聚"两极分化"，表现出明显的"强者越强，弱者越弱"集聚趋势，经济圈基础建设相对落后城市产业集聚效应形成外围发展趋势，且随着时间推移，可以预见该集聚趋势将进一步强化。

（3）在实证分析中，对成渝地区双城经济圈面板数据进行分析，探究知识密集型服务业集聚对成渝地区双城经济圈创新产出水平的影响。结果显示：知识密集型服务业集聚能有效提升区域创新产出能力，区域内产业结构中知识密集型服务业占比越高，越能通过规模经济和技术溢出效应辐射和影响周边地区的技术革新，提高区域专利产出数量，提升区域内科技创新水平和服务质量，进一步引导其他产业特别是制造业转型升级，不断完善区域创新体制机制，有利于提升成渝地区经济圈区域创新发展水平。在组态分析中发现，成渝地区双城经济圈创新发展条件具有多重并发关系，本章基于成渝地区双城经济圈建设实际和研究结果，总结出成渝地区双城经济圈产业集聚下两条创新发展模式：以对外开放为核心的创新发展模式和以要素集聚为核心的创新发展模式。

6.5.2 对 策 建 议

当前，成渝地区双城经济圈正处于快速发展时期，为保持其经济持续健康增长，提高中心城市辐射带动能力，转换经济发展动力，加快产业转型升级，必须完善区域创新体系，强化区域创新能力。基于此，结合研究结论从知识密集型服务业企业发展、产业融合、创新投入、创新合作四个方面提出政策建议，以期优化成渝地区双城经济圈产业结构、提升区域创新发展水平。

（1）促进KIBS企业健康发展，增强知识外溢效应。政府应加大对知识密集型服务业的政策支持，在税收和信贷等方面给予一定的政策优惠，正确引导知识密集型服务业中小企业集聚发展，促进企业分工协作，重视创新能力的开发，提升资源利用率，合理实现产业集聚，充分发挥其规模经济和知识溢出效应。同时，新信息技术革命加速产业间知识流动与技术外溢，KIBS集聚不仅直接影响本地区创新发展，而且会间接影响邻近地区，因此更应发挥成都和重庆两大中心城市产业分布优势带动中间地带的南充市、眉山市、广安市、资阳市等城市KIBS发展，提高经济圈整体产业发展水平，促进区域协同发展。为保障成渝地区双城经济圈KIBS发展具有良好的创新环境，地方政府应当打破行政壁垒，加强互联互通基础设施的建设，鼓励和支持成渝两地KIBS企业和高技术制造业跨域合作，加快知识在地理空间上的扩散，提高生产要素的流动能力，有利于西部地区整体创新网络的形成。

（2）加强各类产业融合发展，提高产业发展效率。KIBS的核心功能在于保持产业生产过程的连续稳定，促进产业技术进步、产业升级和效率提升。从产业链角度来看，成渝地区双城经济圈应当合理布局知识密集型服务业和高技术制造业两大产业，加速整个产业链知识生产和技术应用，增大产业创新附加价值，促进产业转型升级，以知识为中介提高区域创新能力。同时，依托创新链布局产业链，围绕产业链部署创新链，形成成渝地区双城经济圈一体化的产业链和创新链，同时促进创新要素向企业集聚，促进产学研深度融合。推动以成都、重庆、绵阳三大城市科技创新中心与外围对接，科技创新中心对外围城市提供以金融要素、国际化要素、创新要素等创新发展要素，积极将科技中心的科技成果转移到外围地区实现产业化，并且推动科技成果转化利益分享机制，探索适合成渝地区双城经济圈的利益分配机制助力科技成果转化，以期在成渝地区双城经济圈形成科技创新、成果转化、产业孵化、集群发展的整套创新产业链，提升KIBS服务水平。

（3）加大区域内部创新投入，提升创新要素活跃度。创新投入、创新产出和创新能力水平三者之间一般存在正向关系，多投入带来高产出，由此带来创新水平提升。随着信息技术的深度发展和广泛应用，KIBS企业对创新重视度加深，创新投入和产出也逐步增加，综合创新能力正在不断提升，呈现出科技创新力度大、创新活跃的特征。科技持续高速发展，促使创新知识总量和技术复杂度不断增加，经济全球化进程持续深化，学习模仿并不能确保经济的可持续发展，自主创新能力对维持区域自身竞争优势显得较为重要。亟须提高地区研发投入水平，积极推进成渝地区双城经济圈各城市核心高校产学研及跨域合作，结合高校资源特色，吸引域外其他创新主体有效参与区域创新建设。对于区域内经济创新发展动力不足的地区，实施鼓励人才流动政策，建立更加健全的人才引进和管理制度，吸引更多优质人力资源，加强地区高端人才培养和有效管理，持续推进区域信息化建设，加快区域信息化改革，营造良好的区域创新创业环境，有利于实现区域整体协同创新。

（4）完善区域合作创新体系，形成良好竞合关系。首先，作为中心城市的成都和重庆两大核心城市以良好的竞合关系，在产业发展定位上强调分工协作的重要性，整合成渝两市共有优势产业，如汽车制造、电子信息、装备制造等支柱产业资源，充分发挥重庆配套产业体系完善以及成都研发创新能力强的优势，推进周边地区产业联合研发，逐步提高在建设城市合作机制、对接空间发展战略、统一经济市场建设等方面的工作效率，更好地发挥中心城市的带动作用。其次，目前成渝地区双城经济圈除了成都和重庆两个中心城市外，还未形成有影响力和竞争力的创新次中心，因此，为了充分发挥区域中心的辐射作用，扩大创新因素的辐射范围，在建设成渝地区双城经济圈创新中心城市的同时，也应重视加强对绵阳、宜宾、雅安、广安等创新次中心的培育，逐步完善区域产业链、知识链和创新链建设，提高区域合作创新体系的运作效率和创新能力。

本 章 小 结

本章选取成渝地区双城经济圈知识密集型服务业及代表区域创新产出水平的专利授权相关数据，分析区域知识密集服务业集聚情况和创新产出现状，并在产业集聚视角下对多要素驱动区域创新发展模式进行探索。研究结果显示：（1）成渝地区双城经济圈知识密集型服务业总体表现为不均衡态势，在全域视角下，16个城市知识密集型产业集聚度表现出明显的梯度特征。（2）在行业异质性视角下，行业集聚效应呈现出明显的地区异质性，逐渐以成都和重庆等城市为中心形成产业集聚"两极分化"，经济圈基础建设相对落后城市产业集聚效应形成外围发展趋势，且随着时间推移，可以预见该集聚趋势将进一步强化。（3）实证研究结果显示，知识密集型服务业集聚能有效提升区域创新产出能力，区域内产业结构中知识密集型服务业占比越高，越能通过规模经济和技术溢出效应辐射和影响周边地区的技术革新，有利于提升成渝地区经济圈区域创新发展水平。组态分析发现，区域创新发展条件具有多重并发关系，基于成渝地区双城经济圈建设实际和研究结果，分别总结出以对外开放为核心和以要素集聚为核心的两条创新发展模式。

为更好地发挥知识密集型服务业对成渝地区双城经济圈创新发展的促进作用，本章提出四点政策建议：（1）加大对知识密集型服务业的政策扶持力度，合理实现产业集聚，促进区域内知识密集型服务业健康发展。（2）合理布局产业链，打破行政壁垒，加强互联互通基础设施的建设，鼓励和支持成渝地区双城经济圈知识密集型服务业和高技术制造业跨域合作，加强知识密集型服务业与其他产业的深度融合。（3）加大区域内部创新投入，积极推进成渝地区双城经济圈核心高校的产学研及跨域交流，建立更加完备的人才引进和管理制度，持续推进区域信息化建设，营造良好的区域创新环境。（4）完善区域合作创新体系，强化城际间产业链有效分工，推进地区间产业联合研发，强化中心城市的辐射作用的同时注重对创新次中心的建设和培育，提高区域合作创新体系的运作效率和创新能力。

参 考 文 献

［1］邓向荣，曹红．产业升级路径选择：遵循抑或偏离比较优势——基于产品空间结构的实证分析［J］.中国工业经济，2016（2）：52－67.

［2］杜倩云，陈岩．知识密集型服务业对区域创新的影响分析——以京津冀地区为例［J］.统计理论与实践，2020（3）：37－42.

［3］杜运周，贾良定．组态视角与定性比较分析（QCA）：管理学研究的一条新道路［J］.管理世界，2017，2（6）：155－167.

［4］方远平，唐瑶，陈宏洋，等．中国城市群知识密集型服务业集聚与经济增长关系研究——基于动态面板数据的GMM方法［J］.经济问题探索，2018（2）：85－93.

［5］霍鹏，魏修建．我国知识密集型服务业空间集聚的实证研究——基于286个地级及以上城市的经验证据［J］.经济问题探索，2019（11）：151－163.

［6］霍鹏．知识密集型服务业空间集聚的动态演化及驱动因素［J］.长江流域资源与环境，2022，31（4）：770－780.

［7］江静，刘志彪，于明超．生产者服务业发展与制造业效率提升：基于地区和行业面板数据的经验分析［J］.世界经济，2007（8）：52－62.

［8］李兰冰，刘秉镰．"十四五"时期中国区域经济发展的重大问题展望［J］.管理世界，2020，36（5）：36－51，8.

［9］刘林青，谭畅．产业国际竞争力的结构观——一个正在涌现的研究域［J］．经济评论，2014（3）：153-160.

［10］刘顺忠．对创新系统中知识密集型服务业的研究［J］．科学学与科学技术管理，2005（3）：61-65.

［11］马宝林，王一寒，张煜，等．国家财政、产业创新与区域协调发展研究——来自有调节的多重中介效应模型的证据［J］．宏观经济研究，2021（9）：99-110.

［12］沈能．局域知识溢出和生产性服务业空间集聚——基于中国城市数据的空间计量分析［J］．科学学与科学技术管理，2013，34（5）：61-69.

［13］谭畅，刘林青．中国知识产权密集型优势产业组合的动态演进与升级路径［J］．科研管理，2020，41（11）：35-43.

［14］魏江，陶颜，王琳．知识密集型服务业的概念与分类研究［J］．中国软科学，2007（1）：33-41.

［15］夏杰长，丰晓旭，姚战琪．知识密集型服务业集聚对中国区域创新的影响［J］．社会科学战线，2020（3）：60-69.

［16］徐鹏杰，张文康，曹圣洁．扩大内需、供给侧结构性改革与创新发展能力［J］．财经科学，2022（12）：77-87.

［17］杨力，刘敦虎，魏奇锋．共生理论下区域创新生态系统能级提升研究［J］．科学学研究，2023，41（10）：1897-1909.

［18］杨仁发，汪青青．生产性服务投入、技术创新与制造业国际竞争力［J］．山西财经大学学报，2018，40（9）：62-75.

［19］苑吉洋，王玉梅，林少钦．基于国内期刊大数据的知识密集型服务业研究动态分析［J］．青岛科技大学学报（社会科学版），2020，36（3）：70-79.

［20］詹浩勇，冯金丽．西部生产性服务业集聚对制造业转型升级的影响——基于空间计量模型的实证分析［J］．技术经济与管理研究，2016（4）：102-109.

［21］张萃．高技术服务业与工业企业合作创新—成本收益、模式特征与动态演进［J］．现代经济探讨，2017（8）：1-9.

［22］张明，陈伟宏，蓝海林．中国企业"凭什么"完全并购境外高新技术企业——基于94个案例的模糊集定性比较分析（fsQCA）［J］．中国工业经济，2019（4）：117-135.

［23］朱桂龙，赛夫，秦梓韬．中国各省创新水平关键影响因素及发展路径识别——基于模糊集定性比较分析［J］．科学学与科学技术管理，2021，42（9）：52-70.

［24］ Dathe Dietmar, Schmid Günther. Determinants of Businessand Personal Services. Evidence from West – German Regions ［M］. Berlin: Wissenschaftszentrum Berlin Fur Social for Schung, 2000: 153 – 158.

［25］ Emanuel Gomes, Oscar F Bustinza, Shlomo Tarba, et al. Antecedents and implications of territorial servitization ［J］. Regional Studies, 2019, 53 (3): 410 – 423.

［26］ Emmanuel Muller, Andrea Zenker. Business services as actors of knowledge transformation: The role of KIBS in regional and national innovation systems ［J］. Research Policy, 2001, 30 (9): 1501 – 1516.

［27］ Hertog P, Bilderbeek R. Conceptualizing (Service) innovation and the knowledge flow between KIBS and their Clients ［R］. SI4S Topical Papers, 1998.

［28］ Ian Miles, Nikos Kastrinos, Kieron Flanagan, Rob Bilderbeek, Pim den Hertog, Willem Huntink, Mark Bouman. Knowledge-intensive business services: Users, carriers and sources of innovation ［J］. European Innovation Monitoring System (EIMS) Reports, 1995.

［29］ Laurence Cecchini, Charles Lai – Tong. The links between openness and productivity in mediterranean countries ［J］. Applied Economics, 2008, 6 (40): 685 – 697.

［30］ Marx A, Rihoux B, Ragin C. The origins, development, and application of Qualitative Comparative Analysis: The first 25 years ［J］. European Political Science Review, 2014, 6 (1): 115 – 142.

［31］ Muller Emmanuel, Doloreux David. What We Should Know about Knowledge-intensive Business Services ［J］. Technology in Society, 2009, 31 (1): 64 – 72.

［32］ Richard Shearmur, William Coffey, Christian Dubé and Rémy Barbonne. Intrametropolitan employment structure: Polycentricity, scatteration, dispersal and chaos in Toronto, Montreal and Vancouver, 1996 – 2001 ［J］. Urban Studies, 2007, 44 (9): 1713 – 1738.

［33］ Storper Michael, Yuko Aoyama, Edward J. Malecki, Amy Glasmeier, Susan Christopherson. Keys to the city: How economics, institutions, social interaction, and politics shape development ［M］. Princeton: Princeton University Press, 2013: 528 – 603.

［34］ Timo Mitze, Falk Strotebeck. Determining factors of interregional research collaboration in Germany's biotech network: Capacity, proximity, policy? ［J］. Technovation, 2019, 80 – 81﹕40 – 53.

［35］ William J. Coffey, Richard G. Shearmur. Agglomeration and dispersion of high-order service employment in the Montreal metropolitan region, 1981 – 1996 ［J］. Urban Studies, 2002, 39 （3）﹕359 – 378.

［36］ Yipeng Liu, Christoph Lattemann, Yijun Xing, et al. The emergence of collaborative partnerships between knowledge-intensive business service （KIBS） and product compa-nies﹕The case of Bremen, Germany ［J］. Regional Studies, 2019, 53 （3）﹕376 – 387.

［37］ Yu – Shan Su, Jin Chen. Introduction to regional innovation systems in East Asia ［J］. Technological Forecasting & Amp; Social Change, 2015, 100 （1）﹕80 – 82.

第四篇

成渝地区双城经济圈区域协调发展

第 7 章

成渝地区双城经济圈区域协调发展水平测度研究

7.1 引　　言

党的二十大报告强调，高质量发展是全面建设社会主义现代化国家的首要任务，要坚持以推动高质量发展为主题，把实施扩大内需战略同深化供给侧结构性改革有机结合起来，加快建设现代化经济体系，着力提高全要素生产率，着力提升产业链、供应链韧性和安全水平，着力推进城乡融合和区域协调发展，推动经济实现质的有效提升和量的合理增长。中国经济发展新理念随着时代在进步，构建"新常态"和"新时代"的思想深入人心，发展方式由要素驱动、投资驱动转向创新驱动，现今拉动内需主要依靠高质高效的供给侧改革，这就要求多主体、全方位进行协同。但当前我国区域间发展不平衡、不充分问题依然严峻，主要表现在资源环境、科技创新以及经济社会等诸多领域，区域协同发展体制机制尚未完善，难以适应新时代实施区域协调发展战略需要（黄季焜等，2021）。加之国际形势复杂多变，对我国区域协调发展也提出了新的挑战。成渝地区双城经济圈以数个省市为出发点，着力带动周边数十个城市经济建设，甚至形成稳固的发展结构和模式，扩大影响串联四川、重庆、贵州、西藏等地区的协调发展。推进以成渝地区双城经济圈为中心的发展战略，同时增强周边各区域发展的可持续性、协调性，为实现高质量发展打下坚实基础，推进我国中西部地区人民共同富裕，可以有效缩小全国范围内的经济发展差距，改善东部与西部地区区域发展不协调问题，形成互帮互助、共建共享的新局面。

当前学术界对区域协调发展的研究与探讨，主要从区域发展协调对象及目标、市场机制等的引领作用、相关影响因素等方面展开。成渝地区双城经济圈是我国中西部地区重要的经济中心，该经济圈建设已经上升为中西部地区甚至全国目光聚焦的任务。成渝地区双城经济圈重点在绿色、开放、经济和创新四个方面进行发展，以建设高品质生活宜居地、改革开放新高地、具有全国影响力的重要经济中心、具有全国影响力的科技创新中心为重点目标，本章重点探索了成渝地区双城经济圈"绿色－创新－经济"三者及其间的协作关系，具体如图7-1所示。在绿色发展层面，以高品质生活宜居地建设持续优化生态环境质量和公共服务供给，落实"共抓大保护、不搞大开发"方针，成渝地区双城经济圈各城市间携手实施重要生态系统保护和修复重大工程，推进环境污染联防联治，有计划、按步骤有序实施"双碳"联合行动，共同筑牢长江上游生态屏障。在区域创新层面，以科技创新中心建设增强创新资源集聚能力和创新发展动力，促进科技成果转化和产业化，建立高层次人才共育、共引、共用机制，同步实现产业现代化，全面深化成渝地区创新合作，提升成渝地区双城经济圈区域科技创新水平。在经济发展层面，以经济中心建设进一步完善现代化基础设施体系和现代产业体系，强化全域协同联动，以缩小地区差距，积极推进公共服务均等化便利化，拓展"川渝通办"覆盖区域，共同落实便捷生活行动事项，合力打造区域协作高水平样板。

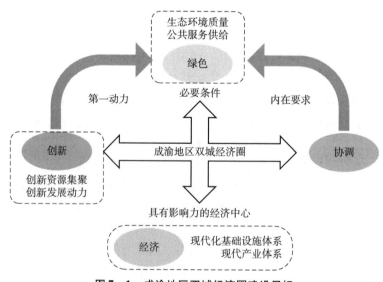

图7-1 成渝地区双城经济圈建设目标

建设包容和谐、美丽宜居、充满魅力的高品质城市群，有利于成渝地区以实现碳达峰、碳中和目标为引领，加快探索绿色转型发展路径，不断巩固强化生态本底，大幅改善城乡人居环境。坚定实施创新驱动发展战略，增强协同创新发展能力，合力打造科技创新高地，建设成渝综合性科学中心、西部科学城等重要载体，布局落地一批重大科技基础设施和产业技术创新平台，不断强化战略科技力量，加速集聚创新资源要素。依托综合交通枢纽和立体开放通道，提高参与全球资源配置能力和整体经济效率，培育竞争优势突出的现代产业体系，提升协同创新、基础研究、技术攻关和成果转化能力，塑造更多依靠创新驱动、更多发挥先发优势的引领型发展。破除阻碍生产要素自由流动的行政壁垒和体制机制障碍，全面融入全国统一大市场建设，进一步拓展区域合作空间，激发区域发展更大活力。

为深入探究成渝地区双城经济圈社会发展与经济建设的协调性、自然与人文的共生性、高质量发展与高品质生活的一致性，本章从绿色、创新、经济三者间发展的协调性出发，重点关注成渝地区双城经济圈及其周边城市所形成的成渝地区双城经济圈的"绿色－创新－经济"协同度，以成都、重庆、绵阳、自贡等16个城市为研究对象，遵循区域协调发展客观事实，从资源利用与环境保护、创新能力与科技成果、经济水平和社会建设三大方面探讨成渝地区双城经济圈的协同效应。运用系统有序度和协同度模型测量各子系统有序度及"绿色－创新－经济"复合系统协同度，评估成渝地区双城经济圈协调发展效果。

7.2 区域协调发展相关研究回顾

7.2.1 区域绿色协调发展

绿色发展作为目前实现经济、社会及生态系统和谐共处的新型发展模式，其核心要义是通过降低资源消耗来实现生态环境保护与治理，从而求得社会经济、产业发展和生态环境的相互协调（邓晶等，2022）。

同时考虑自然和社会经济因素，从产业视角分析区域绿色发展。袁华锡等（Yuan et al.，2022）利用2003~2015年中国285个地级市的面板数据，探讨了金融集聚与区域绿色发展之间的相互作用。研究结果表明，金融集聚和绿色发展均呈现空间收敛趋势，金融服务业集聚可以促进重点城市及其周边城市绿色发展，同时有利于提升西部地区绿色发展水平，而只有华东地区和华中地区空间溢出效应显著。从生态建设视角看，比尔加耶夫等（Bilgaev et al.，2020）使用人工神经网络方法构建了基于绿色经济的贝加尔湖地区生态社会经济发展趋势的预测模型,并利用计量模型分析了影响生态社会经济各部分的因素。结合研究结论,提出了一种调节该地区绿色经济形成的机制,地方政府通过建立区域绿色发展基金,完善污染权市场,将污染企业资金流再分配给绿色产业,从而降低污染排放带来的负外部性。潘霞等(Pan et al.,2022)基于绿色发展"三圈"概念框架构建了衡量区域绿色发展水平的新模型,从空间上看,东部沿海地区绿色发展水平普遍高于其他地区,西南地区绿色发展水平相对较低,绿色发展重心整体呈现出北移趋势。基于耦合协调模型,陈建东等(Chen et al.,2020)考察了2009~2015年中国碳排放与生态环境的协调程度。区域绿色发展需更加注重优化产业结构、完善环境监管制度,促进经济增长下的区域协调和社会可持续发展。

7.2.2 区域创新协调发展

区域创新活动是提高国家和地区竞争力的关键(Oshchepkov et al.,2014)。多尔热耶娃等(Dorzhieva et al.,2019)认为高效的管理模式和发展战略在区域创新发展中发挥着重要作用,区域创新发展战略的选择和实施主要取决于区域发展潜力和在创新活动中的参与度,为实施区域创新发展战略需要强化经济集群和产业协同。菲尔索娃等(Firsova et al.,2020)将2006~2017年创新产品数量、高科技产品在地区生产总值结构中占比、专利数量以及创新投入等变量作为评估区域创新发展动力的衡量指标,指出创新投入有助于提高区域创新水平。

创新发展主要来自规模经济,因此区域创新活动形成协同效应显得尤为重要。潘雄锋等(Pan et al.,2020)结合社会网络分析方法探究了中国区域创新关联效应,旨在找出中国各省份创新关联网络的特征和演化趋势,研究发现,当前中国区域创新主要分为"双向溢出""净溢出""主要受益"以及"净受益"四大区块,推动区域创新协同发展需要优化区域产业结构,加强城市建设,重点关注城市的地理邻接关系。区域创新协同发展不仅优化了区域产业布局,同时为地区带来经济价值。林子瑜等(Lin et al.,2021)基于两阶段松弛测度的动态网络数据包络分析(SBM - DNDEA)模型,从技术创新和技术商业化两个发展阶段探讨了中国区域创新系统的价值创造过程,指出区域创新发展不仅需要重视 R&D 投入,更需要关注发明专利质量,优质的专利成果对区域技术创新有直接驱动作用。

7.2.3 区域经济协调发展

区域经济一体化已成为世界经济发展的重要特征之一,当前对区域经济协调发展的相关研究主要从内部结构和外部环境等视角进行。

区域内部要素组合和产业结构对经济发展起着重要作。从区域内部各要素看，影响区域经济发展的要素不仅各自影响着区域发展，各要素间也具有相关性。马瑟尔（Mathur，1999）提出了一种区域内部人力资本积累战略，通过调整人力资本结构为区域经济发展做出贡献，同时结合了区域内创业精神、人力资本、技能培训、资本积累、创新能力、技术研发周期等要素，为构建区域经济长期发展政策框架提供了理论基础。随着区域经济持续发展，内部要素组合不断优化调整，从而又进一步引起产业结构转型升级。刘强和李泽锦（2022）分别从省域视角和城市群视角出发对产业结构升级与区域经济协调之间的关系展开研究，发现产业结构升级有助于推动区域经济协调发展，除具有直接效应外，同时还能够通过提高劳动生产率、加快生产要素积累、推动消费升级三种形式间接推动区域协调发展。

区域经济协调发展不仅需要简单的内部要素组合，更需要与外界其他主体进行合作，通过知识流动和要素交换，加强区域经济关联性。谢慧（Xie，2017）利用引力模型估计了枢纽城市之间的贸易流量，重点分析不同层级的高铁枢纽城市贸易结构特征，设置区域贸易差异指数和区域一体化指数。结果表明，高铁枢纽城市间区域贸易具有档次差和空间集聚特征，高铁网络发展提高了枢纽城市的经济规模，促进了其他城市贸易均衡发展，一定程度上提高了区域经济一体化水平。从外部环境看，良好的产业政策环境有利于推动区域经济一体化（Firsova，2020；Djafar et al.，2020）。

7.3　研究设计

7.3.1　指标有序度模型

协同理论核心是分析如何通过个体内部协同作用，自发地出现时空以及功能上的有序结构，主要基于"多子系统的合作受相同原理支配而与子系统特性无关"的原理（邬彩霞，2021）。有序度反映系统有序程度，定义当 $i \in (1, k)$ 时，g_{ij} 为正向指标，其值大小与系统有序程度呈正向关系；当 $i \in (k+1, n)$ 时，g_{ij} 为负向指标，其值大小与系统有序程度呈负向关系。为得到各子系统的各个指标在不同时间段的有序度值，本章采用有序度计算公式为：

$$\mu_j(g_{ji}) = \begin{cases} \dfrac{g_{ji} - \alpha_{ji}}{\beta_{ji} - \alpha_{ji}}, & i \in (1, \ k) \\[4mm] \dfrac{\beta_{ji} - g_{ji}}{\beta_{ji} - \alpha_{ji}}, & i \in (k+1, \ n) \end{cases} \tag{7-1}$$

当指标为正向指标，即 $i \in (1, \ k)$ 时，满足 $\mu_j(g_{ij}) = (g_{ij} - \alpha_{ji})/(\beta_{ji} - \alpha_{ji})$；当指标为负向指标，即 $i \in (k+1, \ n)$ 时，满足 $\mu_j(g_{ij}) = (\beta_{ji} - g_{ji})/(\beta_{ji} - \alpha_{ji})$，$\alpha_{ji}$ 和 β_{ji} 分别是第 j 个子系统在稳定状态下序参量 g_{ji} 的下限值和上限值。$u_j(g_{ji})$ 的值越大，意味着 g_{ji} 对系统有序的"贡献"程度越高，两者是正相关关系。

7.3.2 系统有序度模型

序变量 g_j 对子系统 S_j 的有序度可通过几何平均法或线性加权求和法计算（杨珍丽等，2018）。得到各指标在各时间段的有序度 $\mu_j(g_{ji})$ 后，采用几何平均法，对子系统 S_j 的有序度值进行集成，从而得到子系统有序度。本章选取几何平均法计算子系统有序度，公式如下：

$$\mu_j(s_j) = \sqrt[n]{\prod_{i=1}^{n} \mu_j(g_{ji})} \tag{7-2}$$

由式（7-2）可知，当反映子系统特性的指标有 k 个时，子系统在不同时间段的有序度值就是对 k 个指标在各个时间段所对应的有序度值进行集成，得到子系统的有序度值。

7.3.3 系统协同度模型

几何平均法是诸多系统协同度计算方法中最为常用的一种，通过在复合系统协同度的测量中加入时间维度，衡量系统在一定时间内的稳定程度。假设在给定初始时刻 t_0，各子系统序参量的有序度为 $u_j^0(s_j)$，$(j = 1, \ 2, \ 3)$，那么当复合系统运行到时刻 t_1 时，各子系统序参量的有序度为 $u_j^1(s_j)$，$(j = 1, \ 2, \ 3)$。复合系统协同度由各子系统协同度集合而成，通过几何平均法即可求得成渝地区双城经济圈"绿色 – 创新 – 经济"发展复合系统协同度 cor，公式如下：

$$cor = \sqrt[3]{\prod_{j=1}^{3} \left[\mu_j^1(s_j) - \mu_j^0(s_j) \right]} \tag{7-3}$$

其中，$u_j^1(s_j) - u_j^0(s_j) \neq 0$，协同度 cor 以各子系统有序度变化值为基础，用各子系统的有序度变化值求出几何平均值后，得到复合系统的协同度 cor，$cor \in [-1, \ 1]$，其数值越大，表明系统协同度越高，反之亦然。

复合系统的协同度取决于所有子系统的共同作用，若复合系统内不同子系统之间系统有序度差别较大，则整个系统呈现为低协同状态。此处的协同度考察的主要是复合系统相对于基期来说，其子系统有序度的变化特征以及复合系统协同程度的演化趋势。设成渝地区双城经济圈"绿色－创新－经济"协同发展复合系统为 $S = \{S_1, S_2, \cdots, S_j\}$，$(j = 1, 2, 3)$，$S_1$ 为与绿色发展相关的资源环境子系统（G），S_2 为与创新发展相关的科技创新子系统（T），S_3 为与经济发展相关的经济社会子系统（E）。复合系统 S 的复合机制由 G，T，E 三个子系统之间相互作用相形成。对于复合系统协同度阶段等级的划分，学术界还尚未形成统一标准，本章借鉴邬彩霞（2021）在研究中的复合系统协同水平划分标准，设计成渝地区双城经济圈复合系统协同水平，具体等级划分如表 7－1 所示。

表 7－1　　　　　　　　　　系统协同水平阶段等级划分表

协同度	协同水平
$cor \in [-1, -0.666)$	高度不协同
$cor \in [-0.666, -0.333)$	中度不协同
$cor \in [-0.333, 0)$	轻度不协同
$cor \in [0, 0.333)$	轻度协同
$cor \in [0.333, 0.666)$	中度协同
$cor \in [0.666, 1]$	高度协同

7.4　区域协同度测度及对比分析

7.4.1　区域协同度测度指标体系构建

7.4.1.1　指标体系构建

本章基于区域协同理论，为能够客观评价成渝地区双城经济圈和周边城市所形成的成渝地区双城经济圈空间格局及协同成效，结合客观性、可得性的原则，从资源环境、科技创新、经济社会三大维度出发，采用常用的宏观经济衡量指标，作为区域"绿色－创新－经济"发展系统的评估内容，构建了成渝地区双城经济圈协同度测评指标体系结构，具体如表 7－2 所示。

表7-2　　　　　区域"绿色-创新-经济"协同度研究序参量结构

系统	子系统	序参量	计量单位
城市群"绿色-创新-经济"复合系统	资源环境子系统（G）	城镇化率	%
		单位地区生产总值能耗	吨/万元
		工业二氧化硫排放量	吨
		工业废水排放量	万吨
		工业烟（粉）尘排放量	吨
		环保支出占财政支出比值	%
		生活垃圾无害化处理率	%
		污水处理厂集中处理率	%
		一般工业固体废物综合利用率	%
	科技创新子系统（T）	R&D经费支出	亿元
		R&D人员折合全时人员	人/年
		专利授权	件
		发表科技论文	篇
		科学支出	万元
	经济社会子系统（E）	第三产业增加值占GDP比重	%
		产业合理化指数	-
		城镇职工基本养老保险参保人数	人
		财政自给率	-
		金融结构	-
		人均地区生产总值	元
		社会消费品零售总额	万元
		电信业务总量	万元
		国际互联网用户数	户

（1）资源环境子系统的序参量。资源环境是经济社会可持续发展的基础条件，也是影响区域建设的支撑和约束条件，要实现区域经济社会可持续发展，就需要有丰富的资源和良好的环境作为保障。本章主要选取城镇化率（%）、单位地区生产总值能耗（吨/万元）、工业二氧化硫排放量（吨）、工业废水排放量（万吨）、工业烟（粉）尘排放量（吨）、环保支出占财政支出比值、生活垃圾无害化处理率（%）、污水处理厂集中处理率（%）、一般工业固体废物综合利用

率（％）作为成渝地区资源环境子系统的序参量。

（2）科技创新子系统的序参量。科技创新是推动城市发展的驱动力，要加快自主创新步伐，有效破解当前经济社会发展中的突出矛盾和问题，从而加快转变发展方式、优化经济结构，进而为成渝地区经济建设以及区域协调发展注入新动力。本章主要从创新投入、科技成果以及政策环境等角度衡量科技创新，因此选取 R&D 经费支出（亿元）、R&D 人员折合全时人员（人/年）、专利授权（件）、发表科技论文（篇）、科学支出（万元）作为区域科技创新子系统的序参量。

（3）经济社会子系统的序参量。经济社会发展状况是城市建设的基础和结果。城市要增强自身经济和社会的可持续发展能力，带动周边区域城市可持续发展，就必须加快产业结构优化升级和经济发展方式根本转变，加快培育高端制造业等新兴技术产业，完善城市服务业体系，发展以新一代信息技术为基础的现代服务业，进一步通过社会保障体系促进全民共享。本章主要选取第三产业增加值占 GDP 比重（％）、产业合理化指数、城镇职工基本养老保险参保人数（人）、财政自给率、金融结构、人均地区生产总值（元）、社会消费品零售总额（万元）、电信业务总量（万元）、国际互联网用户数（户）作为区域经济社会子系统的序参量。

7.4.1.2 数据来源及处理

本章仍以成渝地区双城经济圈 16 个城市为研究对象，具体包括重庆市、成都市、自贡市、泸州市、德阳市、绵阳市、遂宁市、内江市、乐山市、眉山市、南充市、宜宾市、广安市、达州市、雅安市、资阳市，构建区域"绿色 – 创新 – 经济"协同发展系统。选取 2011～2020 年成渝地区双城经济圈各城市资源环境、科技创新以经济社会发展等相关数据进行研究，数据主要来源于 2012～2021 年《中国城市统计年鉴》、《重庆统计年鉴》、《四川统计年鉴》、EPS 数据库等。由于统计年鉴部分数据存在缺失，如 2017 年工业废水排放量等，为保证研究完整性，本章利用 Stata 对缺失数据进行插值补全。为避免因计量单位差异对实证结果产生干扰，对所有指标数据采用标准差法（Z – Score）进行标准化处理。

7.4.2 区域协同度分析

在对区域协同度测算之前，为保证评估指标体系的可行性，计算各指标序参量上限和下限时，为排除分母为零而导致指标有序度值为零，造成系统有序度为零的干扰，分别对序变量上限值和下限值进行标准化，再取其标准化后最大值和最小值的 1.1 倍或 0.9 倍。在求出各指标序参量上限和下限后，对各指标进行分类并判断指标方向，结合指标有序度模型计算得出指标有序度。对子系统指标有序度值进行集成后，再结合子系统有序度模型计算得出三个子系统有序度值，最后由系统协调度模型计算得出城市群"绿色 - 创新 - 经济"系统内部协同度。本章以 2011 年数据为基准，计算 2012 ~ 2020 年资源环境子系统、科技创新子系统、经济社会子系统以及复合系统的协同度，测算结果如表 7 - 3 所示。

表 7 - 3 成渝地区双城经济圈协同度演化测算结果

年份	G 子系统有序度	T 子系统有序度	E 子系统有序度	GTE 系统协同度
2012	- 0.1929	- 0.2717	- 0.4888	- 0.2948
2013	0.1037	- 0.1265	0.1763	- 0.1323
2014	0.2464	- 0.2087	- 0.3785	0.2690
2015	0.1708	0.3075	- 0.3009	- 0.2509
2016	0.0389	0.1784	- 0.1330	- 0.0973
2017	0.0754	- 0.1067	- 0.1186	0.0984
2018	- 0.0311	- 0.1240	0.0752	0.0661
2019	0.0327	- 0.1281	- 0.1594	0.0874
2020	0.1661	0.2807	0.3699	0.2584

2012 ~ 2020 年，成渝地区双城经济圈 GTE 系统协同度总体表现为轻度不协同或轻度协同，并呈现出螺旋上升趋势。2012 ~ 2016 年属于城市群建设初期，由于起始阶段各城市禀赋差异，加之 2016 年《成渝城市群发展规划》落地实施，推动区域内部产业结构调整和要素资源整合，以及政策实施具有时滞性，前期城市群内部系统协同度可能造成城市群整体表现出轻度不协同。2017 ~ 2019 年随着区域内各城市产业结构优化升级和要素流动加快，城市群协同度不断提升，由轻度不协同逐渐转向轻度协同。2020 年在受到新冠肺炎疫情影响下，区域协同度不但没有降低，反而有所增加，表明成渝地区双城经济圈内部系统能有效抵抗外部环境变化和不确定性风险因素影响，区域内发展协调性逐渐提高且达到稳定。

从各子系统有序度看，如图 7 - 2 所示，2012 ~ 2020 年，成渝地区双城经济圈资源环境子系统有序度、科技创新子系统有序度以及经济社会子系统有序度表现出波动增长态势。其中，资源环境子系统有序度大部分年份表现为正向，少数年份表现为负向，总体表现为上升态势，子系统内部有序度相对较高。科技创新子系统有序度以及经济社会子系统有序度波动性相对较大，子系统内部有序度较低，但在研究期间也表现出波动上升趋势。上述结果表明，当前成渝地区双城经济圈重点关注城市生态建设，加之成渝地区双城经济圈地处四川盆地和有"山城"之称的重庆，四处环山，自然生态效益良好，使得绿色发展成效显著。技术开发和创新的周期性对经济发展和区域协同产生了滞后效应，从图7-2中可以看出，科技创新子系统有序度与经济社会子系统表现出明显的不同步特征。

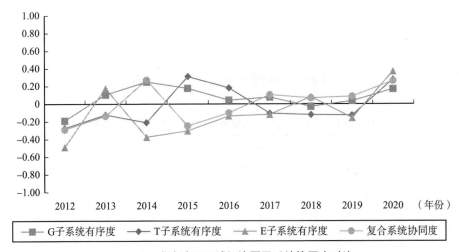

图7-2　成渝地区双城经济圈子系统协同度对比

针对当前成渝地区双城经济圈科技创新与经济社会发展存在的"脱节"问题，亟须从技术人员和管理方式两个层面来解决。第一，就科研队伍而言，目前科研人员结构和科技企业布局合理性有待提高。2019年，重庆市R&D人员全时当量为9.76万人，成都市R&D人员全时当量为9.12万人；从研发人员水平看，成渝两地研发人员总量规模相近，但重庆市每万名从业人员中R&D研究人员数仅为成都的50%左右；成渝地区双城经济圈省级以上科技企业孵化器212个，仅为广东省的22%。2020年，成渝地区"双一流"大学仅有10所，相较于长三角地区的35所和京津冀地区的41所，成渝地区"双一流"大学数量难以满足目前协同创新对人才的需求。还需通过科学的方法调整成渝地区科研队伍结构，提高创新水平。第二，完善科研管理制度，为创新主体提供稳定的资金保障和良好的政策环境，探索并建立服务创收和社会参与投资机制，让成渝地区双城经济圈协同创新获得资金支持和多元化融资渠道，积极探索建立统一完善的经费管理制度，加强科研经费监管；加大政府投入力度，对有潜力且重要的协同创新项目政府应给予相应的政策倾斜，以保证成渝地区双城经济圈协同创新稳定发展。

7.4.3 区域主体协同度对比

区域主体主要包括成渝地区双城经济圈16个城市，从资源环境子系统、科技创新子系统、经济社会子系统以及复合系统协同度角度进行比较。基于数据可得性，本章采用2011~2020年16个城市3个子系统以及复合系统协同度均值进行分析。从表7-4可以看出，各城市GTE系统协同度表现为轻度协同，且重庆市GTE系统协同度均值为0.0436，成都市GTE系统协同度均值为0.0466，二者复合系统协同性相对较低。为深入研究成渝地区双城经济圈区域内系统协同发展情况，进一步对区域主体和子系统时空关系展开深入分析。

表7-4　　2011~2020年成渝地区双城经济圈各城市协同度测算结果均值表

城市	G子系统有序度	T子系统有序度	E子系统有序度	GTE系统协同度
重庆	0.3130	0.6394	-0.0908	0.0436
成都	0.4911	0.5183	0.3730	0.0466
自贡	0.5061	0.0279	-0.0106	0.1363
泸州	0.4638	0.1916	0.1489	0.0806
德阳	0.5009	0.0194	0.1651	0.0963
绵阳	0.4856	-0.1069	0.1596	0.1978
遂宁	0.5618	0.0594	0.1022	0.1782
内江	0.3866	0.1284	0.4269	0.1058
乐山	0.3287	-0.0287	0.1529	0.0782
眉山	0.4310	-0.1547	0.3150	0.1101
南充	0.3460	0.0893	0.2896	0.0972
宜宾	0.3997	-0.3108	0.3492	0.0539
广安	0.3357	0.0865	0.5017	0.1121

续表

城市	G 子系统有序度	T 子系统有序度	E 子系统有序度	GTE 系统协同度
达州	0.2938	0.1199	0.0641	0.0938
雅安	0.4394	0.2063	0.3720	0.0643
资阳	0.4848	− 0.1319	0.3507	0.0715

从资源环境子系统有序度看，区域 16 个城市主体中，重庆市、乐山市以及达州市资源环境子系统有序度处于较低水平，从前期数据看，这 3 个城市污染物排放量处于 16 个城市前列，2011～2015 年以来，重庆市"三废"排放长期处于较高水平，其中工业二氧化硫排放量超过 40 万吨，工业废水排放量超过 3 亿吨，工业烟（粉）尘排放量在 2015 年达到峰值，为 21.47 万吨，2016 年后"三废"排放量出现锐减，污染物对生态环境产生的外部效应得到缓解。乐山市和达州市主要以工业发展为主，2011～2015 年期间，这 2 个城市单位 GDP 能耗均超过 1 吨/万元，达州市有包括锂业以及钢铁等在内的工业企业支撑了达州工业强市建设。然而目前重点强调科技创新、技术突破、转型升级，老牌工业城市发展既要看数量更要有质量。

从科技创新子系统有序度看，2011～2020 年成都市、重庆市以及绵阳市 R&D 经费投入和 R&D 人力资本长期处于高水平，且呈逐年上涨趋势，2020 年，重庆市和成都市 R&D 经费投入超过 500 亿元，成都市 R&D 人员折合全时人员超过 10 万人/年，绵阳市紧随其后。科技成果方面，成都市、重庆市以及绵阳市专利申请授权量和科技论文发表量同样处于高水平，2020 年成都市专利授权超过 6 万件。从创新政策支持看，近年来为推进创新型城市建设，各城市科学技术财政支出持续增加，成都市不断推进新区建设，财政支持力度相对于重庆市出现显著变化，由于政策实施以及基础设施建设的时滞性作用，成都市科技创新子系统有序度产生一定波动，然而从时间演化趋势看，成都市科技创新子系统有序度不断增强，创新型城市建设效益日益显著。

从经济社会子系统有序度看，成都市、内江市、广安市以及雅安市等子系统有序度相对靠前，其中，成都市经济社会各方面指标都处于较高水平。然而部分指标随时间变化的波动性同样较为明显，如 2018 年成都市第三产业占 GDP 比重为 54.12%，2019 年达到 65.57%，也是成渝地区双城经济圈 16 个城市中唯一一个第三产业占 GDP 比重超过 60% 的城市，由此使得成都市经济社会子系统有序度值仅有 0.3730。然而这种相对处于中等水平的有序度是由于经历前期大量投入和建设基础上的时滞性形成的，属于一种"高质量"的中等有序度，随着基础的不断完善和外部环境逐渐改善，经济社会将朝着更加和谐的方向发展。而内江市和广安市，经济社会子系统有序度相对较高，主要是基于其各方面指标均呈现出平稳增长态势，经济社会指标并未因时间变化或其他外部因素而产生较大波动。如人均 GDP，2011～2020 年，内江市由 2.3 万元增加至 4.6 万元，广安市由 2 万元增加到 4 万元，两个城市 10 年间人均 GDP 变化相对平稳，从而形成一种"低质量"的高有序度。其余城市由于各指标有序度差异较大，导致自身子系统有序度不高。例如重庆市，其社会消费品零售总额以及国际互联网用户数远远超出其他城市，就社会消费品零售总额而言，2011 年为 3 487.8 亿元，2020 年已高达 11 787.2 亿元，然而重庆市产业结构依然有待调整，第三产业占 GDP 比重和产业结构合理化指数相对较低，可以通过进一步优化产业布局提升经济社会有序度。

为进一步探究成渝地区双城经济圈各城市时空演化格局，本章选取 3 个有代表性的年份对时间维度进行深入分析。2011 年国务院正式批复《成渝经济区区域规划》，预示着成渝地区各城市协同发展的必要性，此时各城市发展不均衡性显著，经济社会发展基础差异明显，各子系统有序度都处于较低水平，尤其是科技创新子系统和经济社会子系统，如图 7-3 所示。

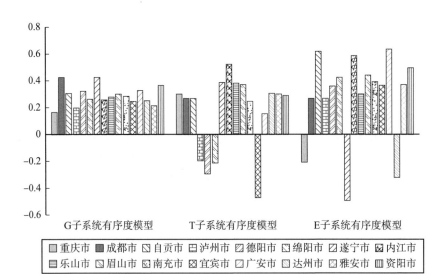

图 7-3　2011 年成渝地区双城经济圈各城市群子系统协同度对比

2016 年国务院常务会议通过《成渝城市群发展规划》，重点培育和发展成渝城市群，发挥其沟通西南西北、连接国内国外的独特优势，推动"一带一路"和长江经济带战略契合互动，以加快中西部地区发展、拓展全国经济增长新空间。在前期经济区发展的基础上，2016 年各子系统有序度有了较大的改善，且有序度值明显提升。如资源环境子系统整体提高，生态效益显现；重庆市和成都市的科技创新子系统有序度显著提升，核心城市创新水平和创新能力得到加强；经济社会子系统有序度差异依然显著，但较2011年得到明显改善，如图7-4所示。

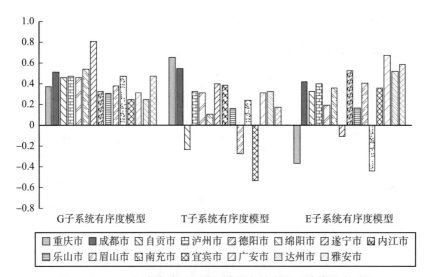

图7-4 2016年成渝地区双城经济圈各城市子系统协同度对比

2020年，中共中央政治局审议《成渝地区双城经济圈建设规划纲要》，成渝地区各城市迎来了新发展机遇。国家重点建设成渝地区双城经济圈，旨在打造具有全国影响力的重要经济中心、科技创新中心、改革开放新高地、高品质生活宜居地，也就是所谓的"两中心两地"。经过近10年的发展和整合，2020年成渝地区各城市资源环境子系统有序度较2011年有了大幅提升。继2016年提出城市群建设之后，资源环境子系统有序发展持续加强；重庆和成都两大中心城市科技创新子系统表现出"双核独大"的特征。作为"中国科技城"的绵阳市创新子系统有序度处于较低水平，主要由于绵阳市R&D经费投入强度虽然较高，然而其科技成果转化较成都和重庆低，成都市和重庆市可以通过依托大学城和高新区等，结合新兴技术企业，通过产学研协同形成"三螺旋"结构以增强创新有序性。经济社会子系统逐渐平稳，但与2016年相比各城市有序度有所降低，主要由于2020年外部环境变化所产生的冲击效应，加之受到新冠肺炎疫情影响，世界经济出现了短暂波动，叠加效应引起经济社会子系统有序度出现整体下降，如图7-5所示。

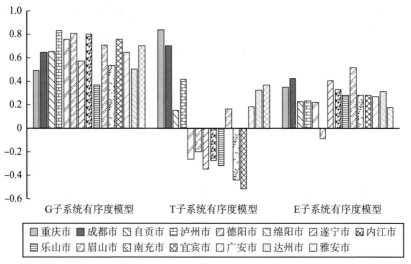

图 7 – 5   2020 年成渝地区双城经济圈各城市子系统协同度对比

7.5   结论及建议

7.5.1   研究结论

本章通过构建区域"绿色 – 创新 – 经济"协同度测评体系，从资源环境、科技创新和经济社会三个视角分别对成渝地区双城经济圈协同度进行综合测评，最终得到"绿色（G） – 创新（T） – 经济（E）"复合系统协同度结果。研究结果表明：（1）成渝地区双城经济圈 GTE 系统协同度总体表现为轻度不协同或轻度协同，在研究期间内呈现出螺旋上升趋势。（2）成渝地区双城经济圈各主体协同度具有不同特征。从复合系统协同度看，成渝地区双城经济圈系统协同度表现为轻度协同，且重庆市和成都市复合系统协同性相对较低。从子系统有序度均值看，各城市资源环境子系统有序度均为正，重庆市、乐山市以及达州市资源环境子系统有序度处于较低水平。从科技创新子系统有序度看，成都市和重庆市相对较好，其余城市科技创新有序度较低。成都市、内江市、广安市以及雅安市等经济社会子系统有序度相对靠前，各城市经济社会发展差异较大。

由于前期资源要素禀赋及地理区位差异，重庆市和成都市本身经济发展处于全国前列，创新人力要素和资本远远超过其他城市，同时以科创平台和大学城为创新提供支撑，形成的"高质量"轻度协同进一步表明成渝地区双城经济圈发展协调度有待提高，"中部凹陷，双核独大"的发展格局依然明显。区域高质量建设进程中，资源稀缺性日益凸显，环境作为自然资本，由经济增长的外生影响因素转化为系统内部因素，甚至已经演化为经济社会发展的战略资本（汪明月，2021）。创新作为区域经济发展的驱动力，加快推动成渝地区双城经济圈科技创新中心建设，绿色发展和协同创新行为除了能够直接创造经济价值以外，还能够通过降低产品全生命周期对生态环境的影响来获取环境绩效，最终提升成渝地区双城经济圈整体创新水平。

7.5.2　对策建议

（1）重视区域生态建设，持续推进绿色协同。从资源环境子系统有序度可以看出，成渝地区双城经济圈生态宜居水平稳步提高，生态安全格局基本形成，生产生活方式绿色转型取得显著成效。随着区域绿色发展有序度不断提高，生态产品和服务价值化降低了发展过程对经济社会产生的负外部性，同时也强化了生产要素价值。成渝地区双城经济圈作为内陆发展的关键区域，应坚定走以生态优先、绿色发展为导向的高质量发展新路子，突出生态环境保护作为战略实施的重中之重。继续坚持系统保护、协同治理，双核引领、同筑共保的原则，努力打造成渝地区双城经济圈生态屏障核心区、绿色发展先行区、新旧动能转换示范区和协同发展样板区，积极推进成渝地区城乡绿色协同。

进一步建立并完善绿色金融体系，支持城乡建设绿色发展重大项目和重点任务；加强生态环境协同监管，持续完善区域协作机制和生态保护补偿机制，通过绿色技术和绿色创新提升精细化治理能力；建立完善推动城乡建设绿色发展的体制机制和制度，推进城乡建设领域治理体系和治理能力现代化；深化城市管理和执法体制改革，推进严格规范公正文明执法，提高城市管理和执法能力水平；加快管理、技术和机制创新，培育绿色发展新动能，实现动力变革。

（2）提升区域创新水平，加强地区技术协同。建议以成都、重庆两地高新技术园区、自贸区、众创空间等为基础平台，推动成渝地区双城经济圈科技创新中心建设，形成"双核带动、多级联动"的成渝地区双城经济圈科技合作网络，围绕科技创新合作网络布局多产业合作网络，加强创新链与产业链衔接，通过各类产业的跨城市分工合作，助力各城市产业结构优化，缩小城市经济发展差距，进而促进区域内各城市间科技创新合作，形成"以科技创新赋能产业升级，产业升级促进科技创新"的良性循环发展模式。

进一步完善成渝地区双城经济圈区域内部高速铁路、高速公路等基础设施网络建设，通过缩短时空距离，以区域内 16 个城市间高速交通网络体系支撑成渝地区双城经济圈各类创新要素的无障碍流动，降低科技合作交易成本，拓宽成渝地区双城经济圈科技创新合作空间范围。同时促进区域内创新要素向相关企业集聚，切实提高要素资源利用率，加强产学研深度融合，实现科技成果有效转化，完善成果转化市场机制，以企业为主体，将科技成果转移到外围地区实现产业化。建立并完善科技成果转化利益分享机制，探索符合成渝地区双城经济圈的利益分配机制，以期在成渝地区实现科技创新、成果转化、产业孵化、集群发展的整套创新产业链。

（3）优化区域产业布局，推进经济均衡发展。成渝地区双城经济圈是中国城乡二元结构的缩影，在新发展阶段，中国破局城乡二元结构的关键在于"共同富裕"。成渝地区双城经济圈作为中西部地区发展的示范地，支撑中西部地区经济社会建设，亟须通过细化地方发展政策，注重经济社会发展与人口、资源和环境相协调，持续探索城乡统筹发展路径。

成渝地区双城经济圈需进一步加强各城市经济建设的协同关系，目前各城市经济差异主要在于产业布局缺乏合理性，传统工业落后，低产出和高能耗制约了产业效率提升，需要在确保不同地区优势产业重点发展的同时，推动产业转型升级，通过信息通信网络平台建设工业互联网，形成"生产－仓储－运输－销售－售后"全流程产业链，进一步优化资源配置、降低企业成本，提升生产效率和产品质量等。通过产业优化，促进产业融合与产业协同，通过产业调整过程的知识流动和要素转移，不断增强区域发展协同性，为成渝地区双城经济圈高质量一体化建设提供支撑。

本 章 小 结

本章综合考虑数据合理性和可得性，以成渝地区双城经济圈的 16 个城市作为研究主体，选取 2011～2020 年区域与资源环境、科技创新、经济社会 3 个方面相关数据作为研究对象，构建区域"绿色－创新－经济"复合系统，采用系统协同度测算模型对成渝地区双城经济圈区域协同发展情况展开分析。得出以下研究结论。

（1）整体上看，成渝地区双城经济圈"绿色－创新－经济"复合系统协同度总体表现为轻度不协同或轻度协同，在研究期间内呈现出螺旋上升趋势。

（2）成渝地区双城经济圈各主体协同度具有不同特征，从复合系统协同度看，成渝地区双城经济圈系统协同度表现为轻度协同，且两大中心城市，重庆市和成都市复合系统协同性相对较低。

（3）从子系统有序度均值看，各城市资源环境子系统有序度均为正，重庆市、乐山市以及达州市资源环境子系统有序度处于较低水平；从科技创新子系统有序度看，成都市和重庆市相对较好，其余城市科技创新有序度较低；成都市、内江市、广安市以及雅安市等经济社会子系统有序度相对靠前，各城市经济社会发展差异较大。

基于上文得出的研究结论，本章从区域生态建设，持续推进绿色协同；创新水平发展，加强地区技术协同；城市产业布局，推进经济均衡发展 3 个方面提出推进成渝地区双城经济圈在"绿色 – 创新 – 经济"整体发展的协调性。

参 考 文 献

［1］邓晶，黄珊，幸小云，等．区域协同创新对城市群绿色经济发展的影响研究［J］．城市问题，2022（4）：65 – 76.

［2］黄季焜，陈彬，邓祥征，等．区域社会经济的协调发展管理研究热点分析［J］．管理科学学报，2021，24（8）：163 – 170.

［3］刘强，李泽锦．产业结构升级与区域经济协调发展——来自省域与城市群的经验证据［J］．经济学家，2022（8）：53 – 64.

［4］汪明月，李颖明．多主体参与的绿色技术创新系统均衡及稳定性［J］．中国管理科学，2021，29（3）：59 – 70.

［5］邬彩霞．中国低碳经济发展的协同效应研究［J］．管理世界，2021，37（8）：105 – 117.

［6］杨珍丽，唐承丽，周国华，吴佳敏，陈伟杨．城市群—开发区—产业集群协同发展研究——以长株潭城市群为例［J］．经济地理，2018，38（1）：78 – 84.

［7］Anna Firsova, Galina Chernyshova. Efficiency Analysis of Regional Innovation Development Based on DEA Malmquist Index［J］. Information, 2020, 11（6）: 294.

［8］Anna Firsova. Structural Imbalances of Regional Higher Education Systems and the Labor Market［J］. Ars Administrandi（Искусство управления）, 2020, 12: 639 – 655.

［9］Arkebe Oqubay and Others. The Oxford Handbook of Industrial Policy［M］. Oxford University Press, 2020.

［10］Bilgaev Alexey, Dong Suocheng, Li Fujia, et al. Baikal Region（Russia）Development Prospects Based on the Green Economy Principles［J］. Sustainability,

2020, 13 (1): 157.

[11] E. L. Dorzhieva, T. K. Kirillova. A Cluster Approach to Implementation of the Regional Innovation Development Strategy [P]. Proceedings of the Internation Conference on Humanities and Social Sciences: Novations, Problems, Prospects (HSS-NPP 2019), 2019.

[12] Huaxi Yuan, Tianshu Zhang, Yidai Feng, et al. Does financial agglomeration promote the green development in China? A spatial spillover perspective [J]. Journal of Cleaner Production, 2019, 237: 117808.

[13] Hui Xie. Regional Trade Flow and the Hierarchical Structure of China's High-speed Rail Hub [J]. International Conference on Industrial Economics System and Industrial Security Engineering (IEIS), 2017: 1 - 6.

[14] Jiandong Chen, Zhiwen Li, Yizhe Dong, et al. Coupling Coordination between Carbon Emissions and the Eco-environment in China [J]. Journal of Cleaner Production, 2020, 276: 123848.

[15] Lili Chen, Xiaodan Zhang, Feng He, et al. Regional Green Development Level and Its Spatial Relationship under the Constraints of Haze in China [J]. Journal of Cleaner Production, 2019, 210: 376 - 387.

[16] Shida Song, Xiaoyun Wang, Chunguang Su. Research on the Path of Science and Technology Supporting the Construction of Jiangsu Modern Marine Economic System [J]. Journal of Coastal Research, 2019, 98: 179 - 182.

[17] Tzu – Yu Lin, Sheng – Hsiung Chiu, Hai – Lan Yang. Performance Evaluation for Regional Innovation Systems Development in China Based on the Two-stage SBM – DNDEA Model [J]. Socio – Economic Planning Sciences, 2022, 80: 101148.

[18] V. M. Oshchepkov, Y. D. Kuzmina. Aspects of Regional Innovation Development: The Case of Volga Federal District [J]. Studies on Russian Economic Development, 2014, 25: 399 – 404.

[19] Vijay K. Mathur. Human Capital – Based Strategy for Regional Economic Development [J]. Economic Development Quarterly, 1999, 13 (3): 203 – 216.

[20] Xia Pan, Jianguo Li, Jing Wei, et al. Measuring Green Development Level at a Regional Scale: Framework, Model, and Application [J]. Environmental Monitoring and Assessment, 2022, 194 (5): 343.

[21] Xiongfeng Pan, Yang Ming, Mengna Li, et al. Inter-regional Innovation Correlation Effects and Influencing Factors in China [J]. Business Process Management Journal, 2020, 26 (4): 925 – 941.

全域视角下成渝地区双城经济圈协调发展态势研究

8.1 引　言

世界百年未有之大变局加速演进，在变局中开新局需要充分发挥科技创新的支撑引领作用。当前，我国经济迎来了从注重数量到强调质量转变的关键时期，产业结构转型和经济增长动力转换逐渐成为推动经济持续健康发展亟待解决的难题。这就要求坚持创新在经济社会建设过程的核心地位，科技创新与经济发展紧密融合，从核心技术到高端产业，创新驱动的内涵型增长为经济高质量发展赋能提速。技术进步带动的科技创新成为区域经济增长的动力源泉，也为实现经济高质量发展发挥其推动作用。特别是在经过 2008 年全球性金融危机后，如何转变为更加高效、绿色、高质量、可持续、科学的发展方式，成为世界各国政府都在积极讨论的话题。迄今为止，技术进步与科技创新已成为举世关注的重要课题。以美国、俄罗斯、德国等为代表的国家都提出了与之相关的发展战略。在互联网快速发展、全球化潮流席卷的今天，科学进步和科技创新已成为赢得未来的关键。在这轮技术与产业革命的热潮当中，我国要想走在时代前沿，赶超老牌经济强国，必须抢占新一轮经济发展的先机，依靠科学技术发展创新带来的强大驱动力，推动我国经济大幅度地向更高层次、更远前景的高质量发展。高质量发展应以各种有效且可持续的方式来满足人民不断增长的需求（金碚，2018）。我国经济进入高质量发展阶段，必不可少的需要依靠科技创新，发挥对经济高质量发展的促进作用，科技创新将为高质量发展提供有力支撑，带来新的成长空间，引导科技创新成果向经济、社会效益转化，有益于解决人民日益增长的美好生活需要与发展不平衡、不充分之间的矛盾。

党中央多次提出加快成渝地区双城经济圈的建设，使其在西部地区形成高质量发展的重要增长极。着力推动成渝地区双城经济圈建设（付保宗等，2019），将进一步改善两地要素配置方式、推动资源互换平台共享（Ter，2013），发挥城市经济带动作用及辐射效应（Boschma，2005），推进区域经济均衡发展。地方政府如果将政策工具转向创新驱动发展，不仅能够有效推进各地经济高质量发展，也能够实现经济的可持续性发展（徐现祥等，2018）。2021年成渝地区双城经济圈地区生产总值73 919.2亿元，占全国地区生产总值的6.5%，是西部地区生产总值的30.8%。其与京津冀地区、长三角地区、粤港澳大湾区同为中国"四大增长极"。近年来，尽管成渝地区双城经济圈经济发展速度增长较快，但与其他经济区的经济情况相比还存在较大的差距。《成渝地区双城经济圈建设规划纲要》明确指出了成渝地区双城经济圈的规划范围，并提出成渝地区双城经济圈要深度融入共建"一带一路"和"长江经济带"发展，推进区域开放环境、开放平台、开放通道等的建设，唱好"双城记"，共建经济圈，全面贯彻新发展理念，积极融入新发展格局，提升重庆和成都两中心城市的国际竞争力，强化区域中心城市的带动作用，以大带小、以点带面推动圈内其他区域均衡发展，深化全领域合作，建设有实力、有特色的成渝地区双城经济圈，使其成为全国经济高质量发展的动力源和区域重要增长极。在国际形势风云变幻、立足新时代建设目标的前提下，在"双循环"战略实施背景下，作为推进新发展格局的核心，积极促进科技创新将对调整要素投入（何雄伟，2020）、促进产业结构优化升级、提升成渝地区双城经济圈经济发展质量，具有重要的战略意义（沈坤荣，2020）。

科技创新与经济高质量发展之间存在一定的耦合关系。科技创新为经济高质量发展提供动力来源，促进经济实现创新发展，为经济高质量发展提供重要保障。此外，贯彻落实高质量发展要求，推动经济高质量发展，也有利于科技创新实现技术上的进步，从而提升区域整体的科技创新水平。而实际上科技创新与经济高质量发展的耦合协调关系如何？区域性的研究成果并不多见。本章以成渝地区双城经济圈及其部分周边城市为例，基于技术创新理论和区域经济增长理论，重点探讨以下问题：（1）成渝地区双城经济圈科技创新水平和经济高质量发展水平如何？（2）该区域科技创新与经济高质量发展的耦合协调性处于何种水平？（3）该区域科技创新与经济高质量发展二者耦合协调性受到哪些因素影响？基于研究结果，本章提出针对成渝地区双城经济圈加强科技创新、提升经济高质量发展并提高耦合协调度的具体建议。

8.2 区域科技创新与经济高质量发展研究回顾

8.2.1 科技创新概念内涵

科技创新，顾名思义包括科学、技术、创新三大主体，是三者的有机结合体（方丰和唐龙，2014）。学术界将科技与创新的内涵进行整合，将科技创新概念归纳为是将科学发现和技术发明应用到生产体系，创造新价值的过程（张来武，2011）。基于不同视角，学者们也对科技创新的相关概念内涵及应用展开了分析。

（1）关于经济视角的创新，可以追溯到马克思在《资本论》中所提到的自然科学和技术进步的关系。马克思认为，"智力劳动特别是自然科学发展"是社会生产力发展的重要来源（李政，2022）。1912年，经济学家熊彼特融合了现有生产条件和生产要素并提出了新的生产函数；1974年，弗里曼指出技术创新是经济增长的关键因素，他认为创新的内涵是新产品、新发明、新工艺、新方法和新制度；库克（Cooke，1992）则创造性地提出了区域创新系统理论，肯定了该理论的支持作用。

（2）衡量科技创新的方法。区域科技创新效率差距已成为当前中国区域经济发展不平衡的突出问题，也是造成区域不均衡发展的深层次原因（张凡，2019；杨骞等，2021）。从区域视角出发，构建合理的科技创新体系构建有利于实施以创新驱动的发展战略，同时也为区域协调发展提供了创新技术支撑。哈吉曼诺里斯（Hadjimanolis，1999）使用研发投入和发明专利指标来衡量科技创新。联合国工业发展组织（UNIDO）从工业和技术两个层面评价国家科技创新水平（Daniele et al.，2009）。莱顿等（Leten et al.，2016）使用经费和人员投入要素作为科技创新的衡量指标。迟国泰和赵志冲（2018）基于科技创新环境、科技创新投入、科技创新产出、科技对经济社会的影响四个层面，构建了以企业为主体的科技创新评价指标体系。

（3）科技创新能力。区域科技创新能力的持续增长推动了新业态产生，也促进经济发展模式和产业结构转型升级（杜英和李皖玲，2021）。阿奇布吉等（Archibugi et al.，2011）利用数据测算了2004～2008年欧盟成员国的创新潜力，认为国家之间科技创新能力差异大，会增大收入和福利的差距。潘（Pan，2018）采用问卷调查和实证研究法，发现高校高层次人才的双重创新能力与科研绩效有着密切的关系。里德尔和施瓦（Riddel and Schwer，2003）基于创新能力与就业的关系，从人力资本、知识管理等角度讨论了美国技术创新的能力。

（4）科技创新的影响。科技创新不仅是大国战略博弈的重要战场，更是引领我国经济高质量发展的核心驱动力，在全面创新中发挥引领作用（叶堂林等，2022）。学者们从经济发展、产业、空间特征等多视角对科技创新的影响效果进行深入探讨。霍尔巴赫等（Horbach et al.，2020）通过调查德国企业在销售增长和就业方面的表现情况，研究科技创新对于循环经济的影响。郝宇等（Hao et al.，2020）利用空间计量工具进行实证分析，探索 FDI 和技术创新对环境污染的影响，发现技术创新可以减少二氧化硫和烟尘的排放，但会增加化学需氧量（COD）。

8.2.2 经济增长质量研究

高质量发展是基于生产要素投入少、资源配置效率高、资源环境成本低、经济社会效益好的一种质量型发展水平（任保平和巩羽浩，2023）。国外并没有"经济高质量发展"一词，但是早在 1970 年，学者们就已经对经济增长质量理论开展了研究，这一理论的提出为我国经济高质量发展提供了理论基础。通过对国内外关于经济增长质量的文献进行分析研究，为我国经济高质量发展提供了借鉴。主要包含以下三方面的内容。

（1）经济增长质量的含义。经济增长质量建立在对传统增长理论进行批评的基础上，提出经济增长目标和路径由传统的经济数量增长转变为追求经济质量增长。经济增长质量提高主要强调从经济增长的"条件－过程－结果"三方面着手，以实现有效增长，打破了传统意义上以经济增长数量衡量经济发展的单一模式，建立在不同时空上，形成一个稳定、协调、和谐的动态经济社会环境，兼顾了经济健康、社会发展、生态建设和人民福利多元融合（任保平和李梦欣，2017a；2017b）。早期的学者普遍认为经济增长的研究包括投资、创新、收入分配等。大卫（David，2009）认为经济增长质量不仅包括经济的可持续性增长，也包括生活水平的提升。尼贾基和沃雷尔（Nijaki and Worrel，2012）指出经济增长的标准还应当通过产业升级、科技创新等来形成健康的经济体系。

（2）经济增长质量的影响因素。缩小区域经济发展差距，推动区域从政策、产业、社会、生态等多方面协调均衡发展，是我国实现经济高质量转型发展的关键。从产业视角看，完善的金融体系制度为经济发展提供了基础保障。熊彼特（1961）认为，金融主体通过提供储蓄、交易等服务从而有效促进了经济的增长。在生态发展中，巴萨罗布雷·洛伦特等（Balsalobre-Lorente et al.，2018）利用碳排放函数来探讨环境库兹涅茨曲线，探讨了 1985～2016 年期间欧盟 5 国（德国、法国、意大利、西班牙和英国）的经济增长与二氧化碳排放之间相互影响的关系。随着经济快速发展，污染物对中国经济高质量发展的影响效果和作用机制也逐渐得到学术界重视。城市化建设和要素集聚也从多路径影响区域经济增长。陈诗一和陈登科（2018）研究发现雾霾污染阻碍了中国经济高质量发展，分别从城市化建设与人力资本两个传导渠道影响经济高质量发展；政府环境治理能有效降低雾霾污染从而促进经济高质量发展。

（3）经济增长质量的评价指标。经济增长质量的评价体系需从多角度、全方位进行构建。学者们多从可持续性、绿色增长、经济福利等角度展开对经济增长质量评价的研究。如科克凯乌和纳坤（Kokkaew and Nakhon，2017）通过构建公路基础设施绿色增长指数评估模型，将经济指标与项目的环境绩效相结合，定期评估项目的经济效益和环境影响。朱等（Zhu et al.，2021）构建了可持续经济福利指数（ISEW），用于衡量可持续性和经济增长质量，他们通过比较 1997～2017 年中国大陆 30 个省份的经济福利指数，发现社会经济的增长慢于经济规模的扩张。

8.2.3　科技创新与经济增长

高质量发展是科技创新驱动的发展，创新也是推动经济高质量发展的第一动力。目前学者们对科技创新与经济高质量发展的研究主要分为两个方面，即科技对经济的作用，科技创新与经济高质量发展的关系。

（1）科技对经济的作用。近几年学者们主要集中于探索科技创新对经济以及碳排放的影响。如谢赫巴兹等（Shahbaz et al.，2018）探讨了 FDI、金融发展、经济增长、能源消费和能源技术创新对法国二氧化碳排放方面发挥的重要作用。曼萨赫等（Mensah et al.，2018）基于对 28 个国家 1990～2014 年二氧化碳排放量调查后，实证研究发现技术创新可以帮助减少二氧化碳排放，改善环境质量，促进经济增长。也有学者关注科技创新能力以及海洋技术创新对经济增长的作用。吴帆等（Wu et al.，2020）分析了海洋技术创新的基础研究、应用研究、开发研究与产业化之间的关系以及推动海洋经济高质量发展的机制，并进行了实证检验。

（2）科技创新与经济高质量发展的关系。国外学者对于科技创新与经济高质量发展关系的研究多从微观角度进行分析，如周兵等（Zhou et al.，2020）将政府的科技创新偏好引入新古典经济增长模型中作为影响资本积累和技术创新的内生增长模型效用的一个因素。结果表明，如果政府提高科技创新偏好，税率和经济增长率会提高，而公共支出的比例会下降。梁龙武等（Liang et al.，2020）运用动态耦合协调模型，探讨了科技创新与区域经济协同演化的机制，并揭示了高新技术与区域经济协调程度的主要影响因素即国内生产总值、科技创新效率和研发支出，其中科技创新效率是影响中国省级复杂系统耦合度的最重要因素。

从现有研究看，学界已广泛认同科技创新对经济高质量发展有积极影响。但从具体实践而言，许多影响科技创新对经济高质量发展的现实问题仍有待明晰和解决。在许多问题上，现有文献仍无法形成统一意见或给出明确答案。本章致力于破解这一难题，创新点主要体现在以下两方面。

（1）研究视角创新。当前关于科技创新与经济高质量发展关系的研究主要从国家层面或省域视角展开，考虑到区域发展差异性的存在，本章从城市视角出发，以成渝地区双城经济圈及其周边城市为主要研究对象，探讨该区域内的科技创新与经济高质量发展耦合协调度及其影响因素，视角较为新颖，结论也契合国家区域战略规划发展需求，具有重要实践参考价值。

（2）研究方法创新。本章搜集成渝地区双城经济圈城市级数据，使用耦合协调模型对成渝地区双城经济圈内城市科技创新与经济高质量发展耦合协调度进行了量化研究，从量化角度准确识别了科技创新与经济高质量发展的耦合协调关系。

8.3 研 究 设 计

8.3.1 研究方法选择

8.3.1.1 熵值法

在多层次评价体系中，确定指标权重是研究关键。本章采用熵值法来确定各指标权重，根据指标的相对变化程度确定权重，使得结果更为客观公正、可信度更高，减少主观性因素的影响，具体步骤如下文所示。

第一步，数据极差标准化处理。为了消除各指标之间量纲以及单位的影响，首先对数据作标准化处理，式（8-1）和式（8-2）分别为正向和负向指标标准化计算式：

$$u_{ij}^{*} = \left[\frac{u_{ij} - \min\limits_{1 \leqslant i \leqslant n} u_{ij}}{\max\limits_{1 \leqslant i \leqslant n} u_{ij} - \min\limits_{1 \leqslant i \leqslant n} u_{ij}} \right] \times 0.9 + 0.1 \qquad (8-1)$$

$$u_{ij}^* = \left[\frac{\max u_{ij} - u_{ij}}{\max\limits_{1 \leq i \leq n} u_{ij} - \min\limits_{1 \leq i \leq n} u_{ij}} \right] \times 0.9 + 0.1 \qquad (8-2)$$

式（8-1）和式（8-2）中，u_{ij} 为第 i 个序参量的第 j 个指标原始值，$\max\limits_{1 \leq i \leq n} u_{ij}$ 为 n 个序参量的第 j 个指标的最大值，$\min\limits_{1 \leq i \leq n} u_{ij}$ 为 n 个序参量的第 j 个指标的最小值，u_{ij}^* 为第 i 个序参量的第 j 个指标归一化值，n 为序参量个数。其中，i 表示双城经济圈内各城市，j 表示各指标（$i=1, 2, 3, \cdots, n$；$j=1, 2, 3, \cdots, n$）。

第二步，确定指标权重。第 i 个子系统在第 j 个指标中的比重 p_{ij}，确定指标权重，计算式为式（8-3）：

$$p_{ij} = - \frac{u_{ij}^*}{\sum\limits_{i=1}^{n} u_{ij}^*} \qquad (8-3)$$

第三步，计算指标熵值。第 j 个指标的熵值 e_j 计算式为式（8-4）：

$$e_j = - \frac{1}{\ln(n) \sum\limits_{i=1}^{n} p_{ij} \ln p_{ij}} \qquad (8-4)$$

第四步，计算差异系数。利用差异系数来表示权重，差异系数 ω_j 的计算式为式（8-5）：

$$\omega_j = \frac{1 - e_j}{m - \sum\limits_{j=1}^{m} e_j} \qquad (8-5)$$

其中，m 为评价指标个数。

第五步，计算各方案综合得分。计算式为式（8-6）：

$$T_j = \omega_j^* \times u_{ij} \qquad (8-6)$$

8.3.1.2 灰色关联分析

灰色关联分析（Grey Relation Analysis，GRA），是一种多因素统计分析方法，是对一个系统动态发展变化态势的量化比较分析。灰色理论将系统分为白色、黑色及灰色三种，白色系统中信息完全已知；黑色系统中信息完全未知；灰色系统中则是部分信息已知，部分信息未知。利用灰色关联分析可以使系统内灰色部分从结构、模型以及关系上实现由黑到白变化，以得到系统内各因素间的关联度（高新才和仵雁鹏，2009）。

首先计算关联系数：

$$\zeta_i(k) = \frac{\min\limits_{i} \min\limits_{k} |y(k) - x_i(k)| + \rho \max\limits_{i} \max\limits_{k} |y(k) - x_i(k)|}{|y(k) - x_i(k)| + \rho \max\limits_{i} \max\limits_{k} |y(k) - x_i(k)|} \qquad (8-7)$$

其中，$k=1，2，3，\cdots，n$；$i=1，2，3，4$；y 是参考数据列，本章指科技创新综合得分；i 表示经济高质量发展子体系；ρ 为分辨系数，取值为 0.5。

其次计算关联序：

$$\Omega_{0i} = \frac{1}{4} \sum_i \zeta_k(i) \tag{8-8}$$

8.3.1.3　耦合协调模型

"耦合"源于物理，主要揭露了不同系统之间的关系因而得到广泛应用。其中，在对经济社会的研究中，耦合协调度主要用于分析经济增长、社会发展、人口流动、科技创新和环境保护之间相互影响、相互依存的关系（李雪松等，2019）。利用关联系数为 $\zeta_i(k)$，计算两大体系的耦合协调度 D。

为了更好地判别成渝地区双城经济圈的经济高质量发展与科技创新的交互耦合协调程度，本章参考魏巍（2020）等的构建方法，构建了耦合协调度模型，定义为：

$$D = \sqrt{C \times T} \tag{8-9}$$

其中：

$$C = \left\{ \frac{\prod_i \zeta_i(k)}{\left(\dfrac{\sum_i \zeta_i(k)}{4} \right)^4} \right\}^{\frac{1}{4}} \tag{8-10}$$

式（8-10）中 C 为耦合度值，其数值在 0~1 之间，越接近于 0，表明系统之间的耦合性越差，越接近于 1，即紧密耦合，表明系统之间的耦合度越好。T 代表耦合协调发展综合评价结果，取 Ω_{0i} 值。参考李瑛珊（2016）的分类原则，提出成渝地区双城经济圈科技创新与经济高质量发展协调度判定准则和分类标准，如表 8-1 所示。

表 8-1　　双城经济圈科技创新与经济高质量发展协调度判定准则及分类标准

耦合协调度 D 值区间	协调等级	耦合协调程度
(0.0~0.1)	1	极度失调
[0.1~0.2)	2	严重失调
[0.2~0.3)	3	中度失调
[0.3~0.4)	4	轻度失调

续表

耦合协调度 D 值区间	协调等级	耦合协调程度
[0.4~0.5)	5	濒临失调
[0.5~0.6)	6	勉强协调
[0.6~0.7)	7	初级协调
[0.7~0.8)	8	中级协调
[0.8~0.9)	9	良好协调
[0.9~1.0)	10	优质协调

8.3.2　指标体系构建

影响科技创新与经济高质量发展体系的因素众多，指标选取结合专家学者的最新研究成果，突出科技创新的关键指标，考量经济高质量发展各子体系的内在关联性，兼顾地区发展的特色差异，权衡数据的稳定性和可获取性，最终确定科技创新体系和经济高质量发展体系。对于科技创新指标，本章参考张芷若和谷国锋（2019）的研究测算指标，选取结果如下所示。

（1）技术研发投入。技术研发投入主要是资本投入和劳动投入两大方面。根据本章研究的主题，选取资本因素中的研究经费支出来衡量技术资本，研究经费又包括外部支出和内部支出两个部分，一般认为，研究经费的外部支出主要起辅助作用，对研究成果的产出转化存在间接性影响，在发展质量中起着无法取代的作用，劳动生产率的提高是科技创新的有效体现，因此利用 R&D 经费内部支出及其占地区 GDP 比重来测度技术资本投入。而知识以人才作为载体，人才具有很大的主观能动性，科技创新和高质在衡量劳动力时主要考虑人才素质的提高。所以本章在考虑人力资本时，考虑真正从事科学研究、致力于新产品研发的技术型人才，选取 R&D 人员折合全时人员来考察劳动投入水平。

（2）技术成果转化。科技创新对经济高质量发展的作用及效应，需依赖成果转化实现，技术成果转化是科技创新全过程的"最后一公里"，成果转化是否顺利，在很大程度上决定了科技创新的成功与否，成果转化是科技创新和技术应用间的有效衔接纽带。本章选取的衡量成果转化的指标为规模以上工业企业新产品的销售率与专利授权数，具体指标来源如表 8-2 所示。

表 8 - 2　　　　　　　　　　　科技创新评价指标体系

一级指标	二级指标	具体指标	指标来源
科技创新	技术研发投入	R&D 经费内部支出（万元）	四川、重庆统计年鉴，四川省科学技术厅
		R&D 人员折合全时人员（人年）	
		R&D 经费支出占地区生产总值比重（%）	
	技术成果转化	规模以上工业企业新产品的销售率（%）	
		专利授权数（件）	

对于经济高质量发展评价指标，本章参考华坚和胡金昕（2019）的测算指标体系，具体指标选取情况如表 8 - 3 所示。

表 8 - 3　　　　　　　　　区域经济高质量发展评价指标体系

一级指标	二级指标	指标来源
协调发展	第三产业增加值占地区生产总值比重（%）	四川、重庆统计年鉴
	年末城镇登记失业率	
	金融机构存款余额（亿元）	
	金融机构贷款余额（亿元）	
绿色发展	单位工业增加值能耗指数	
	万元地区生产总值能耗指数	
	生活垃圾清运量（万吨）	
	污水排放量（万立方米）	
	绿化覆盖面积（公顷）	
开放发展	货物进出口总额（万美元）	
	接待入境外国人游客（万人次）	
	当年实际使用外资金额（万美元）	
共享发展	医疗卫生机构床位（张）	
	公共图书馆藏书量（千册）	
	普通高校师生比（%）	

（1）经济协调发展。协调是经济能够平衡持续健康发展的关键，对我国经济发展的影响十分重大。此处主要采用了第三产业增加值占地区生产总值比重、年末城镇登记失业率及金融机构存、贷款余额 4 项指标。

（2）经济绿色发展。绿色发展是指以可持续、高效率以及人与自然和谐相处为目标的经济高质量发展方式，是实现代际公平的有力措施。本章衡量经济绿色发展主要从资源利用、能源损耗等维度展开，具体包括单位工业增加值能耗指数、万元地区生产总值能耗指数、生活垃圾清运量、污水排放量、绿化覆盖面积5项指标。

（3）经济开放型发展。开放主要指的是对外开放。社会发展和经济发展的不平衡决定了开放、对外交流和合作有利于使我国经济吸收国外经济的优势，同时，开放能够加强国际与国内市场的联系、积极参与国际分工，在国际分工协作中找到自己的位置并发挥出本国经济的优势，展现自己的竞争力。本章以货物进出口总额、接待入境外国人游客、当年实际使用外资金额3个指标来衡量。

（4）经济共享型发展。共享可以促进公平，而公平则是对利益的合理分配。共享型经济是一种经济发展方式，使社会大众公平享受一切资源利益，并合理利用已获得的资源利益发展经济。本章选取医疗卫生机构床位、公共图书馆藏书量、普通高校师生比3个指标衡量成渝地区双城经济圈经济共享发展水平。

本章选取2011～2020年成渝地区双城经济圈16个城市为研究对象，分析成渝地区双城经济圈内各城市科技创新体系与经济高质量发展的耦合协调关系。16个城市科技创新指标数据和经济高质量发展评价指标来源于2012～2021年《四川统计年鉴》《重庆统计年鉴》以及四川省科技厅等官方网站。

8.4 区域科技创新与经济高质量发展耦合协调性分析

8.4.1 科技创新体系和经济高质量发展体系综合指数分析

（1）科技创新体系。基于2011～2020年成渝地区双城经济圈各城市创新发展体系面板数据，计算得到科技创新5个二级指标的权重分别为是0.261、0.237、0.126、0.284、0.092。成渝地区双城经济圈各城市科技创新综合得分如表8-4所示。

表 8-4　　　　2011～2020年成渝地区双城经济圈各城市科技创新综合情况

城市	2011 年	2012 年	2013 年	2014 年	2015 年	2016 年	2017 年	2018 年	2019 年	2020 年	均值
重庆	0.2902	0.2980	0.3484	0.3721	0.4679	0.5261	0.5515	0.6269	0.6540	0.8296	0.4965
成都	0.2639	0.3200	0.3843	0.3911	0.4687	0.4863	0.5240	0.6482	0.6524	0.7841	0.4923
自贡	0.0651	0.0750	0.0693	0.0640	0.0625	0.0671	0.0626	0.0678	0.0703	0.0762	0.0680

续表

城市	2011 年	2012 年	2013 年	2014 年	2015 年	2016 年	2017 年	2018 年	2019 年	2020 年	均值
泸州	0.0302	0.0366	0.0314	0.0389	0.0347	0.0357	0.0422	0.0473	0.0525	0.0646	0.0414
德阳	0.1324	0.1361	0.1511	0.1184	0.1283	0.1290	0.1310	0.1344	0.1502	0.1705	0.1381
绵阳	0.2613	0.2581	0.2875	0.3038	0.3180	0.3204	0.3211	0.3003	0.3464	0.3917	0.3109
遂宁	0.0148	0.0264	0.0433	0.0379	0.0344	0.0294	0.0434	0.0441	0.0542	0.0711	0.0399
内江	0.0278	0.0359	0.0405	0.0371	0.0553	0.0506	0.0682	0.0573	0.0757	0.0937	0.0542
乐山	0.0302	0.0303	0.0270	0.0297	0.0341	0.0404	0.0687	0.0671	0.0758	0.0828	0.0486
南充	0.0180	0.0346	0.0306	0.0335	0.0249	0.0312	0.0352	0.0381	0.0437	0.0696	0.0359
眉山	0.0227	0.0225	0.0215	0.0246	0.0212	0.0268	0.0322	0.0366	0.0433	0.0481	0.0300
宜宾	0.0645	0.0789	0.0639	0.0907	0.0914	0.0952	0.0912	0.0950	0.1041	0.1229	0.0898
广安	0.0166	0.0123	0.0136	0.0170	0.0160	0.0226	0.0237	0.0192	0.0252	0.0332	0.0199
达州	0.0233	0.0198	0.0225	0.0255	0.0248	0.0289	0.0477	0.0345	0.0459	0.0640	0.0337
雅安	0.0329	0.0321	0.0368	0.0551	0.0531	0.0516	0.0494	0.0659	0.0735	0.0825	0.0533
资阳	0.0174	0.0200	0.0186	0.0225	0.0258	0.0173	0.0267	0.0272	0.0239	0.0264	0.0226

2011～2020 年成渝地区双城经济圈各城市总体科技创新发展水平较为稳定，但地区间差异显著。成都与重庆两市高技术产业优势明显，创新资源集聚，主要集中于电子信息、生物医疗、数字经济、化工及新材料、物联网、先进制造业等。科技创新发展综合得分较高，从 2011～2020 年科技创新发展综合得分均值看，成都市（0.4965）略高于重庆市（0.4923），原因在于作为省会城市，成都市创新环境优渥，创新人才富集，在科技成果产出及产品应用方面，成效显著；而重庆市作为西南地区最大内河港口枢纽，因其特殊地理位置，主导产业中高新技术产业特征最为显著，产业集群效应凸显。从经济统计数据来看，地区间通信设施环境差异较小，主要问题是缺乏创新载体和创新研发平台，阻碍了川内大部分城市科研环境的改善。而成都在通信设施环境、创新载体和研发平台三个方面均以较大幅度领先其他川内城市，也使得成都科技创新发展综合得分高于川内各大城市。2011～2020 年绵阳市和德阳市科技创新发展综合得分均值分别为 0.3109、0.1381，虽然低于成都和重庆两重点区域，但是高于双城经济圈内的其他城市，有望进一步发展。成渝地区双城经济圈内某些城市由于城市规模原因，客观上存在一个"断裂带"或"塌陷区"，如自贡市、泸州市、遂宁市、内江市、乐山市、南充市、眉山市、宜宾市、广安市、达州市、雅安市、资阳市科技创新发展综合得分甚至低于 0.1，科技创新水平较低下。这可能是由于成都作为

四川省内中心城市，通过虹吸效应，吸引周边节点城市的稀缺创新资源来提升自身的创新能级和创新绩效，在这种竞争中使得周边城市处于劣势地位；此外，成都作为中心城市的溢出效应发挥明显作用时，周边各城市间所表现出来的技术创新分工合作程度不强，导致创新发展水平低下。由此，圈内各大城市重点产业发展时，要注意新产品的研发和区域内的互补性，通过成渝地区双城经济圈内城市间的产业协同推动来实现集约式发展。

（2）经济高质量发展体系。将经济高质量发展体系的4个一级指标对应的2011～2020年面板数据运用熵值法分别进行计算，得到经济高质量发展二级指标数据的综合得分。成渝地区双城经济圈各城市2011～2020年经济高质量发展体系综合得分情况如图8-1所示。

由图8-1可见，重庆和成都在成渝地区双城经济圈经济高质量发展体系综合得分远高于经济圈内其他城市。从协调发展方面来看，成都市和重庆市较为领先，原因在于两大中心城市占据有经济基础和区位优势，协同发展程度均高于周边其他城市。同时，这两个城市第三产业增加值在国民经济总量中的占比也存在相对优势。

绿色发展方面，重庆则领先于其他城市，主要体现在生活垃圾清运量、污水排放量、绿化覆盖面积等重要指标上，成都的绿色发展水平紧追其后。其原因主要在重庆地处长江上游，政府正大力保护和修复长江上游重要生态屏障，高度重视其资源环境承载力和绿色经济发展效率。基于成渝地区双城经济圈未来发展目标导向，除了需协同推进各地绿色、共享发展，加强数据互联互通层面的合作外，也需切实发挥顶层设计支撑统领，落实推进具体项目合作实施。

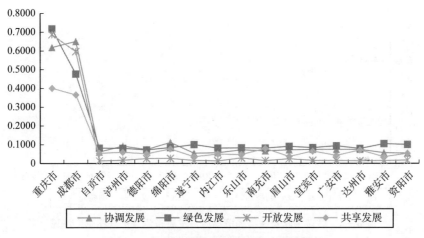

图8-1 经济高质量发展体系综合得分情况

在开放和共享发展方面，重庆比其他城市领先，主要是因为重庆占据独特的地理优势，对外贸易发展良好，不论在货物进出口还是外商投资以及接待外国游客方面都优于其他地区。但圈内其他城市经济高质量发展体系处于失衡状态，与成都和重庆发展严重失衡，成都和重庆作为中心城市对周边城市的经济发展辐射作用有待于加强。由于川东北地区靠近重庆市，受到重庆地理位置的辐射较多，由此需进一步加强泸州、遂宁、内江、广安、达州、资阳等地与重庆的交通连接，以中心城市辐射作用带动周边城市的经济高质量发展。黄承锋教授曾强调，成渝地区双城经济圈建设应以交通基础设施建设作为开放发展突破口。通过积极建设经济圈各大重要主干通道，打通成、渝两个中心城市主干通道，与此同时，建设好中心与周边以及周边与周边相邻城市次级通道。此外，经济圈也需着力打通与圈外连接大通道，以满足成渝地区双城经济圈不断增长的内外经济开放需求。

8.4.2　灰色关联分析

本章在科技创新体系和经济高质量发展体系基础上进行综合指数分析，紧接着以综合得分为基数，分别计算创新发展体系与经济高质量发展体系（协调、绿色、开放、共享）的关联系数和关联序。由于数据较多，本章仅展示 2011 ~ 2020 年科技创新与经济高质量发展均值关联序情况，以及 2020 年成渝地区双城经济圈内各城市两大体系的灰色关联系数和关联序，如图 8 - 2 和表 8 - 5 所示。

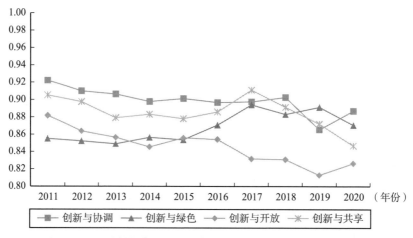

图 8 - 2　区域创新发展与经济高质量发展各体系关联序变化情况

如图8-2所示，从创新发展体系与经济高质量发展各子体系的关联序看，创新发展与绿色发展之间具有较强关联性，在2011～2020年期间，两大体系关联性越来越显著。这是由于在双循环战略不断深入实施背景下，绿色发展进入了一个前所未有的发展新阶段。受环境规制以及相关环保政策因素积极影响，绿色发展不仅成为技术创新目标，也成为各国科技竞争的关键要素。此外，创新与协调、开放、共享的关联程度表现出波动下降态势，尤其是在2017年后，下降趋势显著；2020年创新与协调和开放的关联性下降趋势有所缓解。创新与共享的关联度与其他三方面相比，还有待于进一步加强，强化成渝地区双城经济圈公共服务共建共享，既有利于促进川渝两地人才、信息等要素充分流动，又能有效促进公共资源在双城经济圈各城市主体间合理配置，优化城市产业结构和功能布局。

成渝地区双城经济圈内四川省各城市应积极构建"四向拓展、全域开放"的区域协同创新体系。通过跨区域联动，一方面推动四川省各大城市对接先进生产力，用好圈内优势资源，拓宽发展空间，促进成渝地区双城经济圈各城市的经济高质量发展；另一方面通过与重庆构建利益共同体，也有助于其他地区与重庆强化优势互补，实现互利共赢。推动成渝地区双城经济圈内公共服务共建以及资源要素和成果共享是实现成渝地区双城经济圈建设目标的必要条件。

表8-5　　　2020年科技创新和经济高质量发展各体系灰色关联系数和关联序

城市	ζ_1	ζ_2	ζ_3	ζ_4	Ω
重庆	0.8647	0.7062	0.7650	0.5950	0.7327
成都	0.8914	0.5550	0.7718	0.5767	0.6987
自贡	0.9700	0.9642	0.8517	0.9774	0.9408
泸州	0.8535	0.9815	0.8964	0.9364	0.9170
德阳	0.8240	0.7272	0.6991	0.7669	0.7543
绵阳	0.5835	0.5127	0.4795	0.5269	0.5257
遂宁	0.9887	0.9529	0.8979	0.9431	0.9456
内江	0.9784	0.9072	0.8154	0.9191	0.9050
乐山	0.9605	0.9844	0.8450	0.9486	0.9346
南充	0.8996	0.9667	0.8714	0.8671	0.9012
眉山	0.8411	0.9871	0.9114	0.9890	0.9321
宜宾	0.9621	0.8747	0.7813	0.9190	0.8843

续表

城市	ζ_1	ζ_2	ζ_3	ζ_4	Ω
广安	0.8354	0.9554	0.9573	0.8968	0.9112
达州	0.9097	0.9989	0.8716	0.8301	0.9026
雅安	0.9838	0.9498	0.8348	0.9103	0.9197
资阳	0.8484	0.9054	0.9776	0.9460	0.9194

注：ζ_1表示科技创新 & 协调，ζ_2表示科技创新 & 绿色，ζ_3表示科技创新 & 开放，ζ_4表示科技创新 & 共享，Ω表示关联序。

结合图 8 - 2 和表 8 - 5 中可以看出，在研究期内，成渝地区双城经济圈大部分城市创新发展体系与经济高质量发展各子体系（协调、绿色、开放、共享）的关联系数超过了 0.5，自 2011 年提出成渝地区协同规划建设以来，到 2020 年中央财经委员会第六次会议提出"推动成渝地区双城经济圈建设"，经过 10 年建设，成渝地区双城经济圈创新发展体系和经济高质量发展体系之间已具有较强相关性，但区域发展非均衡性依然显著。

从成渝地区双城经济圈各城市的关联序看，重庆市、成都市、德阳市、绵阳市以及宜宾市的创新发展与经济高质量发展的协调发展效率较低，其余周边城市的协调发展效率反而较高。一方面，由于协同发展将改变参与者在区域中的地位、权力和利益，再分配的发生将使某些区域比其他区域获益更多，由此可能产生虹吸效应和排斥效应。而成渝地区双城经济圈成都市和重庆市基础条件较好，为增强区域内各城市之间的发展协调性，近年来，多方并举积极推动各类资源要素和政策向周边地区倾斜，使得周边城市获得更多发展资源和创新要素，协调发展效率得到显著提高。另一方面，自古以来就有"蜀道难"的说法，成渝地区双城经济圈区域内各城市地理位置、经济条件、制度优势及科技人才等要素相比于京津冀、长三角、珠三角都较为缺乏，从而削弱了创新发展对经济高质量的影响，使得圈内成都市和重庆市两大核心城市的科技创新对经济高质量发展的驱动不足。虽然其他地区创新发展与经济高质量发展的关联性相对较高，然而需要警惕的是这可能是一种"低效的强关联性"，也就是说当各子系统发展的各级指标都较低时，则会表现出一种在要素缺乏状态下的"强关联关系"。因此，解决成都与重庆之间的创新协同难题，需要通过"双核"技术创新合作、产业定位互补、科技政策兼容等手段，推动"双核"形成发展合力。此外，四川其他城市不仅应当依托"西部大开发"等战略，也需要根据各城市自身的资源优势，借鉴并学习其他重点城市科技创新技术，在区域产业协同、科技创新、城市治理、绿色环保等领域与重庆开展深度合作。处理好"双核"与经济圈其他城市的关系，核心城市专注于前沿知识技术的原始创新与转化应用，非核心城市专注于先进技术的引进与本土化创新，通过构建经济圈内各城市合理的创新分工体系实现创新收益最大化。

8.4.3 耦合协调度分析

通过灰色关联分析得到 2011～2020 年创新发展体系与经济高质量发展各子体系（协调、绿色、开放、共享）的关联系数，在此关联系数的基础上，将其作为基数，使用耦合协调度模型进一步挖掘两大体系的耦合协调关系，各城市 2011～2020 年关联系数与耦合协调程度见表 8－6。

表 8－6　　　　2011～2020 年创新发展体系与经济高质量发展体系耦合协调度

城市	2011 年	2012 年	2013 年	2014 年	2015 年	2016 年	2017 年	2018 年	2019 年	2020 年	均值	耦合协调程度
重庆	0.9103	0.8742	0.8727	0.5054	0.7933	0.8292	0.8282	0.8117	0.7920	0.8605	0.8078	良好协调
成都	0.9590	0.9301	0.9396	0.8874	0.9577	0.9846	0.8855	0.8351	0.8118	0.6705	0.8861	良好协调
自贡	0.9966	0.9949	0.9947	0.9952	0.9987	0.9974	0.9970	0.9970	0.9965	0.9969	0.9965	优质协调
泸州	0.9991	0.9992	0.9978	0.9990	0.9973	0.9968	0.9968	0.9944	0.9771	0.9907	0.9948	优质协调
德阳	0.9946	0.9951	0.9934	0.9983	0.9977	0.9989	0.9996	0.9996	0.9974	0.9946	0.9969	优质协调
绵阳	0.9106	0.9150	0.8249	0.7655	0.5817	0.7258	0.8534	0.9685	0.8875	0.4225	0.7856	中级协调
遂宁	0.9834	0.9880	0.9939	0.9956	0.9909	0.9961	0.9990	0.9977	0.9990	0.9987	0.9942	优质协调
内江	0.9967	0.9982	0.9989	0.9979	0.9988	0.9993	0.9973	0.9983	0.9972	0.9954	0.9978	优质协调
乐山	0.9975	0.9972	0.9970	0.9978	0.9986	0.9982	0.9995	0.9990	0.9989	0.9965	0.9980	优质协调
南充	0.9908	0.9941	0.9911	0.9887	0.9812	0.9802	0.9917	0.9924	0.9899	0.9954	0.9896	优质协调
眉山	0.9952	0.9935	0.9947	0.9925	0.9907	0.9923	0.9915	0.9904	0.9911	0.9851	0.9917	优质协调
宜宾	0.9962	0.9938	0.9994	0.9943	0.9940	0.9928	0.9961	0.9958	0.9938	0.9937	0.9950	优质协调
广安	0.9776	0.9875	0.9910	0.9902	0.9882	0.9924	0.9941	0.9895	0.9808	0.9870	0.9878	优质协调
达州	0.9944	0.9917	0.9928	0.9935	0.9933	0.9939	0.9965	0.9889	0.9851	0.9880	0.9918	优质协调
雅安	0.9887	0.9935	0.9961	0.9991	0.9982	0.9969	0.9962	0.9984	0.9970	0.9957	0.9960	优质协调
资阳	0.9893	0.9846	0.9720	0.9549	0.9761	0.9910	0.9937	0.9947	0.9878	0.9893	0.9833	优质协调

区域绿色、创新与协调发展

从表8-6可以看出，成渝地区双城经济圈科技创新与经济高质量发展的耦合协调度整体上表现出优质协调，2014～2015年期间，重庆市、成都市以及绵阳市耦合协调程度出现显著波动，此时重庆市表现为勉强协调、成都市为中级协调、绵阳市2015年为勉强协调。2015年，重庆市人民政府和四川省人民政府共同签署了《关于加强两省市合作共筑成渝城市群工作备忘录》，两省市将共同推动成渝地区交通、信息、市场一体化，共同加强公共服务互助、资源环境保护与利用联动、产业发展合作，并建立双边合作工作机制，加强规划引导和政策互动。相关政策实施为成渝地区加强要素流动和一体化建设提供了制度保障，不断协调各地区资源，为推进区域协调发展奠定了基础。加之"一带一路"建设政策的出台，使得重庆市和成都市发展政策支持力度进一步加大；投资拉动和出口优势明显，汽车及电子制造等支柱产业的发展相对快于科技创新的增长。由于科技创新产业化发展具有时滞性，导致重庆耦合协调度较低，此后又逐步恢复到良好协调状态。2019～2020年，成都市、重庆市、绵阳市耦合协调度有表现出降低趋势，尤其绵阳市2020年耦合协调度仅有0.4225，处于濒临失调状态。考虑受外部环境变化影响，在新冠疫情的冲击之下重庆市、成都市以及绵阳市三大科技创新中心的经济发展受到严重制约，经济停滞阻碍了社会发展。

然而从各城市2011～2020年均值看，除重庆市、成都市、绵阳市以外，其余地区均表现出优质协调，然而成渝地区双城经济圈内其他地区整体经济发展水平较落后，耦合协调度虽然均超过0.9，这是由科技创新水平低和经济基础落后共同形成的"优质协调"，这也是成渝地区双城经济圈建设过程需要重点关注的问题。经济高质量发展滞后主要是因为科技创新滞后引起的，多层次区域科技与经济协调发展新格局，需围绕"双城引领""中部崛起"与"次区域合作"实现，在经济圈内部整体合作框架下，市级与县级区域则更应加强次区域经济合作，在该方面，澜湄国际次区域合作提供了发展典范。而对于四川、重庆省际边界区域，也同样可通过建设次区域合作区，促进整体协调发展。

8.5　结论及建议

8.5.1　研究结论

本章基于《四川统计年鉴》《重庆统计年鉴》等权威数据库，运用熵值法对科技创新情况和经济高质量发展进行测度。再从灰色关联分析和耦合协调模型两个角度，考察成渝地区双城经济圈科技创新与经济高质量发展这两大核心要素的协调关系。通过研究发现，成渝地区双城经济圈区域耦合协调度整体处于优质协调发展类型以上，成渝地区双城经济圈科技创新与经济高质量发展耦合协调关系在时间和空间维度上各有不同特征。

（1）从时间维度看，各城市科技创新与区域经济高质量发展表现出较好的耦合协调性，科技创新和经济高质量发展联系紧密，两者的耦合协调度整体上处于优质协调状态，这表明科技创新对于经济高质量发展具有正向促进作用。而三大科技创新中心中，重庆市协同度均值为 0.8078、成都市协同度均值为 0.8861、绵阳市协同度为 0.7856，协调性相对较低，二者的耦合协调发展程度还有待于进一步提升。

（2）从空间维度看，成渝地区双城经济圈科技创新和经济高质量发展耦合协调度在各城市间差距较为明显。成都的协调度略高于重庆，而重庆市和成都市以及绵阳市三大科技创新中心的协调度则明显低于其他地市，区域内各城市之间存在发展不平衡、不协调的现象。

8.5.2 对策建议

（1）提高科技创新要素投入，依靠创新驱动发展。本章通过模型测度研究发现，科技创新要素在圈内各城市间的分布并不均衡，为此，应转变经济发展方式，强化创新与经济高质量发展的关系，大力构建科技创新与经济高质量发展耦合协调发展的良好运行机制。从创新投入源头入手落实科技创新工作，提高创新水平。包括增加各地区的教育费用、人才培养费用、研究经费等要素投入，为科技创新与科技创新的各种活动打下良好基础，从而促进区域经济高质量发展虹吸效应的发挥，吸引周边城市的资金、技术及人才的聚集，为更高程度的科技创新打下基础。另外，科技创新有利于产业更新与升级，在管理方式、商业模式以及产品研发等多个方面都有所表现，有利于形成各种不同的新经济高质量发展点，为经济高质量增长和可持续发展提供持久动力。

（2）优化区域产业结构，加快科技成果转化。当前，成都市第三产业占地区GDP 比重超过 50%，位居成渝地区双城经济圈的第一位；重庆市紧随其后，其第二、三产业占 GDP 比重及贡献程度远远高于成渝地区其他城市。而眉山、资阳、遂宁、广安等城市第一产业占 GDP 比重仍然较高，第二、三产业发展相对滞后。为加快成渝地区双城经济圈产业结构调整，构建符合成渝地区发展特征的产业布局，政府亟须进一步提升成渝地区双城经济圈整体的科技创新投入与产出质量，以技术引导传统行业向有利于提高创新能力和经济发展质量的方向转型。

大力发展新兴技术产业，使支持创新进步的资源主要向科学技术创新方面汇聚，鼓励增加高新技术企业之间的合作交流，打破地区间的人才壁垒，构建优化校企合作平台，鼓励推动企业和高校之间的合作，加大科技研发补贴，加快创新成果转化与市场流通效率。合理规划产业结构，形成良性互动、有效协同，实现科技资源优化配置。

（3）牢固把握耦合发展本质，推动区域协调发展。目前，成渝两地已初步实现科技创新与经济高质量发展的耦合协调发展，但圈内其他城市，如眉山、广安、雅安、资阳等地区依然处于中度失调和严重失调阶段。基于此，成渝地区双城经济圈内各城市应坚持科技创新驱动经济高质量发展，紧密依靠科技进步，促进经济高质量发展，优先支持高新技术产业发展，统筹规划，着力形成现代产业体系，提高经济高质量发展整体效益。此外，鼓励成渝地区双城经济圈内处于失调状态的城市，培育新兴技术人才，积极参与对外开放，引进先进的科学技术，结合区域自身的特色，合理配置资源，以带动区域经济实现高质量发展。积极发挥政府在科技创新与经济高质量发展方面的引导作用，加强科技体制创新，实现区域经济高质量发展。遵循"一带一路""长江经济带"统筹发展、"双循环"等政策，着力构建成渝地区双城经济圈，形成新型的区域间的竞争和合作关系，搭建交流开放平台、渠道和协调机制，促进区域协调发展，从而实现经济的长足发展与技术创新环境的持续优化。

（4）建立全方位的经济考察机制，有力督促政府部门工作。通过改善成渝地区双城经济圈内各城市创新政策环境，使财政科技投入高效率地提高科技创新与经济高质量发展的耦合协调性，需要从创新投入源头入手落实科技创新工作，提高创新水平，包括增加各地区的教育费用、人才培养费用、研究经费等要素投入，改善创新环境，为科技创新与科技创新的各种活动打下良好基础。推动区域经济健康发展也要依靠多层次、多维度的评价机制。成渝地区双城经济圈目前依靠劳动力和原材料资源取得了一定的经济发展，但在可持续性方面缺乏长久的考虑，应以科技创新促进经济高质量发展。同时也应该考虑到把绿色持续发展衡量指标，纳入项目考核目标，推动企业开展绿色创造、研发、生产等活动，从而提高科技创新与经济高质量发展的耦合协调度。

本 章 小 结

本章综合考虑数据科学性与可得性，结合专家学者最新研究成果，抽取 5 个测度科技创新的关键指标，并从协调、绿色、开放、共享四个方面选取 15 个测度经济高质量发展的二级指标，进而运用熵值法对科技创新与经济高质量发展进行度量，并从灰色关联分析与耦合协调性分析两个维度，考察成渝地区双城经济圈科技创新与经济高质量发展的耦合协调关系，研究思路及结论符合客观发展实际。但仍存在如下不足。

（1）区域协同发展问题不单纯是一个经济问题，也涉及政治、社会、文化等多个方面，仅利用经济学理论及耦合协调模型等研究方法，研究、解释科技创新与经济高质量发展之间的关系，在一定程度上反映了二者的区域关联，但也缺乏对区域协同发展的全貌描述。

（2）当前实证研究虽然有利于从微观视角描述成渝地区双城经济圈协同发展现状及问题，但未能从产业等中观角度解释成渝地区双城经济圈协同发展原因及动力机制等。

综上所述，未来研究可以综合运用跨学科的理论基础和研究方法，基于产业分工、协同等多元视角，综合分析成渝地区双城经济圈科技创新与经济高质量发展的耦合协调性问题，从而提出有利于成渝地区双城经济圈实现高质量发展的其他有效建议，促进我国经济"第四极"实现跨越式发展。

参 考 文 献

［1］陈诗一，陈登科．雾霾污染、政府治理与经济高质量发展［J］．经济研究，2018，53（2）：20 - 34.

［2］迟国泰，赵志冲．以企业为主体的科技创新评价指标体系的构建［J］．科研管理，2018，39（S1）：1 - 10.

［3］杜英，李晥玲．基于子系统协同度评价的区域科技创新能力测度——以甘肃省为例［J］．中国科技论坛，2021，298（2）：91 - 99.

［4］方丰，唐龙．科技创新的内涵、新动态及对经济发展方式转变的支撑机制［J］．生态经济，2014，30（6）：103 - 105，113.

［5］付保宗，盛朝迅，徐建伟，等．加快建设实体经济、科技创新、现代金融、人力资源协同发展的产业体系研究［J］．宏观经济研究，2019（4）：41 - 52，97.

［6］高新才，仵雁鹏．中国能源消费与经济增长的灰色关联分析［J］．求索，2009，199（3）：5 - 7.

［7］何雄伟．"双循环"新发展格局背景下我国科技创新的战略选择［J］．企业经济，2020，39（11）：140 - 146

［8］华坚，胡金昕．中国区域科技创新与经济高质量发展耦合关系评价

[J]．科技进步与对策，2019，36（8）：19－27．

[9] 金碚．关于"高质量发展"的经济学研究 [J]．中国工业经济，2018（4）：5－18．

[10] 李雪松，龙湘雪，齐晓旭．长江经济带城市经济－社会－环境耦合协调发展的动态演化与分析 [J]．长江流域资源与环境，2019，28（3）：505－516．

[11] 李瑛珊．区域经济增长与环境质量耦合协调发展研究 [J]．科技管理研究，2016，36（9）：248－252．

[12] 李政．创新与经济发展：理论研究进展及趋势展望 [J]．经济评论，2022，237（5）：35－50．

[13] 任保平，巩羽浩．数字经济助推黄河流域高质量发展的路径与政策 [J]．经济问题，2023（2）：15－22．

[14] 任保平，李梦欣．我国主要城市经济增长质量的状态、特征和比较 [J]．中共中央党校学报，2017b，21（6）：107－118．

[15] 任保平，李梦欣．新常态下地方经济增长质量监测预警的理论与方法 [J]．统计与信息论坛，2017，32（5）：23－30．

[16] 沈坤荣，赵倩．以双循环新发展格局推动"十四五"时期经济高质量发展 [J]．经济纵横，2020，（10）：18－25．

[17] 魏巍，符洋，杨彩凤．科技创新与经济高质量发展测度研究——基于耦合协调度模型 [J]．中国科技论坛，2020，（10）：76－83．

[18] 徐现祥，李书娟，王贤彬，等．中国经济增长目标的选择：以高质量发展终结"崩溃论" [J]．世界经济，2018，41（10）：3－25．

[19] 杨骞，刘鑫鹏，孙淑惠．中国科技创新效率的时空格局及收敛性检验 [J]．数量经济技术经济研究，2021，38（12）：105－123．

[20] 叶堂林，李璐，王雪莹．科技推广服务业对区域创新效率的影响——以东部三大城市群为例 [J]．科技进步与对策，2022，39（17）：41－50．

[21] 张凡．区域创新效率与经济增长实证研究 [J]．中国软科学，2019（2）：155－162．

[22] 张来武．科技创新驱动经济发展方式转变 [J]．中国软科学，2011（12）：1－5．

[23] 张芷若，谷国锋．科技金融与科技创新耦合协调度的空间格局分析 [J]．经济地理，2019，39（4）：50－58．

[24] Anne L J. Ter Wal. The Dynamics of the Inventor Network in German Bio-technology：Geographic Proximity Versus Triadic Closure [J]. Journal of Economic Ge-

ography, 2014, 14 (3): 589 – 620.

[25] Athanasios Hadjimanolis. Barriers to Innovation for SMEs in a Small Less Developed Country (Cyprus) [J]. Technovation, 1999, 19 (9): 561 – 570.

[26] Bart Leten, Rene Belderbos, Bart Van Looy. Entry and Technological Performance in New Technology Domains: Technological Opportunities, Technology Competition and Technological Relatedness [J]. Journal of Management Studies, 2016, 53 (8): 1257 – 1291.

[27] Bing Zhou, Xiaoyan Zeng, Lu Jiang, et al. High-quality economic growth under the influence of technological innovation preference in China: A numerical simulation from the government financial perspective [J]. Structural Change and Economic Dynamics, 2020, 54: 163 – 172.

[28] Claudia Nyarko Mensah, Xingle Long, Kofi Baah Boamah, et al. The effect of innovation on CO_2 emissions of OCED countries from 1990 to 2014 [J]. Environmental Science and Pollution Research, 2018, 25 (29): 29678 – 29698.

[29] Cooke Philip. Regional innovation systems: Competitive regulation in the new Europe [J]. Geoforum, 1992, 23 (3): 365 – 382.

[30] Daniel Balsalobre – Lorente, Muhammad Shahbaz, David Roubaud, et al. How economic growth, renewable electricity and natural resources contribute to CO_2 emissions? [J]. Energy Policy, 2018, 113: 356 – 367.

[31] Daniele Archibugi, Andrea Filippetti. Is the economic crisis impairing convergence in innovation performance across Europe? [J]. JCMS: Journal of Common Market Studies, 2011, 49 (6): 1153 – 1182.

[32] Daniele Archibugi, Mario Denni, Andrea Filippetti. The technological capabilities of nations: The state of the art of synthetic indicators [J]. Technological Forecasting & Social Change, 2009, 76 (7): 917 – 931.

[33] David B. The New Economics: A Bigger Picture [M]. London: Earthscan Publications, 2009: 54 – 62.

[34] Fan Wu, Xingguo Wang, Tao Liu. An Empirical Analysis of High – Quality Marine Economic Development Driven by Marine Technological Innovation [J]. Journal of Coastal Research, 2020, 115 (SP1): 465 – 468.

[35] Jens Horbach, Christian Rammer. Circular economy innovations, growth and employment at the firm level: Empirical evidence from Germany [J]. Journal of Industrial Ecology, 2020, 24 (3): 615 – 625.

[36] Laurie Kaye Nijaki, Gabriela Worrel. Procurement for sustainable local eco-

nomic development [J]. International Journal of Public Sector Management, 2012, 25 (2 – 3): 133 – 153.

[37] Longwu Liang, Zhen Bo Wang, Dong Luo, et al. Synergy effects and it's influencing factors of China's high technological innovation and regional economy [J]. PloS One, 2020, 15. 5: e0231335.

[38] Mary Riddel, R. Keith Schwer. Regional Innovative Capability with Endogenous Employment: Empirical Evidence from the U. S. [J]. The Review of Regional Studies, 2003, 33 (1): 73 – 84.

[39] Muhammad Shahbaz, Muhammad Ali Nasir, David Roubaud. Environmental degradation in France: The effects of FDI, financial development, and energy innovations [J]. Energy Economics, 2018, 74: 843 – 857.

[40] Nakhon Kokkaew, Jittichai Rudjanakanoknad. Green assessment of Thailand's highway infrastructure: A green growth index approach [J]. KSCE Journal of Civil Engineering, 2017, 21 (7): 2526 – 2537.

[41] Ron Boschma. Proximity and Innovation: A Critical Assessment [J]. Regional Studies, 2005, 39 (1): 61 – 74.

[42] Xincheng Zhu, Yulin Liu, Xin Fang. Revisiting the Sustainable Economic Welfare Growth in China: Provincial Assessment Based on the ISEW [J]. Social Indicators Research, 2021: 1 – 28.

[43] Yu Hao, Yerui Wu, Haitao Wu, et al. How do FDI and technical innovation affect environmental quality? Evidence from China [J]. Environmental Science and Pollution Research, 2020, 27 (8): 7835 – 7850.

[44] Yunjun Pan. Relationship between Dual Innovation Ability and Scientific Research Performance of High-level Talents in Colleges and Universities [J]. Educational Sciences: Theory & Practice, 2018, 18 (6).

第五篇

成渝地区双城经济圈发展政策体系设计

第 9 章

成渝地区双城经济圈发展实践总结

成渝地区双城经济圈建设以习近平新时代中国特色社会主义思想为指导，坚持党中央集中统一领导，坚定不移贯彻"创新、协调、绿色、开放、共享"五大新发展理念，以推动高质量发展为主题，深化供给侧结构性改革为主线，构建"双循环"新发展格局。本书以新发展理念为基础，重点围绕绿色、创新、协调三个维度，对成渝地区双城经济圈发展建设实际情况进行研究。为将成渝地区双城经济圈建设成高质量区域经济体，需围绕推动形成优势互补、高质量发展的区域经济布局，以重庆和成都为中心城市，引领带动成渝地区统筹协同发展，促进产业、科技及各类生产要素和资源充分流动、高效集聚，加强区域内各主体协同合作，聚力打造具有川渝特色的双城经济圈。

9.1 成渝地区双城经济圈区域绿色发展实践结果

9.1.1 绿色发展实践水平

为推动绿色发展，成渝地区双城经济圈制定了一系列相关政策文件。其中，2022 年印发的《成渝地区双城经济圈碳达峰碳中和联合行动方案》强调要推动实现能耗"双控"向碳排放总量和强度"双控"转变，同时提出了推动产业绿色转型、加强生态环境保护等目标，为成渝地区双城经济圈实现碳达峰、碳中和目标奠定坚实基础。此外，2022 年《成渝地区双城经济圈生态环境保护规划》的实施也为成渝地区双城经济圈绿色发展、协同治理等提供了政策导向。成渝地区双城经济圈通过多方举措、多主体协力合作，近年来，环境质量得到了一定改善。以重庆市为例，空气质量持续改善，2015～2019 年间，细颗粒物（PM2.5）浓度下降了 15.6%。此外，水体环境治理也取得了一定成效，水质得到改善，部分河流湖泊水质已达到国家规定的饮用水标准。

为促进绿色产业升级，成渝地区双城经济圈各级政府还鼓励技术创新，推动新兴产业的发展。其中，新能源产业取得了快速发展，光伏、风电等新兴产业逐渐壮大。以重庆市为例，2019 年光伏发电装机容量增加了约 600 万千瓦，占全市发电总装机容量的比重达到 20% 以上。在节能环保领域，成渝地区双城经济圈加大了技术创新力度，逐步推动了传统产业的转型升级，并积极加强资源优化利用。在交通运输领域，积极推广新能源汽车，提高能源利用效率，降低排放量。在农业领域，推行节水灌溉、高效施肥等技术，提高农业资源利用效率。此外，重庆市实施了"厨余垃圾变废为宝"计划，推动有机废弃物资源化利用。在政策方面，重庆市发布了多项激励政策，如财政补贴、税收优惠等，为企业绿色转型升级提供经济支持。

9.1.2 绿色发展研究结论

尽管取得了一系列实践成果，成渝地区双城经济圈仍然面临一些挑战。首先，城市化进程中，城市环境质量和生态保护面临较大压力。其次，绿色产业发展仍面临技术难题和市场需求不足。最后，资源的短缺和高效利用依然是需要解决的问题。结合本书研究结论主要有以下两点。

第一，在区域整体绿色发展中，成渝地区双城经济圈整体绿色发展水平态势较好，为区域社会发展、经济建设及生态保护提供了有利条件。但区域整体资源节约、环境治理、增长质量、绿色生活四个维度表现出非均衡性，区域内部各城市绿色发展水平也存在较大差距。

第二，在区域工业绿色生产中，成渝地区双城经济圈工业污染物排放阻碍了区域工业绿色全要素生产率增长，而绿色技术进步促进了工业绿色全要素生产率提升。成渝地区双城经济圈整体绿色技术效率较低，对绿色全要素生产率形成制约。从空间视角看，区域整体绿色全要素生产率呈现出空间聚集性和空间关联性，但区域发展非均衡性依然显著。

9.2 成渝地区双城经济圈区域创新发展实践结果

9.2.1 创新发展实践水平

自成渝地区双城经济圈规划、建设以来，政府一直对科技创新发展高度重视，制定了一系列的政策措施和战略规划，为区域科技创新发展提供了坚实的基础。例如，2022 年 1 月，四川省人民政府办公厅印发了《增强协同创新发展能力行动方案》，提出要强化创新资源集聚转化功能，打造协同创新共同体，增强协同创新发展能力，加快推进成渝地区双城经济圈建设具有全国影响力的科技创新中心。2021 年印发的《成渝地区双城经济圈建设规划纲要》也提出，要把成渝地区双城经济圈建设成为具有全国影响力的科技创新中心，到 2035 年，具有全国影响力的科技创新中心基本建成。系列举措为成渝地区双城经济圈创新发展提供了明确的政策指导和支持。

区域创新能力持续提升，科技产业蓬勃发展。一方面，地区拥有一大批高校和科研院所，科研人员和技术人才较为集聚，为创新发展提供了人才支持；另一方面，越来越多的企业开始重视科技创新，积极加大研发投入。新兴科技产业蓬勃发展，比如人工智能、生物医药、新能源等领域的企业涌现。在云计算和大数据产业方面区域发展态势强劲。成都高新区作为中国西部重要的科技创新基地之一，拥有一批具有核心竞争力的云计算和大数据企业。在 2020 年 11 月，阿里云在成都启动了阿里云西部云计算中心及数据服务基地，表示将支持区域建设全球领先的云计算基地，这为成渝地区双城经济圈云计算和大数据产业的发展注入了强劲动力。在新能源产业方面，成渝地区双城经济圈各级政府积极推进以新能源汽车技术为主的技术创新发展。重庆拥有一批新能源汽车生产企业，如长安汽车等，积极投入到新能源汽车的研发和制造。同时，成都也引入了不少新能源汽车创新企业，如成都吉利汽车等，致力于推动电动汽车技术的创新和发展。在生物医药产业方面，成渝地区双城经济圈生物医药产业发展势头良好。重庆拥有多家生物制药企业，如智飞生物、太极集团等，致力于药物研发和生物技术创新。成都有包括科伦药业、康弘药业等在内的企业，推动生物医药产业的蓬勃发展。两座城市在生物医药领域的专利数量和新药上市数量等方面都表现亮眼。截至 2023 年 12 月底，重庆拥有 6 477 个生物医药产业领域的专利，成都则有 10 607 个专利。

9.2.2　创新发展研究结论

然而，成渝地区双城经济圈创新发展也面临一些挑战，比如创新资源不足、创新体系不完善等问题。结合本书研究结论主要有以下两点。

第一，在超效率 DEA 分析中，粤港澳大湾区的研发效率均值最高，其次是长三角城市群和京津冀城市群，成渝地区双城经济圈研发效率表现为降低趋势，科技发展不平衡问题突出，区域研发效率均值处于四大城市群之尾。城市群内部科研创新绩效存在较大差异，且成都、绵阳等科技创新中心城市的研发综合效率处于较低水平，表明区域发展不平衡，中心城市还需积极提高研发效率，促进区域内要素充分流动，协同能力有待加强。技术进步对成渝地区双城经济圈研发活动的具有显著正向作用，但成渝地区双城经济圈在四大城市群中技术进步率最低，还需持续加强成渝地区双城经济圈技术投入和创新水平。

第二，从产业发展中，以知识密集型服务业为例展开分析发现，当前成渝地区双城经济圈知识密集型服务业集聚能有效提升区域创新产出能力，区域内产业结构中知识密集型服务业占比越高，越能通过规模经济和技术溢出效应产生辐射作用，对周边地区的技术革新产生正向影响。然而，成渝地区双城经济圈知识密集型服务业发展不均衡性依然显著。在全域视角下，区域内各城市知识密集型产业集聚度具有梯度特征；在行业异质性视角下，行业集聚效应地区异质性显著，中心城市和周边城市形成"两极分化"。

9.3 成渝地区双城经济圈区域协调发展实践结果

9.3.1 协调发展实践水平

成渝地区双城经济圈的绿色发展和科技创新在促进其发展协调性方面起到了重要作用。第一，绿色发展促进了经济协调性。加强资源优化配置，绿色发展着眼于资源的高效利用和循环利用，通过合理规划和科学管理，优化资源配置，使得成渝地区双城经济圈的产业互相补充，避免过度竞争，实现资源的有序协调发展。加强环境保护与经济协调，绿色发展注重环境保护，减少环境污染和资源浪费，有助于营造良好的经济发展环境，避免因环境问题而阻碍经济的发展。在绿色发展的理念下促进生态产业链协同发展，成渝地区双城经济圈逐渐形成了生态产业链，例如新能源产业、清洁能源产业、环保产业等，各产业相互支撑，促进了区域经济的协调发展。

第二，科技创新推动产业协调性。跨界合作促进协调发展，科技创新带动不同领域交叉融合。例如，信息技术与制造业的融合、生物技术与医药产业融合等，这种跨界合作促进了成渝地区双城经济圈产业之间的协调发展。科技创新带来了一系列高新技术产业的兴起，高新技术产业在成渝地区双城经济圈中不断壮大，成为新的经济增长点，进一步促进了产业协调发展。科技创新同时带动了智能化发展，通过物联网、大数据等技术手段，实现资源的智能整合和高效利用，优化产业结构，加强经济协调性。

9.3.2 协调发展研究结论

综合来看，绿色发展和科技创新为成渝地区双城经济圈发展协调性提供了新动力。绿色发展使得经济发展更加可持续，环境更加友好，科技创新则带来新的产业和增长动力，为该地区的经济持续增长和可持续发展奠定了坚实基础。然而，该地区也面临一些挑战，如经济结构不平衡、产业转型难度较大等问题。结合本书研究结论主要有以下两点。

第一，在区域"绿色－创新－经济"复合系统中，成渝地区双城经济圈"绿色－创新－经济"复合系统协同度总体表现为轻度不协同或轻度协同，但协调性逐年呈现螺旋上升趋势。重庆市、乐山市以及达州市等资源环境子系统有序度处于较低水平；从科技创新子系统有序度看，成都市和重庆市相对较好；成都市、内江市、广安市以及雅安市等经济社会子系统有序度相对靠前。为提升区域发展整体协同性，还需充分协调各级资源，从绿色、创新两方面并举推动经济建设。

第二，在科技创新与经济高质量发展耦合协调分析中，成渝地区双城经济圈各城市系统协同度表现为较好的协同，科技创新和经济高质量发展联系紧密，两者的耦合协调度整体上处于优质协调状态，这表明科技创新对于经济高质量发展具有正向促进作用。而重庆市、成都市以及绵阳市协同度相对较低，区域内各城市之间表现出显著非均衡性，各城市科技创新和经济高质量发展的耦合协调发展程度还有待进一步提升。发展成渝地区双城经济圈是"一带一路"倡议及国家创新体系建设的重要组成部分，在创新驱动区域协调发展的背景下，科技创新对经济高质量发展的积极影响不断增强。促进成渝地区双城经济圈协调发展还需不断提高科技创新要素投入，牢固把握耦合发展本质，统筹成渝地区社会发展和经济建设，增强区域发展协调性，以期为我国西部地区和内陆地区发展提供新范式。

第 10 章

成渝地区双城经济圈发展政策建议

成渝地区双城经济圈作为中国西部的重要经济区域，具有丰富的发展潜力和优势。为持续加强成渝地区双城经济圈绿色、创新、协调建设，本书结合研究结论和成渝地区双城经济圈多年来的发展现实，从三方面提出制定相关政策体系的建议，以促进成渝地区双城经济圈"绿色－创新－协调"发展。

10.1 成渝地区双城经济圈绿色发展政策体系

成渝地区双城经济圈要实现经济绿色可持续发展，需要从营商环境、政策法规、市场机制、科技创新、财税金融、交易平台、交通基建、产业结构等多视角出发，以更完善的绿色发展政策，实现区域经济建设的绿色可循环。

10.1.1 完善区域绿色发展政策

第一，积极为成渝地区发展营造优质营商环境，在区域内实施统一的市场准入制度。全面落实市场准入负面清单制度，推动"非禁即入"普遍落实，各级政府和各类社会主体共同建立、完善市场准入负面清单事项与现有行政审批流程有效衔接机制，持续优化管理方式，提高审批效率。强化跨区域绿色低碳财税政策协同，加大区域绿色低碳发展财政投入，建立跨区域合作项目地方留存部分财税利益分享机制。支持区域内各城市绿色工厂、绿色园区建设，在项目核准、土地审批等方面依法依规建立绿色通道，统筹安排高效利用省级财政专项资金，加大对绿色产业发展、生态环境治理、资源综合利用的支持力度。建立成渝地区"政府补贴＋第三方治理＋税收优惠"跨市域联动机制，认真落实节能减排、资源综合利用和环境保护等有关税收优惠政策。

第二，制定促进成渝地区绿色发展的绿色信贷政策，加强金融支持区域绿色发展，推动共建西部金融中心，有序推动成渝地区双城经济圈各城市绿色普惠机制建设和互认对接。鼓励成渝地区商业银行开发绿色金融产品，完善环保项目贷款风险分担机制和绿色信贷风险监测评估机制，争取政策性银行绿色信贷。引导成渝地区金融机构加大对区域内企业污染防治、节能减排技术改造的信贷支持，依法落实对生产和使用先进环保设备的企业实施减免税收、低息贷款、折旧优惠等鼓励政策。

第三，完善成渝地区绿色产业发展生态治理体系。完善环境权益交易市场，健全排污权交易制度。推行项目节能交易和用能权有偿使用、交易制度，实施水权交易试点，推动能源资源和环境容量指标流向效益显著的行业和企业。积极探索碳排放权交易、可再生能源强制配额和绿证交易制度等政策。积极实施《成渝地区双城经济圈碳达峰碳中和联合行动方案》，发展电力现货市场和川渝一体化电力辅助服务市场，建立区域林草碳汇市场交易体系。区域内各主体合力制定有利于经济持续发展和企业增效的减污降碳协同、可再生能源发电和输配电、零碳负碳技术研发、碳中和示范、西部环境资源交易中心等重大项目和重大政策建议，努力将成渝地区双城经济圈建成国家"双碳"政策重点支持区域和全国绿色发展示范区。积极推进生态建设领域产权制度改革，探索建立跨市域和跨流域的市场化多元生态补偿机制，鼓励上下游、左右岸、干支流地方各级政府开展横向生态保护补偿，不断完善成渝地区生态环境补偿制度。

第四，完善成渝地区自然保护区政策法规建设管理，全面推进生态环境损害赔偿制度改革试点。结合我国现行的《森林和野生动物类型自然保护区管理办法》《自然保护区条例》等相关法律法规，规范和加强成渝地区自然保护区建设和管理，保护自然生态系统和自然遗迹，在促进经济可持续发展和推进生态文明建设进程等方面发挥积极作用。如四川省卧龙自然保护区、青城山－都江堰、西岭雪山、鸡冠山－九龙沟、天台山等景区被列为"四川大熊猫栖息地"世界自然遗产，为保护大熊猫等珍稀野生动物，需要通过自然资源科学保护和合理利用特定区域，形成环境良好的自然生态系统。深入贯彻《成渝地区双城经济圈生态环境保护规划》，加快水污染和土壤污染防治、环境监测等领域立法，研究制定增强成渝地区生态环境高质量建设的环境评价标准、污染物排放标准、环境监测方法、管理规范及实施评估等生态环境标准，解决生态环境约束日益明显等发展问题。

10.1.2 搭建区域绿色合作平台

当前成渝地区双城经济圈区域内合作机制尚未完善，区域经济一体化建设任务艰巨，城乡二元结构矛盾依然突出，统筹城乡改革发展任务繁重。成渝地区各级政府和社会主体还需协力共建绿色市场要素平台，积极探索成渝地区双城经济圈区域内碳资产交易平台建设，共建西部环境资源交易中心，开展跨区域碳排放权、排污权、水权、用能权等交易合作，提升金融对低碳、零碳产业与技术孵化的驱动能力，为践行"一带一路"倡议，推动绿色发展合作打造政策对话和沟通平台、环境知识和信息平台、绿色技术交流与转让平台，推进成渝地区双城经济圈生态环保内外合作关系步入更大的国际舞台。

成渝地区双城经济圈可以借鉴复制其他三大城市群建设经验和成果，推进资源要素跨区域流动和区域融合发展。例如，成渝地区双城经济圈可以和长三角城市群实现互联互通，推进长江经济带一体化建设，借鉴长三角城市群开辟"试验田"的做法，成渝地区双城经济圈加强建设"遂宁－潼南"一体化发展先行区、川渝高竹新区等跨省市合作共建的功能平台，同时借鉴长三角生态绿色一体化发展示范区、"金山－平湖"产城融合发展区等建设经验，加强成渝地区规划管理、土地管理、生态保护等区域生态一体化发展。

从成渝地区双城经济圈政务合作服务看，当前区域内公共服务差距较大、跨区域服务体系尚未完善等系列问题为成渝地区双城经济圈一体化建设带来了挑战。建立健全成渝政务服务互联互通系统，加强各城市政企平台协同，可以通过"天府通办""渝快办"等政务服务平台联动，推动政务服务"川渝通办"，遵循"简环节、节时间、减材料、少跑动"原则，聚焦区域内各主体需求，持续推动高效绿色政务服务平台建设。

在生活服务方面，加强"川渝大同城"合作网络建设，构建成渝地区双城经济圈区域内乡村、城市、跨境寄递网，推进"快递进村"，可通过借鉴江浙沪地区快递业务发展经验，推动成渝地区双城经济圈快递行业相关企业积极推广区域内即日达产品。

10.1.3 促进区域绿色市场成熟

绿色市场是实现绿色循环经济的重要载体和先导，绿色市场的形成反映了人们的环境保护意识逐渐在消费领域得到体现。成渝地区双城经济圈绿色市场建设需从生产、消费两方面出发，其中绿色产品需求是区域绿色市场形成的基础条件。传统产业发展对区域生态绿色发展形成的制约，导致环境恶化，而随着生活水平的提高使人们对"美好生活的需求"持续增加，消费者逐渐产生绿色产品消费意识，绿色产品需求为绿色市场建设提供了发展潜力和基础保障。

在生产层面，成渝地区双城经济圈可以从"开发－生产－销售－服务"各环节和全流程实施绿色技术、绿色工艺与流程，提升产业链效率，以绿色生产技术实现减碳、脱碳以及绿色低碳发展，充分利用绿色低碳价值链，建成"低碳产业圈＋绿色经济圈"。例如，可以结合"成都－内江－重庆"为绿色发展主轴，打造"成渝氢走廊"，通过跨域技术合作，共同突破关键技术、提升产品性能、扩大示范运营、构建安全标准体系，优化成渝地区双城经济圈氢能及燃料电池汽车产业链。

在消费层面，将绿色消费理念贯穿居民生活，包括绿色食品、绿色衣着、绿色出行、绿色居住等各领域，在全周期、全链条、全体系中深度融入绿色理念，全面促进成渝地区双城经济圈全域消费绿色低碳转型升级，这对贯彻新发展理念、构建新发展格局、推动高质量发展、实现"双碳"目标具有重要现实意义。企业结合自身的预见性和前瞻性，对绿色产品市场潜力和市场容量进行分析，再建立交易平台经营绿色产品，以形成绿色产品市场。

在市场机制作用下，绿色产品市场还可以通过创新价格机制，积极引导各类社会资本积极参与环境综合整治、生态保护修复项目、绿色产品开发等，以探索公益性生态项目和产品盈利模式。

10.1.4　加大区域绿色基建投入

2021年以来，成渝地区双城经济圈建设在多方面基础设施建设均取得显著成效。但与其他三大城市群相比，成渝地区双城经济圈交通、水利、能源等重大基础设施建设相对薄弱，支撑区域经济绿色发展能力亟待加强。区域一体化综合交通运输体系是建设现代基础设施网络的重点，成渝地区双城经济圈内各城市可以通过联合行动，构建成渝一体化交通运输体系，带动经济圈内部甚至西部地区人口、要素、资源实现跨市和跨省流动，能够为成渝地区实现与全国甚至世界互联互动提供基础保障，进一步改善过去川渝地区存在的"蜀道难"困境。

随着新一轮科技革命和产业变革演化，产业数字化和数字产业化成为当前各地区经济建设和产业发展的新趋势，以城市群为主体建设新基建，有利于形成规模效应，催生具有地区特色的新业态。城市群的新基建完善，一方面有利于倒逼区域内产业数字化转型。例如，生产者以数字化基础设施为平台进行生产活动，消费者通过互联网平台消费等，都使得社会各主体对互联网信息、智能传感器、云制造等新业态的产品需求增加，数字化转型使得市场需求结构发生变化，就需要企业积极调整内部发展战略，加快转型升级，以适应外部环境变化。另一方面可以重塑新业态发展平台。新业态的产生除了受市场需求影响外，还会受供给因素影响，城市群的新基建为新产业形态发展提供了必要的基础设施供给。以成渝地区双城经济圈新能源汽车产业发展为例，为实现成渝地区绿色交通一体化发展，当前成渝地区积极打造的成渝电走廊，为满足新能源汽车跨域续航需求，就需要积极推动川渝省际高速公路服务区充电桩建设，发挥换电模式车电平台共享、土地电力资源集约的优势，以重庆主城区、成都市区、宜宾市等城市和成渝两地高速公路为重点，加快布局电动汽车充换电配套设施，加快建设成渝地区双城经济圈内两江港口岸电设施。

10.1.5　推动区域绿色技术创新

绿色技术创新是一种兼顾环境保护和绿色经济发展的新兴技术创新，在支撑我国产业发展的同时，也为区域绿色发展提供了新的驱动力。面对"十四五"时期碳达峰的窗口期机遇，成渝地区双城经济圈需加快建设绿色低碳科技创新平台，切实推动绿色技术创新，为推动区域经济与社会高质量发展、全面绿色转型提供驱动力。以科技创新加快推动成渝地区双城经济圈经济绿色高质量发展，可以结合《绿色技术推广目录（2020 年）》，切实抓好成渝地区双城经济圈绿色技术创新和应用推广。

首先，需要做好绿色低碳关键技术的研发与应用，充分发挥智慧集控、智慧决策等信息技术优势，打造高效集约的低碳示范工厂。成渝地区双城经济圈各主体需从多领域展开绿色技术创新，包括交通车辆/非移动污染源治理、高效节能装备、土壤修复、余热利用、装备再制造、高效节能装备、绿色建筑材料、新能源汽车、绿色农业等绿色技术适用范围，结合区域发展实际，加大绿色技术研发和推广应用力度，为推动区域经济发展全面绿色转型、打赢污染防治攻坚战、实现碳达峰碳中和目标提供技术支撑。

以新能源汽车产业为例，川渝两地过去的工业发展基础，为成渝地区双城经济圈新能源汽车产业链的形成提供了强有力的支撑。新能源汽车上游的锂矿系列产品，四川省产量居全国第一，以宁德时代、杉杉锂电、中创新航等龙头企业积极布局动力电池产业，以及四川长虹、威马汽车等作为动力电池回收利用的下游龙头企业，持续为成渝地区新能源汽车技术研发提供了创新平台和技术支持。在新能源汽车技术研发相关政策支持下，持续推进新能源动力电池、能源互联网等关键核心技术研发，构建减污降碳、可再生清洁能源高效利用、碳捕集利用和封存等极具推广前景的低碳技术体系,提升成渝地区双城经济圈低碳关键技术和核心部件自主化研发水平。

其次,支持以企业、高校和科研院所形成的产学研探索合作研发新模式,共同申报"双碳"领域国家科技重大专项,以健全的绿色创新技术知识产权保护体制机制作为保障,培育绿色技术转移中介服务机构,有效识别和评估新兴技术潜在的商业价值,打通技术推广的"最后一公里",形成"研究开发 – 性能测试 – 市场应用"绿色技术产业化链条。

10.1.6 深化区域绿色产业升级

基于"双碳"目标,我国"十四五"规划多次强调绿色转型,明确要求大力发展绿色技术创新,推进重点行业和关键领域实现绿色转型发展。《成渝地区双城经济圈生态环境保护规划》提出了成渝地区双城经济圈生态建设和绿色发展的约束性指标,具体包括单位 GDP 二氧化碳排放降低 19.5%,生态保护红线面积不减少,地级及以上城市空气质量优良天数比率不低于 89.4%,地级及以上城市 PM2.5 浓度下降 13% 以上,国控断面水质达到或优于Ⅲ类的比例达 96%,跨界河流国控断面水质达标率稳中向好,河流主要断面生态流量满足程度达到 90% 以上 7 个方面。系列推进区域绿色发展的战略规划对成渝地区双城经济圈产业发展提出了更高的要求,推动成渝地区双城经济圈产业绿色转型对于打造"宜居高地"具有关键作用。随着持续践行"一带一路"倡议、推动长江经济带一体化发展、加强新时代西部大开发、"西部陆海新通道"建设等一系列国家政策,为成渝地区双城经济圈承接东部产业转移、延伸现代农业发展新空间、推动现代农业协同发展持续注入新动力。

在农业绿色转型方面,长期以来,成渝地区农业在全国占据重要战略地位,川渝两地农业基础和其他地区相比具有一定比较优势。据《成渝现代高效特色农业带建设规划》相关数据显示,成渝两地耕地面积 1.09 亿亩、占全国耕地总面积的 5.7%,是西部地区农业生产条件最优、集中连片规模最大的区域之一。两地耕地复种指数较高,形成了夏收作物、秋收作物、晚秋作物一年三季的耕作制度。优良的农业生产条件为成渝地区作物提质增量提供了保障,粮食产量基本稳定在 4 500 万吨以上,占全国的 6.9%;油料产量达 400 万吨以上,占全国的 12.4%。在新发展要求下,成渝地区双城经济圈内各城市主体还需持续打造"泸永江""遂潼""内荣""合广长"等成渝毗邻地区现代农业合作示范区。在区域高质量发展的新要求下,还需结合数字技术手段,推进成渝地区双城经济圈"1 +2 +3"产业融合发展,振兴乡村特色绿色产业链,可以通过"光伏 + 农林牧渔""风电＋农林牧渔""大数据＋农林牧渔"等，推进共建符合内陆城市农业绿色发展的粮油业、畜牧渔养殖业、休闲农业等绿色低碳农业示范区，实现山水林田湖草沙综合治理与农林牧渔业低碳集群发展。

在制造业绿色转型方面，成渝地区双城经济圈大部分城市长期以工业发展为主，传统工业的高能耗和高污染使得城市生态建设受约束。为增强区域工业绿色发展水平，成渝地区双城经济圈各级政府和相关企业亟须加快工业产业结构调整，遏制"两高"项目以及相关企业盲目发展，结合绿色产业政策，强化环保、能耗、水耗等要素约束，有效引导落后产能退出。近年来，成渝地区双城经济圈高端要素和新兴技术产业加速集聚，拥有全部 41 个工业大类，其中汽车、电子信息、装备制造、生物医药等领域持续壮大，成为全国重要的制造业基地。需充分利用好成渝地区制造业建设基础，以成渝地区双城经济圈传统工业大市和龙头企业为依托，加快钢铁、有色金属、石化化工、机械重工等制造行业实施绿色化升级改造，循序渐进实现制造业服务化，提高制造业产业链整体质量和水平，以高质量供给引领、创造新需求。落实能耗"双控"目标和"碳减排"要求，推动重化工业减量化、集约化、绿色化发展，严格执行钢铁、平板玻璃、电解铝等行业产能置换政策，严控化学用料，如尿素、磷铵、电石、黄磷等过剩行业新增产能，新建项目实施产能等量或减量置换。同时以区域绿色产业建设相关政策为支撑，发挥区域内重点工业龙头企业品牌技术优势，积极推动成渝地区双城经济圈内制造业服务化转型，积极培育绿色技术与产业融合，构建一体化产业政策体系，强化产业数字化与数字产业化融合发展观念，以数字技术创新赋能产业低碳发展，结合大数据、区块链、5G 等新一代信息技术，对钢铁、石化化工等行业的工艺流程和设备进行数字化、智能化升级改造，加强制造服务平台建设，搭建绿色低碳基础数据平台，寻求重点突破的行业和工业企业绿色发展新模式，实现全过程能源消费和碳排放的精准、科学和动态管控。

壮大绿色节能环保战略性新兴产业。通过发展战略性新兴产业、高技术产业等绿色制造业，持续优化重庆、成都、绵阳等重点城区和长江经济带等流域新兴技术产业布局，以"双碳"目标推进绿色低碳产业链，全面推进成渝地区双城经济圈工业绿色低碳转型。《成渝地区双城经济圈建设规划纲要》要求成渝地区整合优势产业，加快补齐关键短板，增强全产业链优势，形成具有川渝特色、安全可靠的区域产业链供应链体系，培育电子信息、新能源汽车、装备制造、先进材料等具有国际竞争力的先进制造业集群。着力打造低能耗、高附加值、低污染、高需求的产业发展新引擎，加快发展新材料、新能源汽车、绿色智能船舶、高端装备、能源电子等战略性新兴产业，带动制造业乃至成渝地区双城经济圈整个经济社会绿色低碳发展。推进绿色制造领域战略性新兴产业集群

化和生态化发展，做大做强一批龙头核心企业，培育发展绿色制造业新动能。

对石油加工、炼焦及核燃料加工业、金属冶炼及压延加工业、金属制品业等高能耗、高排放产业的绿色化数字化改造升级，如以电动车、氢能源车等新能源汽车制造业替代和淘汰燃油车制造业等。当前，川渝两地携手共建的"成渝氢走廊"，共规划了两条城际线路和一条直达干线，其中城际线路以"成都 - 重庆"为主干线，辐射成德眉资、川南及渝西、川东北及渝东北城市群，以资阳、内江、自贡、泸州、荣昌、潼南、九龙坡、两江新区等沿线地区为节点，连接天府新机场、德阳重装基地、自贡国家级骨干冷链物流基地和西南（国际）陆港、九龙坡汽配集散基地、两路寸滩保税港区，形成相互融合，互联互通的氢能经济网络；直达干线主要沿成安渝高速，形成贯通成渝中部城市群的氢能快捷运输线。①"成渝氢走廊"的建设，通过深度整合成渝两地优势产业资源，加强了成渝地区双城经济圈各城市联合互动，有利于制造业产业链延链、补链、强链，为区域内各主体产生绿色制造业产业集聚发展的虹吸效应，争取建设国家氢燃料电池汽车示范城市群，打造具有国际竞争力的清洁能源装备产业。以雅安市为例，雅安市构建绿色产业体系布局下，雅安安山钢铁有限公司投入 5 亿元完成技术改造，2021 年 12 月被评为全国 24 家绿色钢铁厂之一。

在服务业绿色转型方面，创新发展知识密集型服务业，促进现代服务业集群共生发展。成渝两地需促进云计算、区块链、人工智能等知识密集型和技术密集型产业集群，持续推进机器学习、智能制造、智慧服务等"互联网""物联网""数字孪生"与传统服务业融合共生发展。例如，在物流配送服务中，利用新能源汽车替代传统燃油汽车提供物流服务，实施塑料袋使用限制令，商品销售过程中用纸袋和可重复利用购物袋，鼓励和倡导居民自带购物袋；在餐饮服务中，不再提供一次性餐具，外卖服务提倡消费者按需选取餐具或自备餐具，同时积极做好生活垃圾分类，持续推动住宿餐饮业节能改造；在文化旅游方面，打造"巴蜀特色文旅产业"，结合数字手段宣传成渝地区文化旅游产业；在办公服务方面，将数字技术与传统服务业相结合，使服务流程信息化、智能化，精简业务流程，减少要素投入和资源消耗，提供办公效率，比如，电子合同、网络办公、线上会展以及共享经济等。

以区域协同发展为契机，成渝地区双城经济圈还需持续增强农业产业发展协调性，以科技支撑农业绿色生产能力提升，大力发展战略性新兴技术产业和绿色服务业，充分利用成渝地区双城经济圈现有生态优势和产业优势，将其转化为经济社会绿色发展优势。在区域绿色建设过程中，加速区域内各城市"1 + 2 + 3"

---

① "成渝氢走廊"正式启动 ［N］. 重庆日报, 2021 - 11 - 30.

产业融合，以"三链融合"驱动成渝地区产业绿色低碳转型发展，形成具有川渝特色的新业态，以跨区域和跨流域加快开放合作，切实为成渝地区双城经济圈绿色"三生"建设提供强劲动力。

10.2　成渝地区双城经济圈创新发展政策体系

成渝地区双城经济圈要保障区域创新能力持续提升，需要从创新政策体系、合作网络、创新主体、要素流动、资源共享、成果转化等多方面入手，以更完善的创新发展体制机制，推动区域创新驱动高质量发展。

10.2.1　完善区域创新发展政策

合理高效的创新政策是驱动区域经济发展的基础保障，成渝地区双城经济圈尚处于建设初期，为加强区域各主体联动发展，国家及区域层面都积极推进区域创新政策体系建设。随着区域发展要求和外部环境不断变化，区域创新政策在实施过程中也需要随着外部因素变化而不断调整。为增强成渝地区双城经济圈创新能力，就需要区域内各城市加强政策协调，共同维持创新政策的稳定性。成渝地区各级政府作为区域创新政策体系的主要制定者，需充分认识区域发展水平、目标定位、资源优势，协调各部门和各类主体利益，制定出符合成渝地区双城经济圈发展特色的创新政策。

在数字经济时代，探索创新体制机制，可以新一代信息技术为发展重点，需要积极完善以人工智能为代表的新一代信息技术伦理规范、法规政策和数据安全治理体系，健全产学研协同创新机制，持续推进科技成果管理改革，强化政策支持，完善创新创业服务体系。以成都市为例，其人工智能建设正结合国家相关政策，如《中共中央　国务院关于构建更加完善的要素市场化配置体制机制的意见》和《国务院关于印发国家技术转移体系建设方案的通知》，成渝地区双城经济圈各级政府和社会主体需协力合作，积极支持成都市建设国家新一代人工智能创新发展试验区，同时科技部将积极配合四川省推进成都试验区建设，协调研究解决相关政策问题，加强工作指导和资源对接，及时总结典型经验和政策措施并予以推广。[①] 建立监测评估机制，跟踪评估试验区建设进展情况，根据评估结果给予

---

　　①　中华人民共和国科技部. 科技部关于支持成都建设国家新一代人工智能创新发展试验区的函［EB/OL］.（2020 – 03 – 09）. https：//www. most. gov. cn/xxgk/xinxifenlei/fdzdgknr/qtwj/qtwj2020/202003/t20200309_152220. html.

激励和支持。试验区建设紧紧围绕国家重大战略和成渝地区双城经济圈经济社会发展需求，探索新一代人工智能发展的新路径和新机制，形成可复制和可推广经验，充分发挥人工智能在推动成渝地区双城经济圈产业转型升级和民生改善中的重要作用，以良好的制度环境为保障，有力推动成渝地区双城经济圈创新发展。

　　成渝地区双城经济圈创新建设还需充分整合各部门的资源要素、突破行政壁垒，以促进创新政策主体协同，提高创新政策实施效果。成渝地区双城经济圈创新政策制定要以全面提高区域自主创新能力为目标，当前创新发展依然要以成都市、绵阳市、重庆市三地为科技创新中心，促进创新要素跨域流动，通过形成规模效应和聚集效益充分激活和利用创新资源，提高各创新目标的协同性，同时以完善的科技成果转化制度，重视技术引进和创新知识消化吸收的衔接，建设成渝地区创新协同一体化格局。

10.2.2　构建区域创新合作系统

　　成渝地区双城经济圈以成都市和重庆市作为"双核心"创新极，然而当前两市产生的创新极化效应大于溢出效应造成了成渝地区双城经济圈创新发展非均衡性显著，大部分城市技术创新能力不足，产业竞争力难以实现有效提升。提升"双核心"创新互补性，发挥创新平台优势和引领示范作用，积极构建成渝地区双城经济圈创新合作系统，加快形成"基础研究 – 技术突破 – 成果转化 – 市场应用"的全链条创新体系，为成渝地区建设具有全国影响力的科技创新中心提供核心支撑。

　　截至 2023 年 3 月，从成渝地区双城经济圈建设以来三年的创新合作体系平台发展成果看，成渝地区双城经济圈深入实施创新驱动发展战略，已签订了"1＋6"科技创新合作协议，科技资源共享服务平台共享科研仪器设备 1.2 万台（套），获批建设国家新一代人工智能创新发展试验区、国家数学应用中心、2 个国家重点实验室，川藏铁路、生猪等国家技术创新中心，并持续推进超瞬态实验装置、种质创制大科学中心、分布式雷达验证试验等 9 个重大科技基础设施建设；累计引进建设新型研发机构 22 个、科技创新基地 137 个；两江协同创新区引进建设开放式国际化研发机构 50 家，建成市级创新平台 140 余个，获批市级新型高端研发机构 21 家；区域科技创新合作计划累计联合实施攻关核心技术项目 115 项，资金超过 1 亿元；共同编制《泸永江融合发展示范区总体方案》《遂潼川渝毗邻地区一体化发展先行区总体方案》等规划或方案

13 个。① 成渝地区双城经济圈各级主体积极探索区域创新合作新模式，坚持重点突破，加强各地区创新发展统筹协调，促进优势互补，推动创新要素资源集群发展，协同联动持续完善成渝地区双城经济圈创新合作系统。

当前成渝地区双城经济圈正积极共建"成渝科创走廊"，旨在辐射带动整个西部地区的科技水平跃迁。此外，成渝地区双城经济圈抢抓国家"东数西算"工程重大机遇，成渝枢纽规划设立天府数据中心集群和重庆数据中心集群两大数据中心集群，积极推进优化算力布局，加快建设全国一体化算力网络成渝国家枢纽节点，共同打造成渝地区大数据产业基地，构建以"芯屏星感端、存算软智安"为核心的电子信息产业新体系，推动基础设施信息化升级、企业行业信息化改造、经济社会信息化转型，以平衡区域内各城市及其周边算力资源部署，为与"东数西算"衔接提供保障，共建成渝地区工业互联网一体化发展示范区。

此外，成渝地区双城经济圈可以依托重大应用场景和科教资源，加强对"互联网 +""元宇宙 +"等与教育、医疗等行业融合，充分发挥成渝地区双城经济圈技术创新核心区域在新兴技术领域应用场景多元、科教资源丰富等优势，加强新兴技术基础研究和全域范围推广应用，以完善数字化基础设施，优化以物联网等为主的系列新兴技术创新空间布局，加强在智能空管、普惠金融、智慧医疗等场景的应用示范，培育以行业融合应用为引领的新业态和新模式，推动构建开放型创新合作体系。

10.2.3　丰富区域创新网络主体

区域创新网络主体包含了政府、企业、用户、中介组织、供应商、研究机构等形成的水平或垂直节点构成的关系总和。结合多重螺旋创新理论，成渝地区双城经济圈要积极构建"创新共同体"，集聚一批世界一流高校、科研机构、创新型企业等多元创新主体，完善区域创新网络构建。多元创新主体为成渝地区双城经济圈从"产、学、研、用、金"等方面提供了支撑和创新动力，当前，无论是区域创新发展还是产业发展，过程中主要存在的"技术问题"和"科学问题"，尤其关键核心技术问题，都需要"产、学、研、用"等多方主体合力共同解决，越是关键核心技术越需要合作攻关。从成渝地区双城经济圈创新发展实践看，需通过构建跨域创新网络，充分协调区域创新网络多元主体关系，使得各主体在创新系统中分工合作，产生"1 + 1 > 2"的效应。

① 重庆代表团提交全团建议 增强成渝地区双城经济圈协同创新能力［N］. 重庆日报，2023 - 03 - 06.

成渝地区双城经济圈各级政府应积极主动推介并借鉴京津冀、长三角、珠三角等创新水平较高城市群在科技创新、产业转型人才引进、市场准入等方面的成功经验，鼓励条件成熟的高新区开展创新政策先行先试，积极制定有利于区域各主体创新合作的政策作为保障，支持高校、科研院所、高新技术企业、社会资源等创新主体联合，推动创新资源向社会开放共享，打破资源、科技、人才、成果等创新资源跨域流动壁垒，促进颠覆性技术和重大产业关键核心技术创新取得实质性进展。

当前，成渝地区双城经济圈分别以创新平台、高校、企业等为主体建立了成渝创新合作联盟，主要有成渝地区双城经济圈国际科技合作基地联盟、成渝高校联盟、高新技术产业开发区协同创新战略联盟、川渝产业园区等联盟，多主体创新联盟持续助力成渝地区双城经济圈创新合作体系完善。在多主体形成的创新联盟中，推动了成渝地区双城经济圈各城市在创新人才培养、科学创新研究、国际创新合作交流等方面开展多元合作，为成渝地区双城经济圈实现全区域创新发展提供人才基础和知识保障。其中，科技合作创新联盟主要以"成渝绵"三地科技城为基础依托。高技术产业开发和产业园区联盟主要以"成渝"两地高新技术园区、自贸区、众创空间等为平台。高校联盟中，以川渝两地20所高校为创新基地，包括四川大学、电子科技大学、西南交通大学等在内的12所四川省高校以及重庆大学、西南大学等在内的8所重庆市高校。以"双一流"高校为平台，加快对接成渝地区传统优势产业以及战略性新兴产业发展的学科，大力发展具有特色的新理、工、医、农、文等本科专业集群，推动成渝地区双城经济圈内部各高校人才流动与科教资源共建共享，着力打造成渝科教创新共同体。

构建科技服务和成果转化的中介市场，以市场机制促进成渝地区创新链和产业链深度融合。通过培育制度完善、有序开放的技术转移中介市场，扶持生产力促进中心、科技信息中心、知识产权法律中介机构、金融机构等科技服务和转化的中介平台发展，并依托中介平台破除企业、高校、科研机构之间成果转化过程存在各类阻碍因素，技术成果与技术交易市场有效衔接，促进科技成果充分转移。

在积极引导区域内部主体合作创新的同时，鼓励外商投资企业在成渝地区开展科技创新，降低外商投资企业市场准入门槛，支持外商企业在成渝地区双城经济圈建设高水平研发机构，支持成渝地区双城经济圈区域内创新企业、科研机构、高校等创新主体与跨国公司联合建立研发机构、进行研发合作；支持外商投资企业在成渝地区双城经济圈各城市创办创新型企业和技术服务机构，推动高新技术成果在成渝地区甚至跨域转化，也进一步促进新兴技术产业化。

在新发展形势下，尤其是新一代信息技术加速与经济社会各领域深度融合，对企业边界、内部组织、竞争优势等产生了深刻影响，推动创新模式发生重大变革。从企业成长情况看，随着成渝地区双城经济圈建设进程加快，区域内企业不断增强竞争力，本土企业持续跻身世界 500 强行列，实现了零突破。2021 年，新希望控股集团以"产业 + 生态"发展，为成渝地区内唯一的世界 500 强企业行列的成渝本土企业。2022 年，位于四川省的蜀道投资集团有限责任公司和成都兴城投资集团有限公司也以智慧交通等发展，跻身财富 500 强，实现了四川本土国有企业世界 500 强零的突破。位于重庆的龙湖集团以多元化业务也位于世界 500 强之列。随着成渝地区双城经济圈持续发展，产业融合不断加深，在政策的大力支持下，将培育出更多的财富 500 强企业，为成渝地区双城经济圈经济发展提供动力。从竞争优势看，成渝地区财富 500 强企业以低成本制造和低成本研发，企业以规模效益型、人力密集型和资源控制型为主要发展模式，然而，外部企业更集中于核心技术垄断、品牌营销和供应链管理，在全球产业分工格局中更具有主导权。成渝地区双城经济圈作为传统制造业发展的重点区域，为提高区域创新水平和企业竞争力，还需重点关注智能制造领域拥有技术核心的企业。在社会主义市场经济条件下，为持续深化企业数字化转型，加速创新要素向企业集聚，更需要政府积极引导创新，以创新型企业为主体，各类创新利益相关者组建多主体创新网络，企业从需求侧和供给侧带动创新技术转化，有助于促进成渝地区双城经济圈企业主体实现传统技术从渐进式技术创新向颠覆性技术创新升级，全面打造区域经济发展新优势。

10.2.4　加强区域创新要素流动

党的十九届五中全会提出，要"强化企业的创新主体地位，促进各类创新要素向企业集聚""加快数字化发展"，推动"宽带中国"建设，持续深化供给侧结构性改革，以科技创新和数字化变革催生发展新动能。当前，成渝地区双城经济圈在创新要素跨域流动方面仍面临一些制约因素，成渝两地尚未形成完善的一体化要素流转市场，统一开放的人力资源、资本、技术、土地、产权交易等各类创新要素流动体制机制尚未建立，物流、资金流、信息流跨区域自由流动受到一定限制，区域创新发展存在的阻碍因素难以破除。为增强区域创新要素流动性，盘活成渝地区双城经济圈创新资源，区域内各主体还需坚持"一盘棋"思想，协同深化重大改革，探索两地经济区和行政区适度分离，共同打造以人力资源、资本、技术、土地等要素市场一体化发展，实现创新要素跨域流动，促进创新资源优化配置。尤其是在数字经济时代，人才要素、技术要素和数据要素成为区域创新发展的关键要素，促进各类创新要素跨域高效便捷流通的同时，积极与京津

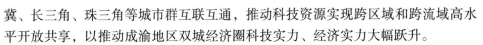

冀、长三角、珠三角等城市群互联互通，推动科技资源实现跨区域和跨流域高水平开放共享，以推动成渝地区双城经济圈科技实力、经济实力大幅跃升。

（1）加强人才要素流动。人才是成渝地区唱好"双城记"、建好"经济圈"的重要智力支撑，为成渝地区双城经济圈创新体系建设进程注入新的动力。自成渝地区双城经济圈建设以来，成渝地区通过实施各类人才引进政策，为吸引创新人才、丰富成渝地区人才资源做出了巨大努力，并取得了显著成绩。高校作为人才培育平台，为区域创新发展持续注入新动力。截至 2021 年，成渝地区共有 229 所高校，人才高效交互形成知识外溢，带动关联企业形成集聚效应。然而中西部地区高校建设水平依然有待提升，从各大城市群普通高校数占全国高校总数的比例看，长三角区域为 17.08%、川渝陕区域为 10.64%、京津冀区域为 10.08%、粤港澳大湾区为 7.17%，从"双一流"建设高校情况看，京津冀区域为 29.20%、长三角区域为 25.55%、川渝陕区域为 13.14%、粤港澳大湾区为 9.49%，川渝陕区域的普通高校数仅次于长三角区域，而"双一流"建设高校与京津冀和长三角等城市群还存在较大差异。[①]

成渝地区双城经济圈在人口总量方面具有比较优势，要实现区域创新发展还需着力破解人才分布不均、人力资源开发利用不足等问题，要将人口规模优势转化为人才资源优势。同时，还需防止人才"外流"，成渝两地要持续优化高端科技创新人才供给模式，加强创新人才培养，以"天府峨眉计划""天府青城计划""重庆英才计划"等系列人才政策举措为保障，吸引大批高端人才，共建"共享人才"机制，推进高素质青年创新人才引育工作。坚持人才发展与区域布局相匹配，根据生态示范区功能找准人才工作定位，针对区域产业发展需求制定差别化的人才支持措施，着力推动"成都－重庆"主干与"川西北"分支形成更加紧密的人才发展共同体。以人才驱动创新发展，有利于改变现阶段成渝地区双城经济圈内部形成的"中部塌陷，双核独大"的发展格局。

（2）加强技术要素流动。《"十四五"技术要素市场专项规划》中明确，加快发展技术要素市场是完善社会主义市场经济体制的重要内容，有利于实现高水平科技自立自强，对加快构建以"双循环"新发展格局具有重要意义。当前，成渝地区双城经济圈市场一体化尚未形成，区域内技术转移阻碍依然存在，为促进成渝地区技术要素流动、科技创新成果转化，需积极支持成渝地区双城经济圈构建并完善技术要素市场服务体系，使全国技术要素和创新政策分别向成渝地区流动和倾斜，可以通过在成渝地区建设国家技术转移西部中心和综合类国家技术创

---

① 钟秉林，王新凤. 新发展格局下我国高等教育集群发展的态势与展望 [J]. 高等教育研究，2021，42（3）：1-6.

新中心，支持成渝地区开展科技成果评价改革试点，促进成渝地区双城经济圈内部以及和外部其他城市群间实现创新要素流动和创新产业链条融通。

结合国务院办公厅印发的《要素市场化配置综合改革试点总体方案》，大力促进成渝地区双城经济圈技术要素向现实生产力转化，支持成渝地区双城经济圈内高校和科研院所探索创新职务科技成果转化管理方式，将职务科技成果授权给区域内中小微企业使用，加快完善技术要素交易与监管体系，优化技术要素配置效率，探索对重大战略项目、重点产业链和创新链实施创新资源协同配置，以项目、平台、人才、资金等全要素一体化配置的创新服务体系，推进技术创新成果进场交易，提高成果转化率。支持行业领军企业通过产品定制化研发等方式，为关键核心技术预演提供应用场景和适用环境。同时构建完善的成渝地区双城经济圈创新型企业投资监管体制和发展政策，推进技术要素和资本要素融合发展，加大对科研成果转化和创新创业人才的金融支持力度。

（3）加强数据要素流动。随着经济社会数字化转型进程加快，先发地区经济圈或城市群注重数据要素，推动数据要素跨区域流动，释放数据潜能，实现数据多向赋能。从当前我国四大城市群数字建设实际看，长三角城市群数字一体化发展水平处于全国领先地位，依托上海数据交易中心等大数据交易平台，推动建设"数字长三角"，积极探索长三角大数据综合性交易平台，提升数据要素支撑区域数字化转型发展的能力，为区域经济实现互联互通提供支撑，助力区域一体化发展。京津冀城市群全力建立京津冀大数据综合试验区，推动数据要素跨区域流动，持续深化数据要素与交通、医疗、文旅、教育等领域融合应用。珠三角以深圳交易所为大数据交易平台，积极探索构建数据价值评估指标体系。例如，2021年7月，广东省率先启动数据要素市场化配置改革，围绕"1+2+3+X"的总体架构，整体推进，初步建立数据要素流通交易体系。成都市和重庆市作为成渝地区双城经济圈的极核城市，两地数据要素资源丰富，数据开放共享持续推进，但成渝地区双城经济圈数据交易平台尚未形成，城市间和区域内部各创新主体间形成的"信息孤岛"，导致数据共享存在行政壁垒，数据要素流通受限，这也是当前在数字化背景下成渝地区双城经济圈数据要素市场建设亟须解决的关键问题。应突破区域一体化传统发展模式形成的边界和阻碍，大力发展数字经济，激发区域创新发展新动能，提升成渝地区双城经济圈群竞争力。

成都市和重庆市作为成渝地区双城经济圈内"创新双极"，成都市和重庆市出台了系列措施，促进区域内数据要素流动。成都市出台了《成都市公共数据管理应用规定》《成都市政务信息资源共享管理暂行办法》等制度规范，以"统筹协调、集约建设、充分利用、共享开放、安全可控"为原则，加强数据资源统筹管理，破除信息孤岛；推进建设城市大脑，开展数据大会战，截至2019年底，已汇聚政府、企业和社会 30 亿余条数据资源。① 重庆市积极促进数据资源共享，在《重庆市数据治理"十四五"规划（2021～2025）》中，提出建设"共享、开放两个系统 + 四大基础数据库 + N 个主题数据库 + N 个部门数据资源池"的"2 + 4 + N + N"数据汇聚体系，2019 年市级政务数据资源 3309 类，累计数据调用量超过 78 亿条，初步满足部门间数据调用需求。② 当前，重庆市正加快建设城市大数据资源中心，推进全市数据大集、数据大融合，助力"智慧城市"建设。在成都市和重庆市数据要素市场建设过程中，需结合成渝地区双城经济圈市场一体化建设要求，可以通过建立西南数据交易中心，在保护个人隐私和确保数据安全的前提下，通过一体化平台，分级、分类、分步有序推动部分领域数据跨域流通应用，增强成渝地区数据要素流动性。在数据要素流通过程中，强化网络安全等级保护要求，运用技术手段构建数据安全风险防控体系，探索建立数据安全使用承诺制度，探索制定大数据分析和交易禁止清单，切实保障成渝地区双城经济圈数据跨境流动安全。

10.2.5　促进区域创新资源共享

依托成渝地区双城经济圈高校联盟和产业联盟等合作平台，在创新合作系统中实现人力、技术、数据等创新资源共享，建立技术转移服务平台联盟，打造成渝地区一体化技术交易市场，推动科技成果双向转移，形成创新合力。

（1）重视人才培育，推进全域人力资源共享。培育科技服务平台及专业科技人才队伍，建立成渝地区人才一体化培育机制，完善科技人才激励体制和人才竞争机制，着重改善科技人才工作环境和生活保障。支持成渝地区双城经济圈区域内高校、科研机构、高新技术企业、社会资源等创新载体联合人才交流平台，推动高端人力资源向全域开放共享，形成成渝地区双城经济圈"人才链"，以人才流动打通资源、技术、成果等创新资源的流动壁垒。

（2）整合创新资源，促进科技基础设施共享。持续优化成渝地区双城经济圈"双一流"高校大科学装置的整体布局，通过顺畅高效的政府沟通机制，整合成、渝两地优质创新资源，协调重庆市 2 所和四川省 8 所国家"双一流"高校立足自身优势学科方向，围绕先进核能、空天科技、生物治疗、电子信息、轨道交通等重点优势方向谋划培育具有川渝特色的重大科技基础设施，让川渝两地"双一

---

①　赵荣昌. 成都完成政府网站集约化平台建设打造"11637"网络理政框架体系［EB/OL］.（2019 - 12 - 09）. https：www. gov. cn/xinwen/2019 - 12/09/content_5459695. htm.

②　重庆市大数据应用发展管理局. 关于市五届人大三次会议第 0154 号建议办理情况的复函［EB/OL］.（2020 - 06 - 19）. https：//dsjj. cq. gov. cn/zwgk_533/jyta/202006/t20200619_7591578. html.

流"高校在大科学装置建设方面形成优势互补，共同打造具有先进水平的重大科技基础设施群，增强成渝地区双城经济圈整体创新水平，提升在全国城市群中的创新竞争力。

（3）协调公共数据，加强公共数据开放共享。推动成渝地区双城经济圈"政、产、学、研、用"联动，积极开展政务数据开放共享、数据管理能力成熟度评估等大数据国家标准试点示范。建立健全公共数据共享协调机制，打造成渝地区双城经济圈公共数据一体化基础支撑平台，推进公共数据归集整合、有序流通和共享。可根据数据信息重要性进行试点，例如以企业准入、公共卫生、交通运输等数据在成渝地区双城经济圈内开展开放共享试点工作。这就进一步要求成渝地区发展高密度、高能效、低碳数据中心集群，以完善的数字化基础设施建设、电力等配套设施为数据共享提供基础保障，提升数据供给质量和效率。

10.2.6　推动区域创新成果转化

促进科技成果转移转化是实施创新驱动发展战略的重要任务，是加强科技与经济紧密结合的关键环节，对经济转型升级和产业结构调整起着支撑作用，有利于促进大众创业、万众创新，打造经济发展新引擎。

（1）建设全域科技成果转化平台。科学研发人员的隐性知识、专业能力、创新思维是推动科技成果转化的关键要素。当前，成渝地区双城经济圈协同创新能力相对较弱，科技创新平台和人才资源相对缺乏，区域内各主体创新合作缺乏深度和广度，成渝地区双城经济圈还需积极建设全域科技成果转化网络平台，以创新人才为主体，推动成渝地区双城经济圈内科技成果转化。在搭建平台的同时，加强基层科研管理机构与队伍建设，完善承接科技成果转移转化的平台与机制，宣传科技成果转化政策，通过产学研合作信息服务平台，帮助创新型企业和中小企业寻找应用科技成果。

以中国标准动车组（复兴号）技术成果转化为例，西南交通大学的沈中伟教授主持完成的"现代轨道交通综合体设计理论与关键技术"项目，以及戴光泽教授主持完成的"用于时速350公里动车组的轴端接地装置研制"项目，两大项目成果打破了我国高速动车组接地装置相关技术长期被国外垄断的局面，通过四川城际轨道交通材料有限责任公司平台，相关技术科技成果已实现成功转化。定型产品已大批量装车应用于时速350公里中国标准动车组（复兴号）、时速300公里等级CRH380系列"和谐号"动车组等，有力保障了我国时速300公里及以上速度等级高速动车组的安全、可靠运行。

（2）开展科技成果转移转化试点示范。建设国家科技成果转移转化示范区，是我国科技部为破解科技、经济融合发展难题，推动科技成果转化的一项重大举措。支持在成渝地区双城经济圈建设国家科技成果转移转化示范区，开展赋予科研人员职务科技成果所有权或长期使用权试点，协调京津冀、长三角、珠三角三大城市群开展跨区域成果转移转化，有利于西部地区科技成果项目落地，带动内陆地区创新水平提升。

2022 年 1 月，科技部正式发文，支持建设重庆国家科技成果转移转化示范区，作为"十四五"以来科技部批复的第 3 家国家科技成果转移转化示范区，力争建成成渝地区双城经济圈高质量发展的重要支撑区，成为西部地区科技成果转移转化的承载地和辐射源。重庆国家科技成果转移转化示范区的建设将打造成渝地区双城经济圈区域内科技成果转化体制机制改革"先行区"和科技成果转化服务体系"样板区"，加速发展以大学城为主体的创新生态圈，建设专业化技术转移机构，积极培育技术研发和成果转移人才，打造科技成果区域协同转化"集聚区"，持续高水平建设西部（重庆）科学城和两江协同创新区，为成渝地区双城经济圈建设持续注入新动能，为成渝地区双城经济圈建设具有全国影响力的科技创新中心提供强大支撑力。

10.3　成渝地区双城经济圈协调发展政策体系

成渝地区双城经济圈发展非均衡性问题显著，为促进区域一体化建设，需从扶持政策、互联互通、资源配置、产业联动、合作共建、协同创新等多角度出发，推动城乡一体化建设，切实增强区域发展协调性。

10.3.1　完善区域协调发展政策

合理完善的区域协调发展的政策体系建立，为区域其他政策建立提供了保障。自 2011 年以来，各级政府纷纷出台系列政策支持成渝地区协调发展，推动区域共建共享，其中包括《成渝经济区区域规划》（2011 年），《成渝城市群发展规划》（2016 年），《成渝地区双城经济圈建设规划纲要》（2021 年），《推动成渝地区双城经济圈市场一体化建设行动方案》（2023 年）等系列措施，从生态共建、协同创新、合作共建等多层面推动成渝地区双城经济圈协调发展。当前成渝地区双城经济圈协调发展已取得一定成效，但区域发展差异依然显著，基于此，还需从国家公共服务、财税金融层面出发，持续优化区域协调扶持政策。

在国家层面，可以以京津冀协同发展、长三角一体化发展等区域重大战略政策和实践经验，加大对成渝地区双城经济圈协同发展的政策倾斜和支持，积极推进成渝地区双城经济圈跨省域国土空间总体规划。未来还需继续坚持"川渝一盘棋"思维，发挥成渝地区双城经济圈内各城市的比较优势，继续优化整合各类要素资源，加强区域内公共服务、财税金融、资源共享等政策协同对接。

在经济落后地区，成渝地区双城经济圈各级政府可通过设立专门部门或通过人员跨域驻派管理区域协调发展。如，建立长江经济带流域管理部门等，不仅能推动各地区人才交流，还能通过实地调研深入了解地区发展实际情况，更有利于高效地实施协同发展战略。切实做到统筹部署、相互协作、共同实施，进一步辐射带动周边地区发展，提升区域整体发展协调性。

在公共服务方面，完善公共服务一体化体制机制，持续推动公共服务均等化，实现公交一卡通、异地门诊直接结算、医保一体化等公共服务互联互通，打破行政壁垒，从全方位提高区域政策协同。加快"一站式"政务服务协调联动机制，科学设置川渝两地省市跨域通办的"一站式"政务服务窗口，保障业务办理过程权责清晰、高效协同，实现企业群众异地办事"马上办、网上办、就近办、一地办"。

在财税金融方面，从我国京津冀、长三角等城市群发展实际看，区域金融一体化战略实施加速了优势金融资源与实体经济精准匹配，同时带动了产业集群、商业集群发展，逐渐成长为我国金融新高地样本，金融示范和辐射效应突出。作为西部重要金融中心，当前成渝地区双城经济圈一体化纵深推进，势必带动区域金融政策、金融资本、金融人才等金融要素一体化进程，积极推行数字普惠金融，在开放融通中推进消费金融、供应链金融等特色金融发展，促进成渝地区双城经济圈金融机构协同合作，推进金融政策持续创新。

区域协调政策因内部基础和外部环境差异而有所不同，但是地区相关区域协调发展政策都是基于地区经济发展情况制定，成渝地区双城经济圈在西部大开发战略背景下，应持续完善成渝地区双城经济圈一体化协同发展政策。未来可结合博弈理论，积极探索政府和市场双方在促进区域协调发展过程的作用，以期通过双方演化博弈，明确区域发展主要方向，改善成渝地区双城经济圈非均衡特征，促进中西部地区发展。

10.3.2　加强区域设施互联互通

2018 年，中共中央、国务院发布的《关于建立更加有效的区域协调发展新机制的意见》指出，"充分发挥长江经济带横跨东中西三大板块的区位优势"

"依托长江黄金水道，推动长江上中下游地区协调发展和沿江地区高质量发展"。成渝地区双城经济圈位于"一带一路"和长江经济带交汇处，作为西部陆海新通道的起点，加强成渝地区双城经济圈基础设施互联互通，有利于充分发挥成渝地区连接西南西北，沟通东亚、东南亚、南亚的独特优势。对标高质量发展和交通强省建设要求，成渝地区双城经济圈基础设施瓶颈依然显著，综合交通运输网络体系建设质量和效益需不断加强。

（1）共建"一轴两翼三带"交通网络体系。加快成渝地区双城经济圈高速铁路、普速铁路、城际铁路、市域（郊）铁路、城市轨道交通等现代轨道交通一体化运输体系建设，构建西部地区高质量快速轨道交通网。以川渝同城化通勤为目标，加快推进城际铁路网建设，构建多网融合、换乘便捷的通勤网和覆盖广泛、高效互联的城际交通网。提升省际公路通达能力，加快省际高速公路建设，对高峰时段拥堵严重的国省道干线公路实施改扩建，形成便捷通达的公路网络。《四川省加强成渝地区双城经济圈交通基础设施建设规划》要求，加强完善双核主轴通道，率先实现双核城市公交化客运服务，推动市域铁路向周边中小城市延伸，加快构建以成都市为核心的"四向八廊"对外运输通道集群，包括南向的川黔粤桂走廊和川滇走廊、东向的长江南走廊和长江北走廊、西向的川甘青新走廊和川藏走廊、北向的川陕京走廊和川陕蒙走廊；构建高速铁路网络，持续建设成自宜高铁、渝昆高铁、成达万高铁以及成渝中线等区域内外互联互通的高铁运输网络，构建南北沿江高速铁路大通道。从多层次、全方位加快"一轴两翼三带"交通一体化运输网络建设，有利于增强区域内各城市互联互通，也为推动成渝地区双城经济圈和其他三大城市群直联直通，强化川渝毗邻地区路网缝合奠定了基础。

（2）协同打造高质量世界级机场群。2022年2月，中国民航局发布了《民航局关于加快成渝世界级机场群建设的指导意见》，指出当前成渝地区双城经济圈内双核城市的国际枢纽能力较弱，机场群综合保障水平有待提升，川渝两地区域内民航协同发展机制不健全，机场群创新区域战略支撑能力亟待加快提升。成渝地区双城经济圈还需构建分工明确、功能齐全、联通顺畅的机场体系，提高区域航空联动性。为加快推进成渝世界级机场群建设，重庆市以加强江北国际机场和万州国际机场的枢纽功能建设为牵引，成都市以天府机场为核心打造引领西部开发开放的国际航空枢纽，巩固提升双流机场区域航空枢纽功能，重点服务国内商务、地区等航线，构建"两场一体"运营体系。成渝两地可以通过统筹空域资源利用、促进民航、通用航空融合发展，深化低空空域管理改革，加快通用航空发展，以打造西部对外开放空中大通道，形成双核引领、多点支撑的航空协同发展体系。同时，推进智慧民航建设，合力将成渝世界级机场群建设成为全国高质量机场群。

10.3.3 提高区域资源配置效率

从区域发展基础和资源要素禀赋看，成渝地区双城经济圈与京津冀、长三角、粤港澳大湾区等城市群存在较大差距，城乡发展不平衡、区域综合竞争力低等问题依然突出，加之边远山区经济发展缓慢，交通网络设施尚未完善，严重阻碍了地区间要素流动，资源配置效率较低。结合《中共中央 国务院关于加快建设全国统一大市场的意见》，当前，成渝地区双城经济圈正积极建设的一体化市场，进一步要求区域内商品要素资源流动更加顺畅，就要求各级政府和社会群体从多方面着手，积极推动成渝地区双城经济圈城乡融合发展，对于缩小城乡发展差距、改善城乡二元经济结构、促进广大群众共同富裕，起着关键性作用。推动成渝地区双城经济圈城乡融合发展，关键核心是要推动城乡要素跨域流动，提高公共资源配置效率。

首先，促进人力资源配置效率。深化人才要素市场化配置体制机制改革，推动成渝地区双城经济圈人力要素自由流动，以人口流动激发全域市场活力。持续拓展"一干多支、五区协同"等战略，健全成渝地区双城经济圈内部统一开放的人力资源市场体系，加强成渝地区双城经济圈、川南渝西地区、川东北渝东北地区人力资源服务一体化发展，以畅通的人力资源自由流动渠道提高川渝两地人才跨域流动的有序性。深化成渝地区双城经济圈内部各城市户籍制度改革，畅通落户渠道，以人力要素流动推进新型城镇化，建立城乡统一的劳动力市场。同时，川渝地区共建有 229 所高校，高校跨域设校区形成了人才交互，在增强人才资源配置效率的同时增强了知识流动。

其次，推动资本要素配置效率。增强城乡建设资金保障，以完善的金融政策体制机制为成渝地区双城经济圈创新创业活动提供支撑，逐步提升成渝地区双城经济圈金融市场开放程度，资本跨域流动增强了各城市的经济协同性。结合"一带一路"倡议，借助成都市和重庆市政策优势吸引外资，两地政府充分利用"西博会"的开放平台，筛选吸纳优质企业入驻。同时，增加有效的金融服务供给，以各地银行为主体，构建多层次、全覆盖的银行机构体系，放宽金融服务业市场准入，发展普惠金融，帮扶中小企业生长；联合设立"川渝合作银行"，推动建立客户"一体化"发展模式。当前，西部金融中心与北上深等一线城市金融中心相比依然存在较大差距，还需充分利用成渝地区双城经济圈具有的人力资源比较优势和"东数西算"平台优势，不断增强要素流动性，吸引现代金融要素流入，提高资本要素配置效率。

最后，拓宽资源要素流动范围。以"一带一路"和长江经济带一体化建设为契机，持续扩大成渝地区双城经济圈跨城市群和跨境促进资源要素流动。在西部大开发战略背景下，支持贵州、云南建设内陆开放型经济试验区，破除阻碍成渝地区双城经济圈区域内资源要素流动壁垒，促进各类要素更多向乡村流动，形成区域内人才、土地、资金、产业、信息汇聚的良性循环。强化成渝地区双城经济圈与西部地区其他城市互通互惠，增强内陆地区发展协调性。

10.3.4　深化区域产业联动机制

增强产业发展的联动性，促进产业融合发展是推动成渝地区双城经济圈建设的重要支撑。成渝地区双城经济圈需从政策供给、要素配置、利益协调等方面入手，促进成渝地区双城经济圈产业融合发展，提高产业发展联动性。

（1）以完备的产业链促进区域产业转型升级。面临复杂多变的外部环境，各地区产业链纷纷回流，成渝地区双城经济圈需以现有产业优势为基础，优化产业链部署工作，加强产业链"补链固链强链"，推动区域产业资源实现国外、国内和区域三循环，增强产业链发展韧性，实现产业链供需生态的优化发展，从"研究－开发－应用"打造前沿性、战略性全产业链条，发挥产业强链对产业协同发展的作用。紧扣全球产业链布局存在的潜在变化因素，结合成渝地区双城经济圈基础条件和发展潜力，以产业布局发展基础为方向，明确产业链备份重点方向。成渝两地各主体在兼顾整体谋划和重点突破基础上，保持巩固原有发展优势，积极培育未来产业竞争优势，加强前瞻性战略布局和技术储备，增强产业链发展的战略纵深和回旋空间。

（2）以数字技术手段增强产业联动性。当前，四川省正着力打造天府数据中心集群，重庆市加快打造国家数字经济创新发展试验区和国家新一代人工智能创新发展试验区。成渝地区双城经济圈两大中心城市积极把握数字经济发展机遇，数字经济作为产业转型发展的重要引擎，从夯实数字基础设施到打造数字化产业集群，持续推动数字技术与传统产业融合发展，推动产业数字化转型。例如达州市的开江县，积极贯彻《达州市"十四五"制造业高质量发展规划》，加快培育四川廷江光电显示材料产业园，抢抓"万达开"发展机遇，与达州东部经开区同频共振，加强与毗邻地区在节能环保、新兴信息、生物产业、新能源、新能源汽车、高端装备制造六大新兴产业方面的合作，做强万达开新兴产业合作示范园区。

10.3.5　构建区域协调合作机制

区域协调合作需从多领域进行，充分考虑合作主体间的利益协调，确立正确的目标导向。孙久文教授指出，区域合作机制中，宏观调控机制是实现区域合作目标的重要动力，利益驱动机制是实现区域合作目标的主要动力，企业布局机制是实现区域合作目标的主体。当前成渝地区双城经济圈应以成都、重庆为核心城市，结合利益驱动、宏观政策、企业布局等层面不断深化成渝地区双城经济圈合作机制，同时充分发挥周边地区"纽扣"作用，加强区域内双核城市沟通协调性。

（1）利益驱动机制。以成渝地区双城经济圈各级地方政府作为利益主体，以双核城市作为利益代表，充分考虑各地区最优发展模式实现地区利益最大化。地方政府与当地企业属于利益共同体，通过区域合作能保障各多方利益。在利益驱动机制区域合作下，成渝地区双城经济圈各类主体作为同一个利益体，以协作推动共兴。

（2）宏观调控机制。区域合作以国家宏观政策调控为基础，宏观调控为区域投资规模和发展方向提供了目标导向。成渝地区双城经济圈可通过结合国家相关政策体系，推动区域合作中的实施具体大项目执行，在建立跨省域的基础设施项目建设时，紧扣国家层面政策。如高铁、数字设施等基础建设，国家、铁路部门、地方政府共同投资建设，中央政府在建设中起决定性作用，同样也促进了成渝地区双城经济圈交通互联互通。

（3）企业布局机制。企业以利益驱动发展，因此企业布局倾向于快增值、低风险的地方，由于宏观调控的制约，企业会结合已有宏观政策进行布局区位选择。同时，区域合作也需要保障企业的利益，企业选择布局时也会对不同地区市场进行深入分析，并对投资进行风险分析。成渝地区双城经济圈电子信息、装备、汽车、化工等工业基础相对较强，以电子信息业为例，四川省集成电路和信息安全产业和重庆市集成电路产业发展态势强劲，应积极用好成渝地区双城经济圈电子信息产业发展优势，引导两地电子信息产业结构调整优化。川渝两地可以共同争取国家集成电路产业投资、政策性银行支持区域内电子信息产业发展，在得到宏观政策的支持下，川渝两地利用市场优势和产业集群吸引行业内相关产业链上的各类企业加快在成渝地区双城经济圈布局。同时，成渝两地政府以一体化准入机制保障新入企业的发展环境。

10.3.6　强化区域协同创新发展

区域协同创新主要是整合区域内要素资源，优化规模和结构，通过多主体协作，充分发挥协同创新功能。2022 年 1 月，四川省人民政府办公厅印发了《增强协同创新发展能力行动方案》（以下简称《行动方案》），旨在增强成渝地区双城经济圈协同创新发展能力，建设具有全国影响力的科技创新中心。当前，成渝地区双城经济圈多主体合力共建的西部科学城和两江协同创新区已取得显著成效。自实施成渝地区双城经济圈科技创新合作计划，各地区积极联合开展关键核心技术攻关。截至 2023 年 10 月，在战略科技力量布局中，川渝两地累计建成国家级创新平台 236 个；实施川渝科技创新合作计划，支持科技合作项目 147 项；国家高新技术企业突破 2.1 万家、国家科技型企业超过 2.5 万家；川渝科研单位联合组建了川渝技术转移联盟、科研院所联盟、大学科技园联盟等一批协同创新机构，为推动成渝地区双城经济圈建设提供了重要的科技支撑。《行动方案》明确指出，到 2025 年已基本建成成渝地区双城经济圈区域协同创新体系，全社会研发投入强度达到 2.5% 左右，科技进步贡献率达到 63%。

然而当前成渝地区双城经济圈创新能力尚处于较低水平，与长三角、珠三角等科技创新高地差距显著，成渝地区双城经济圈还需持续围绕区域重点产业，加快布局先进制造业、战略性新兴产业等领域开展关键核心技术攻关，提高各地区协同创新能力，以提高成渝地区双城经济圈整体发展协调性。

成渝地区双城经济圈区域协同创新需要充分融合技术、人才、资本等科技资源，打破地区限制和行政壁垒，建立跨市域深度合作机制。一方面，技术、人才、资本等要素跨域流动增强了区域发展协调性；另一方面，科技资源与其他要素融合促进了创新发展；另外，创新驱动各城市发展，促进了本地产业结构升级、提高能源利用效率、减少污染物排放，提升区域生产力水平，进一步增强了成渝地区双城经济圈经济社会和生态环境发展的协调性和经济社会发展的可持续性。